RÉCITS ET SOUVENIRS DE FAMILLE.

S. A. R. MADAME

DUCHESSE DE BERRY

ET

SES AMIS

1832

Par le Vte SIOC'HAN DE KERSABIEC.

NANTES.
LIBRAIRIE CATHOLIQUE LIBAROS,
Place du Change.

1895

S. A. R. MADAME
ET
SES AMIS.

RÉCITS ET SOUVENIRS DE FAMILLE.

S. A. R. MADAME

DUCHESSE DE BERRY

ET

SES AMIS

1832

Par le Vte SIOC'HAN DE KERSABIEC.

> Courage, patience et résignation, mon cher
> enfant, je ressens tes peines mais je connais aussi
> ton courage et tes sentiments religieux : je sais
> que mon fils ne fera rien contre les convictions
> de son père pour qui l'honneur n'a jamais été un
> mot vide de sens, et dont la conduite privée ou
> publique sera toujours appréciée et respectée des
> gens de cœur. Ne désespère pas de la Providence
> elle seule a sauvé ton père de la fureur de
> méchants et d'une populace ameutée : C'est que
> j'avais toute confiance en envisageant la mort de
> sang-froid : Sois chrétien et honnête homme
> Dieu fera le reste, il n'abandonne jamais les siens
> *Lettre de mon grand-père à son fils,*
> le 17 novembre 1834.

RENNES,
IMPRIMERIE DE H. VATAR,
7, Rue des Francs-Bourgeois, 7.

—

1895

A mon fils, à ma fille,

A mes petits-enfants,

A mes frères, à mes sœurs,

A mes neveux, à mes cousins,

J'OFFRE

CES RÉCITS ET CES EXEMPLES.

Vte S<small>IOC'HAN DE</small> K<small>ERSABIEC</small>.

La Jouardaye, 1895.

S. A. R. MADAME Duchesse de Berry.

INTRODUCTION.

Le dix-septième jour d'avril 1870, jour de Pâques, mourut en son château de Brunsée, en Styrie, Marie-Caroline-Ferdinande-Louise de Bourbon, Madame, Duchesse de Berry; la princesse avait soixante-douze ans, étant née le 5 novembre 1798, à Naples. Son père, François-Xavier-Joseph de Bourbon, alors prince de Naples fut, depuis, roi des Deux-Siciles; sa mère était Marie-Clémentine, archiduchesse d'Autriche.

C'est en vain que quarante années d'exil avaient éloigné Madame de cette France qu'elle aimait, et que des événements et des efforts de plus d'une sorte s'étaient unis pour effacer ou amoindrir sa mémoire, le souvenir populaire lui était demeuré obstinément fidèle : au dernier jour il imposa un langage dont on n'avait plus l'habitude, et des hommages dont on s'était désaccoutumé; c'est qu'en France, terre loyale, tôt ou tard, l'heure vient où l'on rend justice aux sentiments vrais, c'est que laissant à part les petits côtés des hommes, on y fait promptement le compte de ce qu'il y eut de grandeur ou de bassesse en leurs actes, c'est qu'en France, l'on recherche et l'on aime par-dessus tout les caractères, et que Madame fut et restera dans l'Histoire, un caractère.

On résolut de faire, à Nantes, en l'honneur de l'illustre morte un service solennel; la cathédrale fut trop petite au jour marqué. Je vis alors se produire ce que j'indique : les plus en vue furent ceux qui, la veille encore ne ménageaient pas la princesse en leurs paroles.

Les jours suivants, je lus les articles que les journaux consacrèrent à cette mort; je les trouvai tous, pleins des mêmes désirs de justice et de respect, mais quant aux faits, incomplets. J'avais trop de souvenirs personnels, recueillis dans les récits de la famille et dans mes impressions d'enfance; je me laissai aller à en dire quelque chose aux lecteurs amis de la *Revue de Bretagne et de Vendée,* dans laquelle j'écrivais alors. C'est là que ces récits ont été lus, avec intérêt, m'a-t-on dit, et plusieurs m'ont demandé, depuis, de les reproduire en un volume que le public pût se procurer. Je ne le voulus pas : j'étais amené naturellement à parler beaucoup des miens et c'est une tâche délicate, sujette à être mal comprise; cependant je ne pouvais y renoncer. Et puis je me sens si peu dans le courant de la banalité moderne et des palinodies, acceptées et louées! Aujourd'hui je reviens à cette tâche et je l'aborde franchement; de tous côtés des ouvrages ont surgi, s'occupant de Madame la duchesse de Berry; ils lui sont tous sympathiques et tous pleins du plus vif intérêt, ce que j'avais prévu; je crois cependant pouvoir y ajouter en montrant avec plus de détails encore et plus de fidélité, la princesse en Vendée et dans sa retraite à Nantes, au milieu de ceux qu'elle ne cessa d'appeler « ses amis. »

« Ses amis » et je ne veux pas dire qu'il n'y en eut d'autres, furent particulièrement mon grand-père le vicomte de Kersabiec, mon père, mes tantes, mes oncles, lesquels nous ont ainsi acquis un patrimoine que je dois recueillir par reconnaissance pour eux tout d'abord, puis pour mes enfants, mes frères, mes sœurs, tous les miens. J'écris donc pour eux, principalement à ce point de vue, aussi, je le demande et je l'espère, ceux qui viendront à me lire ne l'oublieront pas. Il faut être loyal, et je devais cette déclaration dès le début : ce sont des récits et des souvenirs, non des Mémoires aux visées politiques, où chacun vient expliquer les faits et souvent plaider les circonstances atténuantes; je raconte.

Je veux écrire ces pages avec un esprit dégagé de préventions et un cœur sincère et bienveillant; je corroborerai mes souvenirs par des documents et des impressions empruntés à des auteurs contemporains que j'aurai soin de nommer; l'on pourra vérifier les textes, et je transcrirai beaucoup de lettres inédites extraites de nos archives; lettres de mes parents, lettres surtout de la Princesse; les acteurs parleront et agiront sous nos yeux, dans la simplicité de leur nature loyale et franche.

Je commence par celle-ci que Son Altesse Royale voulut bien m'écrire lorsqu'elle fut instruite de la mort de mon père. C'est la justification de ce que je viens de dire, et comme un encouragement posthume à l'œuvre que j'entreprends.

Brunsée 18 8bre 1851.

Votre lettre m'est arrivée avec bien du retard, mon cher Kersabiec, ce qui fait que je n'ai pu encore y répondre et vous assurer de la part que j'ai prise à votre perte si douloureuse. Si vous perdez un bon Père, le Roi et moi nous perdons un ami dévoué et fidèle.

Je vous prie de bien assurer votre si bonne mère que je m'associe à sa douleur, et que je suis bien sûre que ses enfans seront sa consolation, en suivant les nobles traces de leur Père et de leurs Tantes.

Croyez en attendant de meilleurs jours où je reverrai avec bien du plaisir toute votre famille, croyez dis-je à toute mon estime et affection. Marie Caroline

S. A. R. MADAME
ET
SES AMIS.

I.

Tout d'abord, un coup d'œil en arrière.

Notre famille est ancienne en Bretagne. — En 1248, Hervé Siokan prit la croix et accompagnant le duc Pierre de Dreux « le conte Perron de Bretaigne » comme l'appelle Joinville, partit rejoindre le roi saint Louis en Égypte; c'est le premier connu de notre race; il nous a montré la voie. — Geoffroy Sioc'han fut attaché à la personne du duc Jean II puis délégué par lui pour administrer le comté de Léon, en qualité de bailli. On le voit à la tête des troupes qu'il avait réunies repousser une attaque des Anglais sur les côtes; il y perdit « son cheval et ses armeures » mais se conduisit de telle sorte que le duc, dans son testament, du mois de septembre 1302 l'en récompensa en l'indemnisant; il fut continué dans son office par les ducs Artur II et Jean III (1). — Jehan Sioc'han I, écuyer, figure

---

(1) A Geffroi Syohan pour un cheval mort ou servise monseignour et pour ses armeures perdues o les Angleys, pour son servise et pour totes ses autres demandes LX liv: payées par lui.— *Preuves pour servir à l'Hist. de Bretagne*, T. I.

en cette qualité parmi les gentilshommes servant sous les ordres du Connétable de France, Olivier de Clisson, en 1375 (1). — Jehan II et Allain Sioc'han sont compris au nombre des nobles de Bretagne, dans les rôles qui en furent dressés, lors de la Réformation ordonnée en 1423 par le duc Jean V et continuée pendant plusieurs années dans les neuf évêchés.

L'an 1479, notre dernier duc François II voulant résister aux entreprises du roi Louis XI, convoqua les nobles de ses états à des revues qu'on appelait des montres d'armes : Guillaume Sioc'han comparut à celle qui eut lieu à Carhaix, et y prêta serment en son nom et en celui de Jehan Sioc'han de « bien et loyaument servir le duc, son souverain seigneur contre tous ceux qui peuvent vivre et mourir (2) » — serment qui a laissé des échos dans sa postérité. C'est à ce Jehan Sioc'han que remonte sans interruption notre généalogie articulée. C'était un cadet, partagé « noblement » par conséquent n'ayant reçu qu'une modeste part « à bienfait et à viage. » Il partit pour Saint-Pol-de-Léon, et n'ayant point de terres à cultiver, il s'associa avec deux cadets comme lui de noble race, un Penfuentenyou et un Kersauson, et faisant « bourse commune, » ils se mirent à labourer l'Océan. Dieu les bénit et ils eurent bientôt toute une flotte. Jehan reconnaissant voulut éterniser sa gratitude en réédifiant une chapelle qu'il dédia à saint Jean-Baptiste; par son testament de l'an 1521 il y attacha des biens, et y fonda une chapellenie; il y fut enterré. Ce bon vieillard qui vécut près de cent ans laissa de lui si douce et pieuse mémoire, que le peuple, si l'on en croit la tradition, aurait donné à sa chapelle le titre de Saint-Sioc'han : Elle

---

(1) *Preuves pour servir à l'Hist. de Bretagne*, T. II.
(2) *Registre original à la Chambre des comptes de Bretagne*. — Guillaume Sioc'han, écuyer, épousa le 6 février 1461, damoiselle Catherine de Kergoët, fille de Bertrand de Kergoët, d'une famille issue des anciens barons du Faou, lesquels l'étaient en ramage des vicomtes de Léon, et de Guillemette de Rosmadec.

portait au fronton sous la croix, une image de saint Jean et à ses pieds, l'écusson de la famille en ronde bosse « de Gueules au sautoir péri en fer de lance, passé dans un anneau en abîme, le tout d'or. » Ces mêmes armoiries se voyaient encore en 1699 sur l'hôtel qu'il habitait à Saint-Pol.

Les descendants de Jehan Sioc'han suivirent ses exemples : hardis marins, parcourant les mers, tantôt laissant dormir comme on disait alors leurs privilèges de noblesse, tantôt venant les reprendre, conformément à une ordonnance du duc Pierre II de l'an 1451 et à l'article 561 de la Coutume (1); ils menaient une vie modeste, active, laborieuse, honorée, indépendante, bien différente de cette vie oisive et dissolue que la légende révolutionnaire inflige faussement à tous les nobles de France : c'est le contraire qui est vrai. Cette marine longtemps la seule de l'État, demeura toujours la puissante auxiliaire des forces royales, leur apportant des corsaires aventureux et des officiers expérimentés.

La Bretagne comme État indépendant n'existait plus depuis l'Acte d'Union, les querelles politiques se nouaient et se dénouaient en Italie et sur les frontières de l'Est n'intéressant que médiocrement les Bretons attristés, seules, la Ligue, les dissensions religieuses auxquelles se mêlaient en une certaine mesure les prétentions de Mercœur à la couronne ducale, les pouvaient agiter; il ne restait en dehors, que les entreprises maritimes, les voyages de découverte, et les courses contre les Anglais; c'était une suite des encouragements fort sagement prodigués par nos ducs; il y eut alors un grand mouvement en ce sens sur nos côtes, et nous saisissons ici les

(1) « Les nobles qui font trafic de marchandises et usent de bourses communes ne perdent pas la noblesse et il leur sera libre de reprendre leur dite qualité de noblesse et privilège d'icelle, toutes fois et quantes que bon leur semblera, laissant lesdits trafic et usage de bourse commune, et faisant de ce déclaration devant le prochain juge royal de leur domicile. » *(Coutume de Bretagne, art. 561.)*

traces de ces divers sentiments. Parmi les associés de Jehan Sioc'han on trouve le nom de noble Jehan Marzein; on voit aussi qu'un Tanguy Marzein, vaillant corsaire de Roscoff, fut anobli en ces temps par le roi François 1er, enfin que le fils de Jehan Sioc'han, Gabriel, épousa une Jehanne Marzein — Madeleine Sioc'han par ailleurs étant mariée à Sébastien Le Gac de Kersanton un des derniers ligueurs du Léon, qui signa la capitulation du Folgoët, et Laurent Sioc'han ayant épousé Aliénore Le Gac de Coëtgestin, cette double alliance indique assez de quel côté nous étions : catholiques et Bretons; Yves Sioc'han, fils de Laurent, épousa, en 1627, Louyse Hélary fille de François seigneur du Pré, capitaine des vaisseaux du Roy.

Aux XVIIe et XVIIIe siècles notre famille était divisée en deux branches : l'une, fixée à Saint-Malo, prit rang dans la grande aristocratie commerciale de cette ville illustre, et fournit au tribunal de l'Amirauté deux conseillers, qui étaient seigneurs de Saint-Jouan. L'autre l'aînée, la nôtre, demeura à Roscoff. C'est en cette ville que naquit notre grand-père dont j'ai à retracer la vie.

Jean-Marie-Angélique, chevalier, puis vicomte Sioc'han de Kersabiec, naquit à Roscoff et y fut baptisé en l'Église du Minic'hy, le 4 avril 1769; c'était le plus jeune des enfants de messire Jean-Louis-Joseph Sioc'han, chevalier, seigneur de Kersabiec et de Hélène-Marguerite Calvez de Kersalou. Son grand-père était mort, au service de l'État, en rade du Cap-Français, où le Maréchal de Conflans l'avait laissé après lui « commandant pour le Roy; » deux de ses grands oncles, Joseph Sioc'han, seigneur de Pennanguer et son frère Jean-Marie-Just dit le chevalier de Sioc'han avaient aussi payé cette même dette : le premier, capitaine au régiment de Lowendal, suivit cet illustre guerrier dans les campagnes de Flandre et d'Alsace et y mourut en 1748, le second, garde de la marine puis enseigne de vaisseau fut tué en 1758 dans un combat naval sur la frégate l'*Émeraude*, combat acharné puisque tous les officiers de l'État-major périrent et le navire fut rendu par un garde de la marine après qu'il eut perdu ses agrès et sa mâture.

Par ailleurs, son cousin-germain, Jean-Marie, Charles Sioc'han de Kerradennec, docteur en Sorbonne et grand vicaire de l'évêque de Soissons, fut pourvu en commande de l'abbaye royale de Notre-Dame de Vââs au diocèse du Mans. C'était un prélat recommandable, un prêtre fidèle à la Sainte Église et à son ordre : il refusa dans la suite le serment schismatique de la constitution civile du clergé, dut émigrer en Allemagne et mourut en cet exil. Il y avait aussi un saint religieux de la Compagnie de Jésus, Bernard Sioc'han de Saint-Jouan qui rendu à la vie séculière par l'acte de dissolution porté par Clément XIV, édifiait Saint-Malo par sa résignation et ses œuvres. Emprisonné par la révolution au Mont-Saint-Michel, il mourut au commencement de notre siècle. Tels furent les exemples donnés autour de lui.

Ceux laissés par son père ne furent pas moins virils : Messire Jean-Louis-Joseph Sioc'han de Kersabiec, s'engagea dans la marine et débuta comme volontaire sur des vaisseaux marchands de 1729 à 1733, rude école d'où sont sortis tant de hardis marins qui firent subir alors à l'Angleterre plus d'échecs et de pertes sensibles que nos flottes régulières. De 1733 à 1739 ayant fait six campagnes en qualité d'officier, le roi lui accorda des dispenses d'âge, il fut reçu capitaine et fit six campagnes de 1739 à 1745. En 1745, il arma sur la frégate du roi l'*Argonaute* en qualité de premier lieutenant. Cette frégate appartenait à des particuliers, et fut retenue pour le service de l'État et incorporée dans l'escadre de M. de Salverte pour aller secourir Louisbourg assiégé par les Anglais. — L'année suivante, 1746, il arma un corsaire dont il prit le commandement. Cerné par trois vaisseaux de guerre anglais, il fut mené à Kinsal en

Irlande. Relâché, il arma de nouveau en course pendant les années suivantes 1747 et 1748 : il commandait une frégate lui appartenant lorsqu'il fut pris par les Anglais au mois d'octobre 1755 et conduit à Gibraltar, quoique la guerre ne fut déclarée que sept mois après. En 1758, ayant ainsi longtemps fait la guerre à ses frais, risques et périls, il franchit, à l'exemple des grands corsaires bretons d'autrefois et de l'époque, les barrières qui semblaient séparer les deux marines et fut créé par le roi lieutenant de frégate, cette année même où son oncle le chevalier de Sioc'han venait de rougir de son sang le pont de l'*Émeraude*. Il reçut le commandement des batteries de la côte de Roscoff, l'isle de Batz et Bloscon, Sainte-Anne et Qualot. En 1759 il arma sur le vaisseau du roi *Le Magnifique* commandé par le vicomte de Morogues de l'escadre du Maréchal de Conflans et prit une part active et distinguée au combat du mois de novembre 1759. — De 1759 à 1766 il servit à son tour et rang dans le port de Brest. En 1766 il arma sur la frégate l'*Infidelle* sous les ordres du chevalier de Goandour. De 1766 à 1770 il servit à son tour et rang au port militaire de Brest — il y mourut en activité de service, le 12 octobre de cette année, à l'âge de 58 ans.

Notre aïeul n'avait que dix-huit mois quand son père mourut, mais le souvenir de cette vie aventureuse et hardie ne périt pas au foyer, et l'enfant, plein d'ardeur et d'élan, nature vive et droite en conserva l'impression : on raconta longtemps à Roscoff et à Saint-Pol-de-Léon ses saillies et ses espiègleries sans méchanceté.

Mme de Kersabiec, femme de mérite, veuve avec de nombreux enfants ne s'abandonna pas, mais eut soin de veiller à leurs intérêts de tous genres avec une intelligente sollicitude : c'est ainsi qu'en 1773, elle intervint en leur nom en une instance introduite devant le Parlement de Bretagne à l'effet de faire reconnaître leur qualité de nobles d'ancienne extraction, et leur inscription au catalogue des gentilshommes du royaume. Déjà en 1716 et 1717 deux arrêts de l'intendant de Bretagne Feydeau de Brou l'avaient fait, mais les États ayant par deux fois déclaré, en 1769 et 1770, que « toute famille noble prouvant par une filiation suivie que ses ancêtres se trouvent compris dans la Réformation de 1423 et années suivantes du siècle devait être ainsi qualifiée, » la mère prudente voulut épuiser cette nouvelle juridiction ; la preuve fut donc faite d'une filiation suivie remontant à cette date éloignée et notre grand-père fut nommément compris avec ses frères et sœurs dans cet arrêt important.

Au nombre de ces frères je ne puis oublier l'aîné, qui a d'autant plus droit à une page de ces souvenirs qu'il se montra, en une circonstance grave, envers l'orphelin, véritablement animé de sentiments paternels.

Ce frère aîné, chef de nom et d'armes de la famille, Jean-Augustin-Joseph, chevalier puis comte Sioc'han de Kersabiec, naquit à Roscoff, où il fut baptisé le 25 novembre 1752 ; il y avait donc dix-sept ans de différence d'âge entre eux. Entré dans le corps de la marine en octobre 1771, à dix-huit ans, comme volontaire, il était de service au port de Brest, lorsqu'un incendie se déclara, lequel, ayant atteint le bassin couvert, menaçait de consumer les magasins de la marine et le vaisseau le *Royal-Louis* dont la construction était presque achevée. M. de Kersabiec sauva ces édifices et ce vaisseau par son intrépidité, sa promptitude et son intelligence à diriger les secours, malgré qu'il eût reçu du commandant l'ordre de les abandonner, tant la perte en paraissait inévitable et le péril imminent pour lui. Le Roi le fit complimenter ; M. de Kersabiec mis à même d'une récompense, demanda l'admission de son plus jeune frère à l'Ecole militaire, et c'est ainsi que notre aïeul dut à son frère généreux d'être nommé pensionnaire du Roi, à Pontlevoy d'abord, puis à Paris ;

il y entra en mars 1778 et y resta six ans et onze mois.

Ces six ans furent pour notre grand oncle un temps rempli de nombreux et nobles travaux. Le 27 juillet de cette année 1778 il assista au combat d'Ouessant et reçut le brevet d'Enseigne de vaisseau. De 1780 à 1781, il fit plusieurs croisières : il était sur le *Robuste* lors des combats des 9 et 13 avril 1781 à la Dominique. Embarqué en 1782 sur le vaisseau la *Couronne*, de l'armée navale, aux ordres du comte de Grasse, il fit cette campagne d'Amérique et, employé en diverses missions, il s'y fit remarquer. On lui donna le commandement du *Warwick*, frégate anglaise à la prise de laquelle il avait coopéré. M. de Kersabiec était doué d'une grande intelligence et de solides qualités d'organisation; aussi, lorsque M. de Vaudreuil conduisit à Saint-Domingue les débris de notre armée navale, ce fut à lui qu'il confia le soin de diriger les réparations les plus urgentes, en même temps qu'il le chargea de relever le plan de Porto-Plate. Les réparations commencées à Saint-Domingue se terminèrent à Boston : tout en surveillant les ateliers établis à Long-Island et les approvisionnements de l'armée, M. de Kersabiec, travailleur infatigable, trouva encore le temps de lever le plan du port et de la rade de Boston. Le congrès américain reconnut les services qu'il rendit en ces circonstances à la cause de l'Indépendance, en le nommant membre de l'Association de Cincinnatus.

L'année 1785 se passa en croisières sur les côtes de la Martinique; en 1786, il s'embarqua comme lieutenant de vaisseau sur la frégate le *Prosélyte*, commandée par M. de la Gallissonnière, et fut employé comme major de la division de la Baltique. Par ordre du Roi, il leva le plan du port et de la rade de Cronstadt et de plusieurs autres points importants, qu'il accompagna d'un autre plan réduit sur une petite échelle et contenant, avec la rade, les sondes et relèvements, ainsi que des notes sur la navigation de cette mer. Transmis au dépôt général des cartes et plans de la marine, à Paris, et mis sous les yeux du ministre, ces travaux valurent à leur auteur les témoignages d'approbation les plus flatteurs, consignés dans une lettre lui envoyant, en 1790, la croix de l'ordre de Saint-Louis (1).

En 1787, comme chef de nom et d'armes de sa maison, M. de Kersabiec avait été convoqué pour siéger dans l'ordre de la noblesse à la tenue des Etats de Bretagne; il y prit séance. La lettre de convocation portait : « A Monsieur le Comte de Kersabiec. » Deux ans plus tard, le 19 mars 1789, il fut de nouveau appelé à siéger en l'ordre de la noblesse, à l'assemblée qui s'ouvrit à Saint-Brieuc le 16 avril suivant pour l'élection des députés aux Etats généraux du royaume. Cette lettre close du roi Louis XVI, datée de Versailles et envoyée d'Amboise le 20 mars par le duc de Penthièvre, gouverneur de la Bretagne, porte, elle aussi, cette même adresse : « A Monsieur le Comte Sioc'han de Kersabiec ». M. de Kersabiec fut dès lors autorisé à conserver ce titre ainsi conféré par deux fois en connaissance de cause. Si, suivant le dicton connu, « le Roi, qui ne pouvait faire un gentilhomme, pouvait faire un noble, » il pouvait aussi créer des titres et ne s'en faisait faute : moyennant finance, les anoblis, les gens du Roi, intendants, conseillers au Parlement ou aux Comptes, faisaient à qui mieux mieux ériger leurs terres en dignité; la tradition n'est pas perdue : nos banquiers, juifs ou autres, sont tous légalement anoblis, comtes ou barons. Quelle loi empêchait le Roi de donner un titre gratuitement à ceux qu'il voulait honorer? Le Roi le pouvait et le faisait. On a appelé ces titres : titres de courtoisie; ils ont en réalité cette valeur qu'ils n'ont pas été achetés à prix d'argent et sont un hommage rendu à de bons serviteurs sans fortune, à la race, à l'épée et au sang versé.

(1) *Biographie bretonne,* par P. Levot, T. II.

Cette digression a pour but de dire comment le titre de Comte est entré dans notre famille : il en sera de même de celui de Vicomte, reconnu dans la suite, de même façon, pendant déjà trois générations, aux cadets.

Il est temps de revenir à notre aïeul.

Notre grand-père sortit de l'Ecole militaire après un séjour de six ans et onze mois, le 10 février 1785 ; il y avait fait de brillantes études, et avait reçu, après concours, des mains de M. le comte de Provence, sans doute délégué pour cela, la croix de Saint-Lazare avec pension ; il fut nommé sous-lieutenant au régiment de Bretagne. — A son retour au foyer, après une si longue absence, il le trouva presque détruit : sa mère, ses deux plus jeunes sœurs étaient mortes ; l'aînée, Mme de Kerhorre, mourante, s'éteignit le 16 août suivant.

La première garnison du jeune officier fut Rennes ; il y resta jusqu'au 15 septembre 1789, époque à laquelle il fut nommé capitaine et adjoint par le Maréchal de Broglie à l'état-major de son armée, réunie au camp de Frascati, près Metz, sous les ordres immédiats de M. de Rozières. Il suivit son général au camp de Saint-Denys et y demeura jusqu'à sa dissolution. C'est durant ce séjour qu'il accompagna plusieurs fois le Maréchal à la Cour et y reçut du Monarque et de l'auguste Marie-Antoinette un accueil si bienveillant, qu'il en conserva toujours un vivant souvenir.

De retour en Alsace, M. de Kersabiec, breveté lieutenant-colonel de cavalerie, fut, à Strasbourg, employé dans le gouvernement de cette province, sous les ordres successifs de de MM. de Klinglin, de Gelb et de Kellermann. Lors des désordres qui désorganisèrent l'armée dont il faisait partie, comme partout ailleurs, il émigra le 25 août 1791, rejoignit l'armée des Princes et fit pendant quelques mois le service, à Worms, près la personne de M. le prince de Condé, avec les officiers du régiment de Condé-Infanterie. — En même temps que lui, à la suite de l'indiscipline qui se manifesta à Brest et détruisit la hiérarchie dans le corps de la marine, le comte de Kersabiec se retira et fut rayé de la liste des officiers comme absent; il comptait alors un peu plus de vingt-quatre ans de services. Il émigra, et les deux frères se retrouvèrent sur la terre étrangère. — Le marin, fidèle à l'esprit de corps, fit, en 1792, dans la cavalerie de la marine, commandée par le vice-amiral baron de Suzannet, la campagne de l'armée des Princes, puis, après le licenciement, se rendit à Londres, où il entra comme lieutenant dans le régiment d'Hector, formé des anciens officiers de la marine française, destiné à l'expédition de Quiberon; l'autre, l'officier de terre, entra dans le corps de la gendarmerie de la Maison du Roi, commandé par le marquis d'Autichamp, et fit, compagnie du Dauphin, cette même campagne de 1792 jusqu'au 10 octobre.

II.

Je n'éprouve aucun embarras en présence de ces émigrations imposées par les circonstances, les manœuvres de ceux qui les condamnèrent et les massacres auxquels on n'était pas tenu de s'offrir; d'ailleurs n'avaient-elles pas le noble but de rendre la France aux institutions qui l'avaient faite grande et heureuse, en la délivrant de ceux qui l'opprimaient sans droit? On ne peut soutenir, je suppose, que la Terreur ait été légitime et souhaitable. En ce temps même, notre cousin Jean-Baptiste-Marie Sioc'han de Saint-Jouan, lieutenant au régiment de Cambrésis, traîné à travers la France, lié sur un chariot avec ses camarades, en plein hiver, de Perpignan à Versailles, ne fut-il pas égorgé en cette ville lors des massacres de septembre 1792 : c'était un enfant de seize ans! Qu'avait-il fait? De quelle utilité pouvait être sa mort? — Avec lui s'éteignit ce rameau de notre famille : avec mon grand-oncle et mon grand-père, notre race eût disparu tout entière. Au reste, c'était le dessein poursuivi : détruire l'ancienne France en la frappant à la tête.

On a retrouvé cette lettre de Jean-Baptiste Sioc'han de Saint-Jouan à sa mère :

« Etampes, à 12 lieues de Paris, 7 septembre.

» Encore un mot, ma chère maman. Depuis dix jours, nous avons plusieurs fois changé de *destinée* : l'autre jour, nous partions pour Saumur, hier pour Paris, et demain pour Versailles. Voici, ce me semble, où nous devons séjourner sous la garde de Dieu et celle de messieurs de la troupe nationale parisienne. Je ferai mon possible pour vous donner de mes nouvelles. Veuillez me rappeler au souvenir de ma famille et surtout des personnes qui vous entourent. Je n'ai aucun mérite à les aimer, je ne fais que céder à une impulsion de mon cœur, mais je les prie de songer quelquefois à celui qui est tout à vous et à elles.

» J'ai remis à quelqu'un de confiance une lettre qu'il vous fera passer, s'il y a lieu ; je ne l'ai point signée, mais je vous la recommande. Ma tranquillité serait troublée si je pouvais croire qu'il en fût autrement. Il me coûte de vous quitter, mais enfin, il le faut (1). »

On ne peut faire des adieux à la fois plus discrets et plus tristement pieux, résignés et doux. Cette lettre ne parvint pas à la mère désolée, mais, soustraite par Fournier l'Américain, l'odieux sicaire aux ordres de Danton, elle fut envoyée à Paris, où elle a été retrouvée par M. Mortimer-Ternaux, qui l'a publiée dans son Histoire de la Terreur. Quant à l'autre, un testament sans doute, je ne sais ce qu'elle est devenue. — Arrivé à Versailles, où l'on entra par la rue des Chantiers, à deux heures, le 9 septembre 1792, un dimanche, jour exprès choisi pour qu'il y eût plus de monde dans les rues, le convoi des prisonniers longea l'avenue de Paris, la place d'Armes, la rue de la Surintendance ; on était censé se diriger vers l'ancienne Ménagerie. On cheminait au milieu d'une affreuse cohue, lorsque soudain on ferme les grilles de l'Orangerie. Les assassins, comme obéissant à un signal convenu, se ruent sur tous les chariots à la fois et égorgent ceux qu'ils renfermaient, enchaînés pour cette boucherie ; les uns restèrent à dépouiller les victimes et à les dépecer pour en promener les membres,

(1) Jean-Baptiste-Marie Sioc'han était fils de messire Pierre-Malo Sioc'han, écuyer, seigneur de Saint-Jouan (des Guérêts), déclaré noble d'ancienne extraction par arrêt du Parlement de Bretagne du 16 juin 1773, et qui prit séance dans l'ordre de la noblesse à la tenue des États de l'année 1774, et de Françoise-Félicité Le Clavier, demoiselle de Miniac.

les autres allèrent poursuivre leurs exploits révolutionnaires en courant aux prisons, qu'ils vidèrent par l'assassinat.

« Les Émigrés furent des Croisés qui ont suivi l'Oriflamme en terre étrangère » a dit à la tribune de la Chambre des Pairs, l'illustre Maréchal Macdonald, et cette parole du vaillant et loyal soldat des guerres de la République et de l'Empire, suffit pour étouffer toutes les indignations hypocrites. On pourrait ajouter que les coryphées du libéralisme : Dumouriez, La Fayette, le général Égalité Louis Philippe, et bien d'autres ont émigré eux aussi. Descendants d'un croisé marchant à la suite de saint Louis pour la délivrance du tombeau du Christ, nos pères se sont croisés pour la délivrance du fils de saint Louis, lieutenant du Christ roi des Francs, comme mes frères se sont croisés de nos jours pour la délivrance du Pape-Roi, vicaire de ce même Christ à qui les nations ont été données en héritage : tout se tient. Cette unité de vie familiale est pour me plaire, et quelques sophismes qu'on mette à l'encontre, j'y demeure attaché.

Tandis que le comte de Kersabiec s'en allait à Londres, le chevalier, son frère, rejoignit de suite l'armée autrichienne commandée par le général de Clairfaict et se trouva à la bataille de Mons où il fut blessé d'une balle au front ; il fit la retraite jusqu'à Cologne. Infatigable dans sa haine de la Révolution et son dévouement au roi prisonnier, il s'engagea le 4 décembre 1792 dans le corps franc de la landwehr, puis, sur la recommandation du comte de Portshenheim, colonel du régiment des dragons de la Tour, dans les housards de Blankenstein, et y fit les campagnes de 1793 et 1794 comme volontaire. M. de Kersabiec se distingua par une bravoure à la fois fougueuse et intelligente sur tous les champs de bataille où il parut, toujours aux avant-postes.

A Altenhowen, il enleva une batterie et fut atteint d'un coup de sabre et d'un coup de baïonnette.

Il fut successivement présent au passage de la Roër, à Aix-la-Chapelle, à Juliers, à Liège.

A Nerwinden et à Tirlemont, à l'attaque d'une batterie qui foudroyait le régiment de Stracy de l'infanterie hongroise, dans laquelle il entra le premier et qui fut enlevée, il reçut une balle dans la hanche gauche, un éclat d'obus à la jambe droite et eut deux chevaux tués sous lui. Sa conduite fut telle, que ses camarades et ses chefs lui décernèrent par acclamation, sur le champ de bataille, une médaille d'argent de l'ordre de Marie-Thérèse, et l'on sait ce que vaut cet ordre.

Poursuivant la campagne, il fut à Anvers, à Louvain, au Bois de Vicogne, au camp de Famars, où il enleva encore une batterie. — Il assista au siège de Valenciennes, puis aux combats de Condé, Maubeuge, Cateau-Cambrésis.

A Warwick près Menin, bien qu'il fût blessé de trois coups de sabre sur la tête, et eût eu un cheval tué et deux blessés sous lui, il sauva, par une manœuvre hardie, le prince de Waldeck, général hollandais, dont la retraite était coupée par une colonne française : il prit trois pièces de canon attelées et reçut sur ce champ de bataille une seconde médaille de Marie-Thérèse d'Autriche, celle-ci en or.

Il parut encore à Warneton, à Cassel, à Oudekerque, à Hondshoot où il soutint l'effort de l'ennemi et favorisa efficacement la retraite ; enfin, à Dunkerque, à Ostende, à Furnes, à Ypres, à Courtray, à Tournay, etc.

Le récit de ces faits d'armes exceptionnels, bien qu'extrait d'une pièce officielle, *les états de services du vicomte de Kersabiec,* pourrait laisser quelques doutes tant ils sont accumulés, s'il n'était sommairement confirmé par un témoin oculaire et irrécusable, le général autrichien comte de Bellegarde. Voici en effet la traduction d'une pièce originale aux archives de la famille :

« Nous, lieutenant-général, au service de S. M. l'Empereur

d'Autriche, roi de Bohême et de Hongrie, ayant commandé aux avant-postes dans les campagnes de 1793 et 1794, certifions que M. Sioc'han de Kersabiec, officier français émigré, a fait dans le régiment de Blankenstein les campagnes de ces années, qu'il y a eu à ma connaissance une conduite bonne et toujours distinguée, que je l'ai employé plusieurs fois dans des postes difficiles et délicats, qu'il a toujours remplis avec intelligence, sang-froid et bravoure; qu'il a été récompensé avec justice de deux médailles de Marie-Thérèse, la première en argent, la seconde en or, pour des actions d'éclat sur le champ de bataille; qu'il a toujours été regardé comme un des meilleurs sujets et un des plus braves du régiment. En foi de quoi, nous lui avons délivré le présent certificat pour lui servir et valoir au besoin.

» H. F. comte DE BELLEGARDE. »

Le chevalier de Kersabiec quitta l'armée autrichienne et entra, le 8 juillet 1794, en qualité de cadet gentilhomme, avec promesse d'une place d'officier, dans le régiment de Rohan-Infanterie, et fit avec ce corps la retraite de Hollande; puis il fut nommé, le 15 novembre 1794, lieutenant de grenadiers au régiment d'Hervilly qu'il rejoignit et où il ne demeura que quelques mois. Il revint le 17 avril 1795 au régiment des hussards de Rohan en qualité de chef d'escadron, et fut embarqué à Slade pour Quiberon, mais, assailli par une tempête, il fit naufrage aux Dunes sur la côte d'Angleterre; il y apprit peu après le désastre de l'expédition, et, le régiment ayant été destiné pour l'Amérique et y ayant été en effet envoyé, il le quitta au commencement de 1796, ne voulant pas plus se mettre en Angleterre au service des Anglais qu'il n'avait consenti à servir les intérêts autrichiens en Autriche; il était et restait Français à l'étranger, au service de la monarchie nationale et du roi légitime qui y avait forcément levé son Drapeau.

A Londres, le chevalier de Kersabiec ne trouva plus son frère qui, on se le rappelle, désigné pour l'expédition de Quiberon, en était parti : nous devons le suivre un instant.

III.

Le comte de Kersabiec, en quittant l'Angleterre, devait être employé à la correspondance entre la Vendée et la Bretagne en qualité d'aide-de-camp des armées catholiques et royales. Ce fut du 8 au 9 juin 1795 qu'il quitta Plymouth sur le vaisseau la *Concorde,* ayant pour compagnons MM. de la Bassetière, de Charette, neveu du général, Bascher, de Nantes, et les abbés : de Beauregard, plus tard évêque d'Orléans, et de Gruchy, qui peu de mois après fut pris et exécuté à Nantes. Poussés d'abord par un ouragan sur les côtes d'Irlande, ils reprirent route vers Quiberon où ils parvinrent des premiers du 23 au 24 juin, mais d'où ils repartirent, avant l'action, pour la Vendée où les appelaient leur mission et des dangers.

En quittant Quiberon, la *Concorde* toucha à l'île de Houat pour y faire de l'eau, mais avant d'y arriver, le capitaine s'était emparé de deux mauvaises barques de pêcheurs et de ceux qui les montaient : c'étaient des révolutionnaires. L'Anglais, non hostile à leurs idées, songeait néanmoins à s'en débarrasser : de leur côté les Vendéens insistaient pour être mis à terre. Le 10 juillet il leur fut dit de se tenir prêts : « Vous prendrez, ajouta l'officier en montrant les deux épaves, une de ces barques et vous irez chercher le point qui vous conviendra pour attérir. » — On était à plus de cinq lieues du rivage, la mer était grosse, le soleil à son couchant, nul doute que la nuit ne les surprît. A l'heure dite il fallut descendre dans l'esquif misérable; six hommes se présentèrent : les six prisonniers républicains; on partit à la garde de Dieu.

A peine en route, sur les six pêcheurs, cinq s'endormirent : MM. de Charette, de la Bassetière et de Gruchy furent pris du mal de mer; M. Bascher était tellement myope qu'on n'en pouvait attendre aucun service; on n'osait se fier au sixième pêcheur; restaient l'abbé de Beauregard, qui n'entendait absolument rien à la navigation, et M. de Kersabiec sur qui seul reposa le soin de veiller à toutes ces existences. Il y avait deux voiles à servir, le gouvernail à tenir, la ligne de direction à garder. La nuit était venue, obscure; les vents étaient contraires; les vagues soulevées assaillaient avec fureur le pauvre esquif qu'elles inondaient et semblaient devoir engloutir : les cinq dormeurs trouvèrent alors bon de s'éveiller : force leur fut d'obéir à l'émigré; habitués qu'ils fussent aux dangers de la mer, ils ne dissimulaient pas leurs craintes. Heureusement Dieu permit qu'on découvrît dans la poche d'un des malades une petite boussole; M. de Kersabiec s'en empara, louvoya et dirigea si bien ses bordées que la quatrième porta l'esquif au-dessus des Sables-d'Olonne sans que l'on sût à quelle distance. La lune se levant, on pointa vers le nord; la mer devenue calme, on prit terre près Saint-Gilles. Les matelots, heureux d'en être quittes, ne refusèrent pas quelques louis et l'on se sépara. En touchant le sol de la patrie aimée, les proscrits se prosternèrent humblement, puis, sans tarder, s'éloignèrent afin de chercher un gîte pour y cacher leurs têtes vouées à la mort; il était deux heures du matin.

Il fallait gagner le marais vendéen couvert d'abondantes moissons, afin, en cas d'alerte, de s'y cacher; ils n'y étaient pas encore parvenus, qu'un bruit éloigné frappe leurs oreilles : ce sont des chevaux, deux cavaliers républicains en tournée; on se jette en des fosses profondes : ils passèrent; les proscrits reprenant alors leur course et s'animant les uns les autres, pénètrent dans un bois dont ils ignoraient les sentiers, et où ils furent enveloppés de ténèbres si obscures que M. Bascher s'y égara. En vain, imitant le cri de la chouette, chacun l'appela; ce fut peine perdue et force fut de continuer à fuir : Enfin on arriva au marais!

Tandis que les autres se cachaient dans les blés, l'abbé de Gruchy, ayant jadis administré comme prêtre ces contrées, partit à la découverte; il arrive en présence de deux hommes armés de faux; ils lui crient : « Qui vive! » — Catholique romain! répond l'abbé — « Avancez! nous le sommes aussi! »

Quel dialogue entre ces hommes, prêtres, paysans et gentilshommes, et quelle réponse à ceux qui nous présentent un nouveau programme et un changement de drapeau! La réalité l'emporte sur les théories : catholiques et royalistes ils étaient, catholique et royaliste on doit être pour combattre et vaincre la révolution, et c'est parce qu'on a disjoint ce faisceau sacré que nous sommes des vaincus.

M. de Kersabiec et ses autres compagnons, entendant ces mots, sortirent de leur retraite; ils apprirent que les environs étaient pleins de soldats et qu'ils ne pouvaient aller plus loin, il leur fallut rentrer dans les blés; de leur côté, les Vendéens partirent en quête d'un asile. Ils revinrent peu après et, sans retard, emmenèrent la petite caravane en Saint-Jean-de-Mont, où elle fut logée en une grange pleine de foin nouveau. On mourait de faim : du pain et du lait l'apaisèrent, puis les prêtres récitèrent leur bréviaire aux lueurs du jour qui filtraient au travers des planches mal ajustées de la porte, et l'on s'endormit profondément. Les guides, en partant, promirent de rechercher M. Bascher. — La nuit, à peine de retour, les paysans, leurs hôtes, les vinrent éveiller, et l'on partit vers Soullans.

Le comte de Kersabiec et ses compagnons demeurèrent ainsi plusieurs jours errants, la pensée tristement occupée de M. Bascher, ne doutant pas, qu'étranger au pays et infirme, il n'eût été pris ou n'eût péri. — Le 9 juillet, on quitta Soullans, où les troupes républicaines se concentraient, et on alla reprendre gîte dans les blés, d'où l'on fut conduit à une grosse ferme où l'on se reposa. A minuit, on en repartit à la clarté de la lune et l'on parvint chez un prêtre qui n'avait pas quitté le pays, puis en une autre maison où l'on fut heureux de retrouver M. Bascher, que les deux premiers Vendéens, fidèles à leur promesse, étaient allés rechercher et avaient amené en cet asile par des chemins plus courts.

Le 10 juillet, dans la matinée, M. de Kersabiec et ses compagnons arrivèrent enfin à Belleville, où Charette avait établi son quartier. Comme on les annonçait, le général dictait une lettre en se rasant; n'ayant été prévenu ni de leur mission, ni de leur départ, il hésitait à les admettre dans l'humble cabane où il était logé; mais en voyant M. de Kersabiec et ceux qui étaient avec lui, Charette ne leur laissa pas le temps de s'expliquer et, se jetant à leur cou, il les embrassa d'autant plus cordialement qu'il avait reconnu en eux un de ses parents, Charette, un de ses amis, La Bassetière, et un ancien camarade de la marine, le comte de Kersabiec. Ce dernier remit au général ses dépêches et ses instructions : celui-ci l'attacha dès lors à son conseil et lui délivra ce sauf-conduit :

« *Armée royale de la Vendée, Bas-Poitou et Bretagne.*

» Il est permis à M. Sioc'han de Kersabiec, aide-de-camp des armées catholiques et royales, d'aller dans l'armée d'Anjou et partout où bon lui semblera pour le service du Roi.

» Au quartier général de Belleville, le 10 juillet 1795.

» *Le Ch*[er] CHARETTE. »

De son côté, le général Stofflet écrivit :

« *Armée catholique et royale d'Anjou et Haut-Poitou.*

» En vertu de la pacification, j'invite les autorités civiles et militaires, et commandants des postes, à laisser librement passer le sieur de Kersabiec, aide-de-camp, allant à sa terre de la Courtaiserie, pour y résider et lui prêter aide et secours en cas de besoin.

» A Névi, au quartier général, le 5 octobre 1795.

» Stofflet, *général en chef.* »

En outre, Stofflet le nomma membre du Conseil militaire de l'armée catholique et royale d'Anjou et de Haut-Poitou, et c'est en cette qualité qu'il signa la proclamation adressée aux populations pour les appeler à reprendre les armes, au mois de décembre 1795. Cette pièce, sortie de l'imprimerie catholique et royale d'Anjou et Haut-Poitou, porte les noms de : Stofflet, lieutenant général ; d'Autichamp, de Birnetz, le marquis de la Ferronnière, comte Sioc'han de Kersabiec aîné, ancien officier de la marine ; de Vasselot, Forestier, Soyer l'aîné, de la Béraudière l'aîné, de la Béraudière le jeune, Valois, de Jousselin, de Beaurepaire, Blain, Chetou, Nicolas, Chalon, l'Huilier, Cadi, Vannier, et Coulon secrétaire.

Ordre d'impression et publication Bernier, commissaire général : le fameux abbé Bernier.

Deux mois après, le vicomte de Scépeaux ajouta ce sauf-conduit aux deux autres :

« *Armée catholique et royale du Maine, de l'Anjou et Haute-Bretagne.*

» De par le Roi,

» Il est ordonné à tous officiers et soldats de notre armée, et prions ceux des autres armées de laisser passer librement M. de Kersabiec, qui voyage pour affaires concernant le service du Roi. Prêtez-lui aide et assistance au besoin.

» Au quartier général, le 7 février 1796.

» *Le Vicomte* de Scépeaux, *général en chef.* »

Ainsi le comte de Kersabiec tint jusqu'au bout, tant que la Vendée résista. — Il avait épousé à Nantes, le 29 mai 1787, Catherine-Julie Budan du Vivier, dont il eut d'abord une fille, puis l'émigration et les événements les séparèrent.

Sous la Terreur et le proconsulat de Carrier, Mme de Kersabiec, restée à Nantes, fut arrêtée et conduite au couvent du Bon-Pasteur, changé en prison ; avec elle fut incarcérée Mme Le Bonnetier, sa sœur aînée, dont le mari avait émigré et qui avait deux filles tout enfants; une troisième sœur, âgée de seize ans, ayant été déportée à Angers, force fut de demander comme une grâce que ces enfants abandonnées fussent réunies en prison à leurs mères. On l'obtint, et c'est d'une de ces petites filles, devenue bien vieille, mais dont les souvenirs étaient restés jeunes, que je tiens ces détails. On prit donc la bonne de ces délaissées de la Terreur, et un mobilier, et l'on transporta le tout au couvent dévasté.

La première nuit se passa dans la chapelle, sur le marchepied de l'autel, où l'on dressa les lits. Le lendemain, un parent, qui avait adopté les idées du jour et s'en servait pour avoir de l'influence dans les prisons, fit attribuer à toute cette famille un logement particulier au fond du cloître, où mères et filles furent comme oubliées, tandis que chaque jour quelqu'une de leurs compagnes d'infortune, à qui, la veille, on avait rendu des visites, ou dont on en avait reçu, car, en ces tristes captivités, on conservait encore les usages de la bonne compagnie, avait disparu sans retour.

Mme de Kersabiec avait une grande douceur et gémissait en silence; sa sœur, au contraire, ardente, laissait volontiers échapper une indignation redoutable pour elles ; on s'efforçait, sinon d'en modérer, au moins d'en dissimuler les éclats. Cependant un jour il sembla impossible de parer au danger. On avait mené les petites filles et leurs camarades se promener dans les jardins de l'ancien couvent; elles y jouaient et couraient en ce temps d'échafaud en permanence, comme jadis aux jours plus heureux, et se mirent à danser en rond ! Un séide de Carrier, Goullin, homme aux belles manières, vint en souriant pour embrasser l'une d'elles, l'aînée, celle qui m'a conté le fait; elle se récria et ses compagnes avec elle. Goullin se retira, maugréant contre ces petites aristocrates si hautaines, à peine hors du berceau, et proférant des menaces. La bonne dut en instruire Mme Le Bonnetier. L'enfant fut semoncée en public et, le soir, doublement embrassée les portes closes.

Heureusement, le procès de Carrier et de ses complices, la Révolution de Thermidor et la chute de Robespierre survinrent; mères et enfants furent remises en liberté.

Cette même vieille amie avait été témoin de l'entrée de Charette à Nantes, entrée qui ne fut pas sans dangers et sans déboires, et se rappelait aussi son exécution : elle ne la vit pas, mais, ce jour néfaste, on la fit passer par un autre chemin pour aller à sa pension, afin de ne pas rencontrer le sinistre cortège, et ce souvenir s'était gravé dans sa mémoire.

Après la pacification de la Vendée, le comte de Kersabiec revint à Nantes; une juste considération l'y entoura; aussi, en 1807, le collège électoral de cette ville ayant député vers l'empereur, fut-il choisi par ses concitoyens pour faire partie de cette mission. Napoléon le fit chevalier de la Légion d'honneur. — Il demeurait au château du Blottereau, en Doulon. Les habitants de cette commune le choisirent pour maire, et il se plut à leur rendre tous les services.

Rappelé à l'activité en 1815, et nommé capitaine de vaisseau, M. de Kersabiec ne demeura en fonctions que jusqu'en 1817, époque à laquelle il fut compris dans l'ordonnance qui mit en inactivité sept cents officiers de la marine. — Il eut une vieillesse occupée. Il aimait la lecture et les études sérieuses et se tenait au courant de tout ce qui instruit, charme et orne l'esprit. Il est mort à Nantes, le 4 février 1830, ayant eu de son mariage sept enfants, dont quatre garçons que nous verrons figurer dans les rangs vendéens.

J'ai voulu ainsi donner la suite de la vie si occupée et si

remplie de notre grand-oncle; j'ai hâte de revenir, pour ne le plus quitter, au chevalier de Kersabiec, que nous avons laissé arrivant à Londres au moment où son frère s'embarquait pour Quiberon et la Vendée.

IV.

Le chevalier de Kersabiec, à Londres, prit la place de son frère et fut employé à la correspondance avec les armées catholiques et royales, sur les côtes de France, conjointement avec M. Préjeant. Le principal agent directeur de la politique des Princes était alors Mgr de la Marche, dernier évêque de Saint-Pol-de-Léon; mon grand-père, né à Roscoff, était son diocésain. Il le connaissait et eut ainsi toutes les facilités pour se joindre aux députés de la Bretagne, de l'Anjou et du Poitou, se rendant à Edimbourg pour conférer des intérêts royalistes avec S. A. R. le comte d'Artois; admis avec eux en sa présence, ce prince, en qualité de lieutenant-général du Royaume, l'autorisa dès lors à placer la croix de Saint-Louis entre les deux médailles qu'il avait gagnées sur les champs de bataille : il en reçut le brevet dans la suite, le 5 octobre 1814.

Depuis longtemps tous ses vœux rappelaient le chevalier de Kersabiec sur le sol de France; il y rentra enfin au mois de mars 1796, dans la même bande où se trouvaient MM. de Suzannet, de la Ferronnière, de Bourmont et de Sérent qui périt dans cette entreprise; ce fut par la côte de Cancale. Après mille dangers, il parvint à rejoindre l'armée du vicomte de Scépeaux, où il fut, comme simple officier, attaché à l'Etat-major. Là, non plus qu'ailleurs, il ne se ménagea; il assista à plusieurs affaires, avec une fougue et un entrain non diminués, notamment au château de Beauchesne, près d'Ingrandes, où il reçut une balle qui lui traversa le genou et où son cheval fut tué sous lui — dans son entraînement il lui avait fait franchir un escalier : un paysan dévoué le rapporta tout sanglant. On a, aux archives de la famille, cette attestation du vicomte de Scépeaux : « Le chevalier Sioc'han de Kersabiec a servi avec beaucoup de distinction dans l'armée de la rive droite de la Loire, et j'atteste que cet officier y a toujours tenu une conduite digne d'exemple. »

Le désastre de Quiberon, la mort des généraux Charette et Stofflet, ayant amené la pacification de la Vendée et de la Bretagne, M. de Kersabiec se retira vers ce qui lui restait de famille à Roscoff et à Saint-Pol-de-Léon. Emigré, non rayé des listes de proscriptions, il fut arrêté et dirigé sur Brest. Comme il entrait en cette ville, un ancien capitaine des vaisseaux du Roi, le chevalier de Biré, chevalier de Saint-Louis et membre de l'Association de Cincinnatus pour avoir fait la guerre de l'Indépendance en Amérique, se promenait accompagné de sa fille ; celle-ci remarqua le jeune homme captif et son cœur s'émut ; elle pria son père de s'intéresser au prisonnier : encore un pauvre royaliste! disait-elle. M. de Biré, la bonté même, était universellement aimé ; il multiplia les démarches et il réussit à aplanir ces terribles difficultés — mieux que cela, dans sa reconnaissance, M. de Kersabiec demanda et obtint la main de sa libératrice, Mlle Marie-Magdeleine-Rose-Siméon-Stylite de Biré, notre grand'mère. Le mariage se fit à Brest en 1798, le 20 germinal an VI, comme on disait alors dans le jargon révolutionnaire. Mlle de Biré avait vingt-quatre ans, étant née à Brest le 9 décembre 1774 — notre grand-père en avait vingt-neuf.

C'était une union assortie à ses goûts et à ses sentiments ; aussi, dans le Finistère comme en Vendée, M. de Kersabiec, loin d'oublier ses devoirs envers le roi de France exilé, se trouva-t-il conduit à entrer dans une association ayant pour but de travailler, même par les armes, au retour du monarque : le vice-amiral Bernard de Marigny et le chevalier de Guimar, deux amis du chevalier de Biré, en étaient les chefs; M. de Kersabiec fut destiné à commander en second en cas de soulèvement. Ce sentiment remuait la France entière, mais les sectes maçonniques et révolutionnaires veillaient; Bonaparte, en mitraillant les sections royalistes parisiennes, sauva la Convention et replongea la France dans les maux dont elle voulait sortir; on lui en paya le prix dans la suite en lui donnant le pouvoir.

Une période de repos suivit enfin cette vie mouvementée. Alors naquirent les deux premiers-nés de ceux dont j'ai aussi à esquisser la vie : à Brest, le 7 février 1799, Marie-Catherine-Siméon-Stylite, notre tante, et à Guiler, près cette ville, au manoir de Kermérien, le 10 mai 1800, Edouard-Augustin-Marie, mon père. — L'année suivante, le 5 thermidor an IX (1801), Madame de Biré (1) étant morte, on vendit Kermérien et l'on vint s'établir à Nantes, lieu d'origine de la maison de Biré qui y est honorablement et historiquement connue depuis le XIIIe siècle.

Le Consulat puis l'Empire se succédèrent; malgré la gloire militaire et l'ordre matériel qu'ils donnèrent au pays, M. de Kersabiec ne voulut accepter aucun engagement avec ce pouvoir qui ne lui paraissait pas établi sur des bases légitimes; néanmoins, dans la suite, étant venu habiter, comme on le verra, au Pont-Saint-Martin, il sut rendre, dans la position modeste qu'il s'était faite, de nombreux services aux gens de la contrée; sa loyauté, sa bienfaisance, lui acquirent une popularité véritable qui suivit après lui ses enfants et ses petits-enfants, et, pour se rendre aux désirs de ces paysans, il accepta d'être maire.

Véritable gentilhomme, il était à l'aise avec tous, comme tous l'étaient avec lui : ils s'aimaient, et cette affection ne

---

(1) Rose-Céleste Sabathier de Kermainguy.

se démentit jamais. Mme de Kersabiec fut pour une bonne part dans ce résultat : c'était une femme pleine de la bonté la plus accueillante et ornée des plus aimables en même temps que des plus solides vertus, tempérant par un gai sourire toujours vainqueur ce que l'exubérance naturelle à son mari et sa franchise de soldat pouvaient mettre parfois, dans un premier mouvement, d'accentué ou d'un peu vif. Elle tenait un rang distingué par la grâce et le charme de son esprit parmi ses semblables. Ce fut surtout une admirable mère, dont le souvenir et les exemples ne périrent jamais, ni dans le cœur de son mari, ni dans ceux de ses enfants, à qui elle laissa, quoiqu'ils fussent bien jeunes encore quand elle leur fut enlevée, cette empreinte de foi, de piété et de franchise chrétienne qu'ils ont montrée et que nous verrons se produire en toutes les vicissitudes de leurs vies tourmentées ; mais laissons-lui la parole, mieux que toute autre, elle pourra nous peindre ce doux intérieur :

« Nantes, 15 avril 1806.

» Depuis des siècles, chère et tendre Louise, je suis entourée de malades qui ont occupé tous mes moments et m'ont privée du plaisir de causer avec mes amies, et toi surtout, que j'aime de tout mon cœur et que j'ai un plaisir infini à lire, puisque nous sommes privées maintenant du bonheur d'être ensemble. Néanmoins, je ne renonce pas au projet que j'ai toujours formé d'aller voir mes bons amis de Basse-Bretagne ; mais quand ? Hélas ! c'est ce que j'ignore, car, ma bonne Louise, on ne quitte pas un ménage aussi considérable que le mien comme cela. Sais-tu bien que nous sommes quinze personnes tous les jours : cinq maîtres, cinq enfants et cinq domestiques, et, quand mon beau-frère l'abbé est avec nous, cela fait seize.

» Comme tu aimes les détails sur tout ce qui me concerne, je vais t'en donner, connaissant ton tendre attachement pour moi et pour tous les miens ; je commence par mes enfants :

» Ma fille aînée, Stylite, a huit ans du 7 février : bonne

enfant, ayant tout plein de sagesse et de raison pour son âge ; elle annonce devoir être agréable, ayant beaucoup de physionomie, et plaît généralement ; elle est assez grande pour son âge et a déjà une petite tournure élégante ; mais, ce qui vaut mieux que tout cela, c'est un cœur excellent, peut-être même trop sensible pour son bonheur futur. Elle apprend joliment, ayant une facilité étonnante et beaucoup de mémoire. Vive comme la poudre, elle a beaucoup du caractère de son père ; je lui désire toutes ses bonnes qualités, car tu ne saurais croire combien le chevalier Kersabiec m'aime, malgré sa vivacité. Il est d'une piété exemplaire, sans cagoterie ; aussi j'ai la douce satisfaction de le voir jouir de l'estime et de l'amitié publique, rempli d'honneur et de sentiment, invariable dans ses principes, bon père, bon mari, bon fils et bon parent ; il fait notre bonheur à tous. Papa et mes tantes l'aiment comme leur enfant, et il a toute leur confiance ; aussi, chère Louise, je ne cesse de remercier Dieu de mon bonheur et bénis tous les jours celui qui nous a unis. Je reviens à mes enfants.

» Mon Edouard aura six ans le 10 de mai : Excellent enfant, doux comme un agneau, le portrait de mon mari pour la figure, fait à peindre, moins avancé que sa sœur pour les idées, mais apprenant bien et ayant le plus grand désir de s'instruire, aimant sa mère au-delà de toute expression, et, pour t'en donner une idée, je vais te citer ce trait de lui : il fut à la campagne, il y a quinze jours, avec son papa ; il était dans la joie de son âme. Pour l'éprouver, je lui dis : « Edouard, tu t'en vas, mais si j'étais malade, qui aurait soin de moi ? » — Le médecin, maman. — Mais, mon fils, le médecin ne viendra qu'un moment et, le reste du jour, je serai seule. — Hé bien ! ma petite maman, si tu es malade, fais-le-moi dire, je quitterai tous mes jeux et mes plaisirs pour revenir te soigner. » Tu dois sentir, ma bonne Louise, le plaisir que j'éprouvai, toi qui es si bonne mère. Si nos enfants nous donnent de la peine et du tourment, ils nous donnent aussi bien des jouissances qui nous dédommagent au centuple de nos fatigues.

» Mon Eulalie aura quatre ans le 24 de mai ; c'est le portrait de papa, pour la figure et le caractère ; grasse, fraîche comme une rose, babillarde comme quatre et ne restant jamais à court, d'une gaîté charmante, elle fait tout notre plaisir, ayant les idées les plus drôles et les plus singulières, à nous étonner; si elle continue, elle sera aimable.

» Ma Céleste aura trois ans le 17 octobre prochain; ce sont tous les traits de ma pauvre maman, ses manières, son teint; puisse-t-elle lui ressembler pour tout, c'est mon vœu bien sincère; elle est grande et forte, ne parle pas encore très bien.

» Pour ma petite Hélène, elle est mignonne au possible, on lui donnerait un an pour la force, ne pleure jamais, il est impossible d'avoir une enfant plus facile à élever; elle fut nommée mardi dernier, c'est mon oncle, M. de Châtillon, qui est son parrain; elle fut charmante pendant la cérémonie, et tint très bien son cierge avec son parrain et sa marraine : cette lumière lui plaisait beaucoup.

» Ma bonne Louise, si je te fais des éloges de mes enfants, ne crois pas qu'ils soient exempts des défauts de leur âge, mais ils n'en ont aucun d'essentiel et généralement ce sont de bons enfants, s'aimant beaucoup les uns les autres : tu as bien raison, le vrai bonheur n'est qu'au sein de la famille et tout mon regret est d'être aussi loin de toi; j'aurais joui de la satisfaction de voir nos enfants croître ensemble, et s'aimer comme leurs mères, dès leur plus tendre enfance; mais l'homme ne peut jouir ici-bas d'un parfait bonheur, et j'eusse été trop heureuse si nous fussions toujours restées ensemble.

» Nous avons placé les fonds de Kermérien avec avantage et nous avons conservé de quoi faire arranger la Marionnière qui était dans le plus triste état. Cette petite terre était à mon oncle (1), et est située dans une jolie position à deux lieues de la ville, à un petit quart de lieue de la paroisse. Voilà bien des détails, tu me les avais demandés et je suis sûre qu'ils te feront plaisir... Mon mari et mes tantes te font leurs compliments et sont bien sensibles à ton souvenir; ce sont deux saintes que j'aime bien. Mille choses honnêtes à M. Guimar... aux Marigny... Souvenir particulier à Armande. »

Peut-être ai-je fait une citation un peu longue, mais comment s'arrêter dans cette peinture si complète où l'on ne sait qui le plus admirer de ce père, de cette mère, de ces époux,

(1) Louis-René de Biré, mort à Nantes le 26 frimaire an XI.

de ces jolis et bons enfants, si bien doués et dont nous aurons à raconter la vie digne de ces pronostics maternels, de cet aïeul vénérable, vieux marin, chevalier de Saint-Louis, de ces « deux saintes » si aimables et si aimées! Il fallait bien aussi dire un mot de cette Marionnière, cher foyer où tant d'amis furent reçus, seul connu et béni du pauvre demandant le pain quotidien en récitant sa prière, et qui le recevait toujours, non pas au nom de la bienfaisance libérâtre, mais en celui de la charité, qui est l'amour unissant entre eux les enfants d'un même père céleste; cette Marionnière qui eut son rôle dans la suite; puis, nous retrouvons la Basse-Bretagne regrettée : le chevalier de Guimar, l'amiral de Marigny et Armande de Courcy, la tante de Pol, l'auteur du *Nobiliaire*.

Le beau-frère l'abbé qui venait souvent s'asseoir à la table de famille, était Messire Amand Sioc'han de Kersabiec, frère puîné du comte, aîné du chevalier, étant né à Roscoff le 15 novembre 1754. Destiné d'abord à la marine, il quitta le monde et entra dans les ordres le 19 mars 1774. Ordonné prêtre à Soissons le 30 mars 1784, il fut pourvu d'un canonicat au chapitre de l'Eglise cathédrale de Nantes et installé le 19 août 1785. Lors de la mise à exécution de la constitution civile du clergé, il refusa le serment schismatique et signa la protestation collective du Chapitre : il dut alors émigrer et se retira à Jersey d'où il vint se réfugier à Rouen, puis à Nantes d'où il fut exilé à Orléans. Il y trouva Madame la maréchale d'Aubeterre avec laquelle il avait eu jadis d'anciennes relations par son parent l'évêque de Soissons, Joseph-Claude de Bourdeilles et à qui il put rendre des services par l'influence que le comte de Kersabiec, son frère aîné, avait conservée près de Joséphine la femme du premier consul, qu'il avait connue autrefois à la Martinique, avant la Révolution.

Remise en possession de ses biens par suite de sa radiation de la liste des émigrés, la Maréchale offrit asile à l'abbé de

Kersabiec, en son château de Beaupréau, où il passait la majeure partie de son temps. Depuis, le roi Louis XVIII le pourvut d'un canonicat au chapitre royal de Saint-Denys où il est mort en 1823. C'était un esprit ferme, délicat et distingué; l'homme sachant le mieux réunir la piété forte et éclairée d'un prêtre sérieux aux manières affables d'un gentilhomme : cependant, on doit avouer que sa gravité ne souriait qu'à demi à la bande joyeuse des enfants, et que sa présence à la Marionnière n'était pas très désirée par eux; mais on savait se résoudre alors à de respectueuses contraintes.

Ajoutons que les vœux de retour vers la Basse-Bretagne ne se réalisèrent jamais, non plus que ces aimables désirs de voir les enfants unis de cette même intimité existant entre les mères : Tristesses et déceptions de cette vie !

Cette bonne et tendre Louise était la fille du chef d'escadre Parscau du Plessix, ou plutôt comme on disait alors : du Plessix-Parscau — sous les ordres de qui le chevalier de Biré avait fait la campagne d'Amérique en qualité de capitaine des vaisseaux du roi. M. de Biré, par suite d'infirmité, avait demandé et pris sa retraite en 1785, fait pour lequel, on se demande pourquoi, il avait été déclaré suspect en vertu de la loi sanguinaire portée par la Convention, et conduit à Carhaix où heureusement il fut oublié : il mourut le 29 décembre 1811, et ce fut une grande douleur.

V.

L'ANNÉE suivante, 1812, vit la funeste campagne de Russie. L'Empire, malgré sa gloire militaire et surtout à cause de cette gloire nécessitant des combats incessants et une effrayante consommation d'hommes, devenait un fardeau pour les peuples épuisés de sang; on devait prévoir sa chute. De 1813 à 1814, M. de Kersabiec s'unit à d'anciens amis de l'émigration habitant le pays, notamment MM. Bascher, de Mornac et de la Ville-Gille, et ils jetèrent les bases d'une action commune en cas de circonstances favorables : tout était prêt, lorsqu'arrivèrent les événements précipités de 1814 et la première Restauration : Quelle joie ce fut! la légende Napoléonienne n'était pas née et la France comme l'Europe célébrèrent leur délivrance : il n'y a pas à dire non, trop de témoins l'ont attesté. Avec quel entrain aussi fut chômée la Saint-Louis à la Marionnière! Mme de Kersabiec nous en a, dans une lettre toujours adressée à ses amies de Basse-Bretagne, conservé le gai récit : il y eut repas champêtre et même quasi-représentation scénique, car une bonne fille de Vendée dont le père, magister à Clisson, la mère et le frère avaient été massacrés dans la grande guerre, épave de ces désastres, habituée à venir, pauvre ouvrière, travailler dans la famille, y avait mis la main : se rappelant les berquinades d'autrefois, elle avait costumé paysans et villageoises en bergers et bergères de Florian, et leur avait fait chanter des couplets de sa façon, pas trop mal tournés.

M. de Kersabiec s'était hâté de demander à reprendre du

service; ce fut le premier gentilhomme de France qui accepta de présenter sa requête. Voici en quels termes honorables il répondit aux ouvertures qui lui furent faites :

« Je me ferai un plaisir, Monsieur, et un devoir de servir vos intérêts près du Roi, et d'attester toute la noblesse et l'inviolable fidélité de vos sentiments, qui méritent récompense assurément.

» Veuillez en attendant, Monsieur, recevoir les assurances de mes sentiments et de l'attachement inviolable et *fraternel* que nous nous sommes jurés dans les temps malheureux.

» MONTMORENCY.

» 25 avril 1814. »

Cette illustre fraternité d'armes que M. de Kersabiec s'était acquise n'était pas la seule; nous pouvons y joindre celle du prince L. de la Trémouille et de la princesse sa femme, fille du général de Langeron, dont les lettres affectueuses abondent dans nos archives.

Le 10 juin 1814, le vicomte de Kersabiec reçut de Mgr le duc d'Angoulême la décoration du Lis, le 5 octobre, le brevet de chevalier de Saint-Louis, enfin, le 9 novembre, l'autorisation de placer sur sa poitrine les médailles d'argent et d'or de l'ordre de Marie-Thérèse. — Tout cela était joie et satisfaction : joies de famille dans le présent, espérances pour l'avenir; mais la mort vint et enleva la pauvre mère, le 25 janvier 1815. — Outre les cinq enfants dont nous l'avons vue, si fière et heureuse, tracer les portraits, elle en avait eu encore trois autres : Amédée, le 7 août 1810; Mathilde, le 21 février 1812, et Louis-Philippe-Auguste, le 19 juin 1814. Ces deux derniers, atteints de la fièvre scarlatine, la communiquèrent à leur mère, qui mourut ainsi victime de sa tendresse et de son dévouement à les soigner.

Arrivèrent les Cent-Jours, cette conspiration militaire et maçonnique donnant au monde, pour la première fois, le spectacle attristant de généraux infidèles à leurs serments, tournant contre le prince les armes qu'ils avaient sollicitées et obtenues de sa loyale confiance. L'organisation ébauchée précédemment par MM. de Kersabiec, de Mornac et de la Ville-Gille eut son utilité. — A la nouvelle du débarquement de Napoléon et de son arrivée à Paris, la Vendée se retrouva en armes, non pour faire cause commune avec les Alliés envahisseurs, mais pour protester et prouver que la France entière ne pactisait pas avec les auteurs du désordre, et que le Roi avait encore des fidèles sur le sol de la patrie. MM. de Suzannet et de La Rochejacquelein les groupèrent autour d'eux sous le drapeau blanc, qu'ils allaient, l'un et l'autre, teindre de leur sang. Quoique plongé dans le deuil le plus profond, M. de Kersabiec se rendit avec son fils aîné, Edouard, âgé de 15 ans à peine, aux côtés du comte de Suzannet, et prit le commandement de la cavalerie vendéenne ; il se distingua, disent les historiens de cette campagne, notamment au combat de la Grolle (1). Après la mort de M. de Suzannet, tué au champ des Mathes, il réunit, de concert avec MM. de Mornac et de la Ville-Gille, les débris du 3e corps, et le maintint en armes durant tout le cours des négociations pour la paix, attitude qui permit de considérer les provinces situées au midi de la Loire comme n'ayant jamais cessé d'être soumises au Roi, et ce fleuve, comme une barrière que les Alliés ne durent pas franchir : résultat important de cette courte campagne, que l'esprit de parti a voulu étouffer sous un silence plein d'ingratitude.

Le gouvernement royal rétabli, dut songer à se créer une armée, surtout un corps d'officiers sur lesquels il pût compter. Le fils de M. de Kersabiec, que l'on vient de voir faire ses premières armes avant ses quinze ans révolus, fut admis à entrer

---

(1) **Crétineau Joly**, *Hist. de la Vendée militaire.*

dans ces cadres rajeunis ; on avait apprécié sa bonne tenue et son courage : dès le 1er octobre 1815, il fut employé comme sous-lieutenant à la légion de la Loire-Inférieure. Qu'on se rassure, ces jeunes gens ne furent pas si improvisés officiers qu'on serait tenté de le croire : on les fit travailler sérieusement, et de vieux praticiens furent chargés de leur apprendre les manœuvres et le métier.

Incorporé ensuite au 3e régiment d'infanterie de la Garde royale, mon père fut, par ordonnance du 13 novembre 1816, breveté pour prendre rang au 1er janvier 1816. — On avait jugé l'instruction suffisamment acquise : une décision royale du 22 décembre 1819 le breveta lieutenant pour prendre rang du 23 octobre de la même année. Revenons à mon grand-père.

Le 25 décembre 1816, le vicomte de Kersabiec fut nommé au commandement de la Légion de l'Orne, qu'il dut organiser. Il se rendit à Alençon. La chose n'était pas facile : il fallait lutter et contre les mauvais vouloirs, excités par les opinions révolutionnaires habilement exploitées sous le couvert du patriotisme, et contre les défaillances de beaucoup de fonctionnaires, sinon infidèles, au moins manquant de zèle devant une autorité supérieure déjà fort entamée par l'action des sectaires. M. de Kersabiec apporta, dans les choix qu'il fit, non cet esprit d'exclusivisme étroit dont on a accusé à tort le gouvernement et les hommes du Roi, mais beaucoup de largeur, au contraire, et de loyale confiance. C'est ainsi qu'il ouvrit cette carrière honorable à un jeune homme d'origine plébéienne très basse, mais instruit et intelligent, qu'il avait vu à l'œuvre en 1815. Ce jeune homme poursuivit ses grades jusqu'en 1830, et, quelque avenir qui parût s'ouvrir devant lui, brisa son épée plutôt que de sembler infidèle à ses serments et à la foi qu'on avait mise en lui. Un autre, fils d'un général de l'Empire, avait paru, très naturellement, hésiter lors des Cent Jours, et s'était compromis à ce point que nul ne voulait se

Le colonel Vte SIOC'HAN DE KERSABIEC

charger de le faire réintégrer : le colonel de la Légion de l'Orne le patronna, et le jeune officier est devenu depuis l'un de nos plus brillants généraux.

D'Alençon, et précisément par suite des difficultés dont on vient de parler, la Légion de l'Orne fut transférée à Saint-Malo. C'est là qu'elle fut définitivement organisée. M. de Kersabiec reçut les félicitations de ses chefs, puis eurent lieu la bénédiction et la remise du drapeau : ce fut une fête de famille. L'abbé de Kersabiec prononça le discours et fit la cérémonie, et Mlle Stylite, la fille aînée du colonel, attacha la cravate : elle avait dix-sept ans. Les prévisions maternelles s'étaient trouvées vraies : on remarqua sa beauté précoce, son air à la fois modeste et fier ; des témoins, qui en ont conservé le souvenir de longues années après, me l'ont dit.

La vie de garnison ne pouvait convenir à cette jeune fille sans mère, et d'ailleurs les graves devoirs de famille l'appelaient autant que ses goûts à la sévère existence qu'on mène à la campagne. C'est donc à la Marionnière qu'il nous faut la suivre, à la tête de nombreux enfants, ses frères et sœurs, qu'il fallut guider et dans le choix des maisons d'éducation et après, n'ayant pour appui et conseil que ces deux vieilles tantes, « ces deux saintes » dont nous avons vu Mme de Kersabiec entretenir son amie de Basse-Bretagne : Mme Siméonne-Stylite de Biré et sa sœur, Mlle Sainte.

Mme de Biré était une ancienne carmélite des Couëts, que la Révolution avait chassée de son monastère et qui menait dans le monde la règle austère qu'elle avait embrassée ; Mlle Sainte n'y avait été que grande pensionnaire, n'ayant jamais voulu, disait-elle gaiement, « enchaîner sa liberté. » Ces deux pieuses femmes avaient été, ainsi que les autres religieuses, soumises aux mauvais traitements des furies démagogiques, si connues à Nantes sous le nom flétrissant de *Fouetteuses des Couëts*, mais, aux questions malicieuses de leurs nièces, elles répondaient toujours charitablement que les choses avaient été exagérées et qu'on n'était pas allé jusqu'au bout ; à quoi les petites filles s'écriaient que les bonnes tantes parlaient ainsi parce qu'elles étaient des saintes.—« Des saintes ! mes enfants ! » disait l'aimable ancienne pensionnaire, et elle s'en tirait par une gauloiserie innocente.

C'est dans ce milieu tout parfumé de bonté et de piété, en plein pays vendéen, plus particulièrement rempli des souvenirs de Charette, que l'intelligence vive, et le cœur ardent de Mlle Stylite de Kersabiec et, près d'elle, ceux de ses sœurs se développèrent. Elles n'entendaient autour d'elles que des récits de dévouements héroïques, souvent racontés par des témoins ou des acteurs qu'elles pouvaient contrôler : il leur semblait tout simple de souhaiter les imiter.

Par suite des circonstances, Mlle Stylite n'avait eu qu'une instruction succincte, mais sa haute intelligence y avait promptement suppléé. Ses sœurs, Eulalie et Céleste, sortirent de la Visitation l'esprit orné et le cœur tout plein des aimables maximes de saint François de Sales : comme lui, elles aimaient à voir Dieu en toutes ces jolies choses qu'il a répandues dans la nature. Et puis, on lisait les gracieuses légendes des Saints de Bretagne, recueillies en un si charmant et si naïf langage par le bon père Albert, de Morlaix. Elles parcouraient en toute liberté et simplicité les campagnes environnantes, entrant dans les métairies et les chaumières, s'y asseyant, causant avec les pères et les mères, choyant les enfants au berceau, catéchisant les plus grands, leur apprenant leurs prières, les préparant à la première Communion, visitant et pansant les malades et les plaies de leur corps, en même temps que, secondées par des personnes pieuses, elles ramenaient au bien des adultes et des vieillards qui, en ces jours troublés, ou n'avaient pas reçu, ou avaient oublié les règles des devoirs chrétiens. C'était surtout Mlle Stylite qui, grâce à son âge et à la décision de son caractère, dirigeait ces œuvres charitables. Dieu bénit plus d'une fois ses efforts en les couronnant de succès; à plusieurs, en outre, elle procura des ressources et des moyens d'existence.

Un jour, on apprend qu'une étrangère, suivie de plusieurs petites filles, est arrivée au bourg du Pont-Saint-Martin. Nul ne les connaît, mais elles semblent pauvres. Mlle Stylite part et trouve, en effet, une femme à l'aspect sévère qui, aux premiers mots qu'elle lui dit, répond par ces vers de Voltaire, débités d'un ton théâtral :

> Quand on a tout perdu, quand on n'a plus d'espoir,
> La vie est un opprobre et la mort un devoir!

« — Bah! dit Mlle de Kersabiec l'interrompant. Voilà des enfants qui veulent vivre; occupons-nous d'eux. »

La pauvre femme avait perdu son temps et sa pose. On s'occupa des enfants : on leur trouva des ressources, on les mit en pension; plus tard, on leur procura des positions, et la mère, ne pensant plus à mourir, fournit encore une longue carrière.

Un autre jour, on partit pour l'enterrement d'un pauvre qu'on avait soigné. Il faisait froid, les arbres étaient dépouillés de leurs feuilles, mais de chacun d'eux, au bord de la route, s'envolaient en tourbillons des milliers d'oiseaux : on y vit des envoyés du Dieu père des pauvres, faisant cortège à l'un de ses amis.

Mlle Sainte mourut; ce fut un grand deuil pour tous, plus particulièrement pour la religieuse, son aînée, demeurée ainsi comme un débris du passé, échoué sur les rivages d'un monde ne pouvant lui offrir aucune de ces perspectives qui font accepter les douleurs du présent; entourée d'enfants et devenue infirme à ce point qu'elle devait rester sans cesse étendue en son fauteuil, elle goûtait « ce vin d'amertume » dont, suivant la parole de la Bienheureuse fondatrice de son cher couvent des Couëts, la duchesse Françoise d'Amboise, le divin

Sauveur, après s'en être enivré lui-même, se plaît à abreuver ses amis. Ses jeunes nièces, ne sachant comment soulager ses peines, avaient décidé de faire transporter la tante vénérable au salon, afin qu'elle pût être ainsi moins isolée en sa chambre et plus entourée de soins. Mais la sainte femme était de plus en plus comme ensevelie sous la tristesse. Un soir, fort tard, elle témoigna le désir de voir le curé du village, et ses instances furent telles que, malgré l'heure avancée, il fallut y accéder... Peu après, la carmélite mourut. Les obsèques faites, M. le curé du Pont-Saint-Martin vint faire une visite à la Marionnière; on y parla beaucoup de la morte, de sa patience, de ses vertus, et quelqu'un se prit à dire combien l'on avait redouté qu'à tous ses maux se vînt joindre la terrible épreuve des scrupules, et l'on rappela la nécessité où l'on s'était trouvé de déranger le pasteur à une heure si insolite; mais la malade avait tellement insisté! Que pouvait-elle avoir à dire? un scrupule, sans doute! — Eh bien, répondit le curé, je puis maintenant parler.

Mme de Biré était seule au salon pendant que vous étiez à table; comme elle était envahie de tristesse, son cœur s'élevant à Dieu, elle leva aussi douloureusement sa tête inclinée sur sa poitrine par le poids des ans et... elle vit devant elle un jeune homme lui faisant de la main un signe d'encouragement, et elle entendit ou comprit que ses maux allaient finir! Néanmoins, à la réflexion, elle voulut, sans tarder, en référer à l'homme de Dieu, craignant d'être le jouet de quelque illusion. — Je demandai, ajouta le prêtre, à la pieuse femme : Quelle impression avez-vous ressentie? — Celle d'une grande paix! — Eh bien, demeurez en paix!

Ne croit-on pas voir en action une page d'Albert de Morlaix en sa Vie des Saints de Bretagne!

VI.

Monsieur de Kersabiec, de Saint-Malo, avait été transféré à Lorient, où la Légion de l'Orne tenait garnison. C'est là que vint le surprendre la lettre du Ministre de la Guerre Gouvion-Saint-Cyr, le prévenant que, par décision du 10 mars 1819, le Roi l'avait remplacé dans le commandement de la Légion et l'admettait au traitement de réforme. Cette mesure n'était pas plus motivée pour lui que pour beaucoup d'autres officiers royalistes qui furent alors sacrifiés : le prince de la Trémouille, entre autres. Louis XVIII, après s'être laissé imposer Fouché et Talleyrand, soumis aux influences maçonniques, s'était livré au duc Decazes, dont le pied, quelques mois après, devait « glisser dans le sang du duc de Berry assassiné », et aux collègues qui formaient ce ministère néfaste ; se croyant habile, voulant surtout sa tranquillité, il imitait Charles II restauré, et sacrifiait ses amis les royalistes aux incorrigibles révolutionnaires, voilés sous le masque hypocrite du libéralisme, léguant [ainsi à son frère et à la France la révolution de 1830, comme le Stuart, favorisant les protestants et persécutant les catholiques, avait laissé derrière lui à l'infortuné Jacques II la révolte de 1688, l'exil et la fin de sa royale Maison. Sous prétexte de réorganisation, les vieux cadres royalistes furent brisés. La Légion de l'Orne disparut peu après pour ne devenir plus qu'un numéro : le 31e de ligne.

Le vicomte de Kersabiec revint à Nantes et au Pont-Saint-Martin, triste assurément, mais fier et résolu à faire la lumière, non sur les faits qu'on aurait pu lui reprocher, il n'y en avait pas, mais sur les motifs d'une disgrâce aussi injustifiée.

Dernier enfant d'une nombreuse famille qui n'avait eu depuis des siècles qu'une modeste aisance, il avait été en outre partagé noblement, c'est-à-dire que, suivant la Coutume, la majeure partie des terres ayant été attribuée à l'aîné, son avoir avait été très minime, si minime qu'après les longues années de l'Émigration et des guerres vendéennes, il ne lui restait plus rien : son grade était sa seule fortune. Il y avait, il est vrai celle de sa femme, mais sans être considérable, elle appartenait à ses enfants qui étaient au nombre de huit, et bien qu'ils l'eussent mise avec un désintéressement sans bornes à sa disposition, la délicatesse voulait qu'elle ne fût pas dissipée; et puis, il y allait aussi et avant tout de l'honorabilité du nom, et, M. de Kersabiec était trop gentilhomme pour admettre quelque dépréciation sur ce point. Il commença donc, dès avant la chute du ministère Decazes et Gouvion Saint-Cyr, des démarches qu'il poursuivit avec ardeur.

Il obtint le 6 février 1820 une audience pleine de bienveillance de Madame la Dauphine, qui se chargea de faire remettre elle-même sa requête au ministre; il fut également bien reçu par l'infortuné duc de Berry, le matin même du jour où ce Prince fut assassiné, mais tout demeura inutile : que pouvaient les princes tenus en suspicion et à l'écart par l'inconcevable aveuglement de Louis XVIII, qui, chose étrange mais trop certaine, n'aimait ni les royalistes, ni les Vendéens, ni les émigrés ! — Loin de se décourager, M. de Kersabiec devint plus persistant : ce fut une lutte déclarée entre lui, loyal et franc, et les bureaux de la guerre, composés en partie de sectaires carbonari.

Le ministère étant tombé sous le poids de l'indignation publique après l'attentat du 13 février, M. de Kersabiec renouvela ses démarches; ayant reçu une réponse évasive, il écrivit le 27 septembre 1820 au Ministre de la Guerre, cette lettre que j'aime à transcrire; elle ne sent pas le courtisan.

A Son Excellence le Ministre de la Guerre.

« Monseigneur,

» La lettre que Votre Excellence me fait l'honneur de m'adresser en date du 13 septembre, répondant à celle que j'ai écrite le 17 août dernier, ne répond qu'imparfaitement à ce que je désire et sollicite de sa loyauté et de la justice du Roi, à ce qui m'est dû. Au fait, Monseigneur, si par suite des circonstances, un colonel, homme d'honneur reconnu, peut être dépouillé et renvoyé sans motif ni en connaître la cause, où sont l'honneur et la considération de notre état?

» Je demande à Votre Excellence d'être jugé conformément aux lois militaires par un Conseil de guerre qui scrute et juge ma conduite pendant que je commandais la Légion de l'Orne : Je demande non une grâce, mais justice. Ou l'on m'y reconnaîtra des torts que je dois expier, ou l'on rendra justice à mon travail, dont j'ai l'approbation du ministre et des inspecteurs généraux à exhiber en ma faveur. Dans le cas où l'injustice sera prouvée, je ne pouvais ni ne devais perdre mon rang, mon activité dans l'armée, ni le traitement auquel malheureusement je suis obligé de tenir, ayant tout perdu par suite de la Révolution. 1,200 francs par an sont un mince secours pour un père de famille criblé de blessures, après 35 ans de services honorables. — Je persiste donc à solliciter le Conseil de guerre et la restitution légitime du traitement dû à mon grade, ou d'être au moins traité comme les colonels admis à demi-solde en 1815, lesquels, n'ayant rien perdu de leur traitement à cette époque, ont de quoi vivre et attendre leur placement ou leur retraite. »

C'est précisément ce Conseil de guerre d'où pouvait jaillir la lumière qu'on ne voulait pas accorder. M. de Kersabiec ne craignit pas, lui, d'écarter le nuage dont s'enveloppaient les menées occultes du libéralisme; aussi écrivait-il, le 31 décembre 1821, à M. le duc de Bellune, alors ministre de la guerre :

« Breton et Vendéen, je m'explique franchement, Monseigneur, et viens au fait : second de l'infortuné de **Suzannet** en 1815, comme général commandant la cavalerie de l'armée Royale de la Vendée, ayant pour officiers d'Etat-major MM. de Mornac, Bascher et le chevalier de la Ville-Gille, je fus nommé, au mois d'octobre qui suivit notre campagne, colonel de la Légion de l'Orne, que j'ai organisée, formée et commandée jusqu'en mars 1819, avec les éloges et je puis dire l'extrême satisfaction de mes chefs et des inspecteurs d'armes dont je puis produire les ordres flatteurs pour moi et ma Légion. Au mois de mars précité, intercalé avec MM. de la Boissière, du Botdéru, de la Bourdonnaye et plusieurs autres, dans la conspiration de Bretagne, dont l'opinion publique a du reste fait justice, je fus remplacé sans motif énoncé, au commandement de ma Légion et admis au chétif traitement de réforme et disponibilité avec 1,200 fr. par an. J'avais besoin de mon état : une médiocrité honorable peut s'avouer. Cette ressource accordée pour 5 ans est bientôt écoulée.

» Je sers depuis 1785, j'ai fait 16 campagnes et reçu 17 blessures, toutes pour la légitimité. Désirant ne pas perdre mes services et mes droits à mériter une retraite honorable, conformément aux ordonnances, je demande ma réintégration en activité de service, soit dans mon grade, comme commandant une subdivision militaire, ou, au moins, comme lieutenant de roi. »

Le vicomte de Kersabiec fit au cours de l'année suivante un voyage à Paris, il vit le Ministre et lui fit remettre un placet, qui fut transmis aux bureaux; on y fut, paraît-il, blessé du procédé, et le gentilhomme à son tour se sentit atteint par celui dont on usa envers lui : ceci résulte d'une lettre qu'il adressa au général du Coëtlosquet et que nous copions parce qu'elle nous peint bien son caractère et l'époque :

« MON GÉNÉRAL,

» J'étais loin de prévoir que pour un défaut de forme hiérarchique, on renverrait de vos bureaux le placet que j'adressai en date du 16 août dernier à S. E. le Ministre de la

Guerre, où, malgré le commencement d'une longue et douloureuse maladie que j'ai éprouvée depuis, et dont me voilà à peine rétabli, je croyais n'exprimer que les sentiments de tout bon Français, le faire convenablement, et enfin ne réclamer qu'une justice tardive. Je croyais d'ailleurs, d'après l'intérêt particulier que vous avez eu la bonté de me témoigner si souvent, nos rapports comme parents et compatriotes, je croyais dis-je, qu'un simple défaut de forme, par oubli, ne pouvait écarter mon placet des yeux de S. Ex. et le faire rejeter et renvoyer, *couvert de barbouillages rouges, de toutes couleurs, et sinistres présages,* au lieutenant général commandant la 12e Subdivision militaire... Eh bien, j'ai réparé cette faute hiérarchique et j'attends, avec la même résignation que je l'ai fait depuis trois ans, et, « renvoyé le même placet. »

» La réponse qui me sera faite des bureaux de S. Ex. sera probablement évasive; il se trouvera quelque loi, quelque ordonnance du temps de Gouvion-Saint-Cyr, digne coopérateur de Decazes, d'heureuse mémoire, qui mettra de côté la fidélité pour favoriser la félonie et la trahison manifeste. Car trouvez-moi une seule loi ou ordonnance du temps précité qui ne soit contre les officiers royalistes; et où trouvez-vous les conspirateurs, les agents des carbonari? Dans vos officiers à demi-solde. — Et dans vos bureaux, l'esprit général, plusieurs individus, même des chefs de division, quelle est leur opinion? quels gages ont-ils donnés à la Monarchie? et quel scandale enfin, lorsqu'on vit le dernier acte d'un ministre, placer à la tête d'un régiment de cavalerie, le *fils d'un régicide!*

» Vous voyez, général, que mon cœur tout franc et loyal ne vous cache point sa pensée. Je ne puis être content d'après ma conduite, mes sentiments et mes services; j'ose dire honorables, d'être ainsi oublié, bafoué, dédaigné, traité presque comme un mauvais sujet, privé enfin d'un état qui était le plus clair de ma fortune, réduit depuis 1819 à un traitement qui est donné à un laquais qui vous a servi fidèlement pendant 30 ans. Je demande donc qu'on s'exprime franchement et à savoir en un mot sur quoi je puis compter. »

Cependant la Révolution caressée en France, éclate en Espagne, explosion sinistre des menées des sociétés secrètes imprudemment encouragées par des faiblesses coupables ; — M. de Kersabiec a retrouvé l'ancien ennemi ; il fait remettre par M. Réveillère, député de la Loire-Inférieure, à M. le Ministre de la Guerre, une demande d'emploi dans l'expédition qui doit le combattre.

Nantes, 6 février 1823.

« Monseigneur,

» Il est dur pour un officier supérieur français qui ose affirmer sur l'*honneur* et offre de prouver matériellement qu'il n'a jamais démérité, d'être aujourd'hui assujéti et victime d'une réforme de cinq ans, dont il subit les conséquences depuis près de quatre ans sans murmure, n'ayant jamais été depuis trente ans passés que fidèle et dévoué serviteur du roi. Aujourd'hui que la carrière s'ouvre à l'armée pour marcher et anéantir les ennemis des trônes et de toute société et civilisation, je me demande pourquoi je resterais oisif, après avoir prouvé tant de fois et si longtemps que je pouvais être utile en telle circonstance à mon Roi, à mon pays, à la légitimité. Je demande donc à marcher en Espagne, ou à être employé activement, à sortir enfin d'une nullité et d'une inaction que je me reprocherais amèrement si jamais j'avais pu la mériter. »

Le vicomte de Kersabiec n'obtint pas ce qu'il souhaitait, mais mon père fut plus heureux ; comme son régiment, le 3me de la Garde, ne semblait pas au début devoir faire la campagne, il demanda et il lui fut accordé, de permuter et de passer avec son grade au 12me d'Infanterie de ligne ; il rejoignit son corps jusqu'en Andalousie, où, étant de service à Grenade pour protéger un convoi de vivres, le 14 juillet, il fut grièvement blessé. De retour en France, il épousa l'année suivante, le 1er juin 1824, à Nantes, Marie-Henriette-Eugénie Mareschal, ma mère, fille de feu Messire Moïse Mareschal, seigneur de Buchignon, baron de Villiers-Charlemagne et de Poiroux, etc. et de dame Rose-Aimée-Constance de Rorthays, issus l'un et l'autre de nobles et anciennes familles du Poitou, dont la première s'est éteinte en elle : il se fit réformer du service militaire par décision du 1er septembre 1824 — mais dans la suite nous le verrons ne marchander ni ses services, ni sa liberté, ni sa vie.

M. de Rorthays, mon arrière-grand-père, officier en 1758 dans l'escadron de Louërie, avait au moment de la Révolution cinq filles; il était retiré chez lui, âgé et souffrant lorsqu'il dut fuir devant les colonnes infernales dévastant la Vendée : il mourut dans une étable ! Sa veuve (1) et trois de ses filles, — les deux autres s'étant trouvées chez des parents, près de Nantes, en pays tranquille, au moment du départ et y étant demeurées, — s'enfuirent vers la Loire et la passèrent à Saint-Florent ! Mme de Rorthays, suivant l'armée Vendéenne, disparut à la bataille du Mans; sa plus jeune fille, Mélanie, y fut sauvée sous un cuvier qu'on eut la charité de renverser sur elle; les deux autres, Mme de Jousbert, dont le mari, officier de marine, mourut à Quiberon, et Mlle Séraphie, parvinrent jusqu'à Savenay : là Mme de Jousbert disparut à son tour, et Mlle Séraphie tomba aux mains d'un officier qui, sur l'ordre de Westermann, se disposait à la livrer à la mort, lorsqu'un camarade la réclama : ce brave homme la conduisit dans la nuit même, à cheval, à Nantes, la remit aux mains d'un parent qui, terrorisé, hésitait à la recevoir, et chaque année il revenait s'enquérir d'elle, jusqu'au moment où il apprit qu'elle avait épousé M. Apuril en 1798. — On n'a jamais su son nom. Mélanie épousa à la même époque M. de Bourgues. Les deux autres, Rose-Aimée-Constance, je l'ai dit, fut ma grand'mère, l'autre, Claire-Eugénie, devint Mme du Noir. — Tel fut le sort de beaucoup en ces temps de fraternité. — Quant à la liberté, M. de Biré, frère de mon bisaïeul, l'oncle Louîson comme on disait alors, ayant eu de son mariage avec une demoiselle de

---

(1) Mademoiselle Le Lardic de la Ganry.

Chevigné une fille, cette malheureuse femme fut obligée pour sauver sa vie et celle de son père « d'épouser révolutionnairement » Granger, commandant du bataillon de la Manche à Savenay ; elle divorça quand elle le put, et, après la mort de Granger, se remaria avec M. Charlemagne de Cornulier dont elle n'eut pas d'enfants : Puisque j'ai promis des souvenirs, j'ai cru devoir consigner ceux-ci ; ils prouvent ce qu'était alors la vie, aussi bien pour les émigrés que pour ceux qui n'émigrèrent pas : partout la persécution et la mort, pour les uns comme pour les autres.

Une ordonnance royale modifiant le décret du 15 juin 1812 en ce qui concerne la durée du traitement de réforme, parut le 5 février 1823 : la durée de ces traitements fixée à cinq ans uniformément, fut désormais pour les officiers de tous grades et de toutes armes, proportionnée au nombre des années de services effectifs. M. de Kersabiec demanda le bénéfice de cette ordonnance. Mais alors on lui fit des difficultés sur la durée de ses services : il accusait 24 ans 7 mois et deux jours, on ne lui reconnaissait que 19 ans et demi. Attristé mais non vaincu, le vicomte de Kersabiec terminait ainsi sa réponse au baron de Damas, ministre de la Guerre :

« Quoique aujourd'hui âgé de plus de 50 ans, je ne les avais pas alors que j'ai éprouvé une réforme injuste et non méritée... Je me borne à demander comme grâce et faible dédommagement de longs et honorables services et de l'injustice dont j'ai été victime, comme tant d'autres Vendéens et royalistes éprouvés, d'être admis dès aujourd'hui au maximum du traitement de retraite de mon grade, avec brevet honorifique de maréchal de camp. Ce dernier sera, au moins, un dédommagement en honneur, pour mes huit enfants, des sacrifices de leur fortune comme de la mienne que j'ai faits dans la Vendée, partout et toujours, pour la cause royale, aux cris répétés de : *Vive le roi quand même !* »

Ce désir ne fut pas alors accompli ; il reçut dans la suite, comme on le verra, satisfaction tardive, mais conçue en des termes particulièrement flatteurs pour lui et les siens.

Louis XVIII mourut le 16 septembre 1824, laissant la réputation d'un prince habile; réputation contestable, à mon sens, cette habileté n'ayant à tout prendre consisté qu'à louvoyer entre la Révolution et les vrais principes de la Monarchie, mettant sur le même plan l'erreur et la vérité, roi se plaignant des royalistes, émigré raillant les émigrés, autoritaire envers les siens, faible envers les libéraux dont il tentait d'acquérir les bonnes grâces, leur sacrifiant, comme on l'a pu voir, ses amis et, parce qu'ils y voyaient clair dans les manœuvres des sectes et en manifestaient leur douloureux étonnement, les laissant accuser de conspiration contre la royauté, eux, les Vendéens et les Bretons! Cinq ans, ce système fut le sien, et quand il fut enfin forcé de l'abandonner, toutes les places inamovibles, dans la magistrature, les administrations diverses comme à la Chambre des pairs et dans le commandement supérieur de l'armée, avaient été livrées aux mains de l'opposition anti-dynastique, des anciens fauteurs de la Révolution. La Maçonnerie était maîtresse; son successeur ainsi lié n'y pouvait et n'y put résister.

Le vicomte de Kersabiec, royaliste et émigré, Vendéen et Breton, devait être une victime de ce système et il le fut : sa position semblait réglée par les ordonnances contraires aux droits des vieux partisans de la légitimité; il le comprit et se tut : on ne trouve de lui, pendant les années suivantes aucune démarche à noter; il se retira avec une résignation toute chrétienne dans la modeste situation qui lui était faite; le dévouement admirable de ses enfants lui rendit ce sacrifice moins dur.

VII.

Monsieur de Kersabiec, outre mon père qui, revenu du service, vivait à la Marionnière, où il s'occupait de faire valoir la terre de famille, et qui était maire du Pont-Saint-Martin, avait près de lui ses quatre filles aînées : Stylite, Eulalie, Céleste et Hélène ; Amédée, son second fils, était à l'école de marine d'Angoulême ; Mathilde, à la maison royale de Saint-Denys ; Louis, le plus jeune, n'avait pas encore quitté le foyer. Il y avait aussi ma mère, si prudente, si modeste, et dont la sagesse admirable sut toujours la faire accepter et aimer de tous, comme une fille et une sœur véritable.

C'est en ce temps que je naquis, le 31 octobre 1825 ; à la grande joie de chacun ; premier-né d'une génération nouvelle qui décline à son tour ; ce fut à qui de mes tantes s'occuperait du nouveau venu : ma mère moins sage en eût pu paraître jalouse ; comme au temps des fées bienfaisantes, on me dit qu'un jour, réunies dans une clairière, à l'ombre des grands arbres, elles se mirent gaiement à me douer des plus éminentes qualités..... Qu'en est-il advenu de ce jeu et de ces souhaits ? Tout au moins en mon cœur reconnaissant, le plus tendre, le plus pieux souvenir, subsistant sur tous ces tombeaux !

Cette vie était douce assurément, néanmoins le repos pesait à mon grand-père toujours actif et jeune dans ses goûts militaires : il se rappelait ce nouveau Roi qu'il avait visité jadis dans son exil à Holy-Rood, qu'il aimait pour sa bonté et vénérait pour ses vertus chrétiennes et chevaleresques ; il se fit l'intermédiaire entre lui et ses anciens compagnons d'armes de la Vendée, toujours prêt à les servir, à réclamer pour eux, à leur faire obtenir ou parvenir les rares récompenses qu'on leur accordait; il s'occupait aussi d'administration, enfin, aussi loyal et fidèle à Dieu qu'il l'était envers les hommes, incapable de respect humain, cette faiblesse particulièrement habituelle à cette époque, il s'affilia aux œuvres et aux associations religieuses si combattues alors, payant de sa personne aux manifestations organisées; on le vit commandant, comme un régiment, les escouades de jeunes gens qui portèrent publiquement sur leurs épaules la croix de mission, plantée en réparation des scandales passés, et comme un défi aux idées voltairiennes et révolutionnaires des libéraux, à la porte de Saint-Similien de Nantes, en 1827; mon père eut aussi l'honneur d'en être.

Néanmoins, Mlle Stylite de Kersabiec, femme au cœur tendrement filial et énergique, ne perdait pas de vue les tristesses de son père, tenu à l'écart sous le gouvernement des Rois pour qui, tant de fois, il avait joué sa vie : Elle reprit les démarches abandonnées, sut faire valoir les services méconnus, stimuler de nobles cœurs. M. le marquis, depuis duc de Clermont-Tonnerre, étant, en 1827, devenu ministre de la Guerre, examina, sur la recommandation de son oncle, le cardinal-archevêque de Toulouse, la situation de l'ancien colonel, et le rappela à la seule activité qui convînt à son âge, en le plaçant avec son grade dans le recrutement. Cela lui permettait de pouvoir, un jour, présenter le temps nécessaire pour sa retraite. Il fut envoyé dans la Lozère, à Mende, où lui et ses filles, qui l'y accompagnèrent, formèrent les relations les plus suivies dans la haute société de ce pays, et laissèrent les souvenirs les plus durables.

Stylite de Kersabiec avait toujours au cœur un ardent amour pour les pauvres; elle se servit de la position de son père et de ses relations, pour étendre encore son action charitable. Voyant, suivant sa belle expression, « le nom de Dieu écrit sur le front de chaque prisonnier, » elle obtint qu'on ouvrît devant elle les prisons et la permission d'y entretenir et d'y catéchiser les malheureux qui y étaient retenus. C'était alors une œuvre laissant tout à désirer et à faire : bientôt sa douce et forte influence se fit sentir ; elle groupa autour d'elle des gens instruits et de bonne volonté, et tout changea d'aspect en ces tristes lieux : là où l'on n'entendait auparavant que paroles de désespérés ou des blasphèmes, ses soins assidus et sa voix persuasive ramenèrent le calme, souvent le repentir et la confiance en Dieu. C'est au milieu de ces pieuses occupations qu'elle écrivit ses *Réflexions sur l'Œuvre des Prisons*, opuscule dans lequel l'élévation de la pensée, la simplicité délicate d'un style naturel qui court au but, et l'étendue des vues, révèlent un esprit sérieux et chrétien que la charité conduit. Destiné à l'amitié, cet écrit devait rester dans l'obscurité des confidences ; il fut imprimé et publié à l'insu de l'auteur, lorsque, quelques années plus tard, Mlle de Kersabiec, en des circonstances que nous aurons à relater, fut, en 1832, déférée à la justice révolutionnaire et menée en prison.

De la Lozère, le colonel de Kersabiec fut envoyé dans le département de la Vendée : c'est là que la révolution de 1830 vint le trouver, mais non, hélas ! le surprendre.

Cette explosion de complots si complaisamment ignorés du pouvoir, avait été prévue et redoutée de la fidélité ; dans ce désarroi, le général du Coëtlosquet, accouru loyalement à Saint-Cloud, aura pu se rappeler la lettre et les plaintes du colonel de la Légion de l'Orne, mis en réforme pour cause de « conspiration royaliste, avec MM. de la Boëssière, du Botdéru et de la Bourdonnaye » (1).

Une conspiration trop réelle triomphait alors : celle des

---

(1) *Histoire de France* de Laurentie, T. VIII.

francs-maçons et des carbonari ; le prince, enserré en leurs filets, n'avait plus de moyens de résistance ; la vraie France chrétienne et travailleuse fut livrée en pâture à l'exploitation des gens d'argent, banquiers libéraux ou protestants, en attendant les juifs, résultat de manœuvres depuis longtemps avouées par tous ceux qui y prirent part, et n'eurent plus intérêt à dissimuler ou à se faire illusion. Je n'entrerai pas en des détails oiseux d'un événement incompréhensible, si l'on n'y veut reconnaître l'œuvre des sectaires. Le franc-maçon Marmont, après trois jours de lutte, au lieu de combattre et d'achever l'œuvre libératrice, entrant en pourparlers avec les francs-maçons Thiers, Lafitte et consorts ; le franc-maçon La Fayette présentant au peuple le franc-maçon d'Orléans pour Roi, avec l'étiquette voulue « de la meilleure des Républiques, » pierre d'attente pour l'avenir ; les francs-maçons Talleyrand l'apostat, Cousin, Villemain, Barthe, Teste, Guizot, Soult, pour n'en pas nommer d'autres, le saluant de leurs hommages et lui engageant la banalité de leurs serments ; le franc-maçon Decazes devenant sans pudeur grand référendaire de la Chambre des Pairs ; le franc-maçon Dupin, présidant en celle des députés ; le franc-maçon Maisons, au nom de l'honneur militaire, mentant à Charles X, qui l'avait fait Maréchal et qui l'interroge, et éteignant les dernières velléités de résistance, et ce malheureux, complété des francs-maçons Odilon-Barrot et de Shonen, décidant le départ et conduisant le doux et saint Roi à Cherbourg et en exil, avec mille égards hypocrites, et là, osant cyniquement demander à leur victime une attestation d'honorabilité ! Tout cela s'est vu ! Tout cela semble oublié ! Ce sont d'honnêtes gens excusables, il faut se mettre à leur suite. — Je n'en suis pas (1).

Le vicomte de Kersabiec se hâta de revenir à la Marionnière,

---

(1) *Histoire des Sociétés secrètes*, tomes II et III.

inquiet, anxieux de n'entendre parler de rien, attendant, la main à la garde de son épée, le Roi, les princes, une direction, un ordre de résistance, et rien ne venait, rien !

Nous avions pour voisin et intime ami le colonel Bascher, cet officier vendéen vétéran des vieilles guerres, dont on se rappelle l'émouvant retour sur cette frêle barque, commandée, aux risques de tant de périls, par le comte de Kersabiec, mon grand-oncle, et qui avait, dans les dernières années de l'Empire, travaillé avec mon grand-père à ranimer l'étincelle royaliste, à réchauffer les espérances et à organiser les efforts. Il demeurait à Souché, en Saint-Aignan. Les Bascher étaient sans cesse chez nous, et nous sans cesse chez eux ; tout était en commun, les fugitives espérances, les angoisses et, à la fin, les impatiences. N'y tenant plus, ma tante Stylite, énergique et prompte à joindre l'action au conseil, résolut d'aller aux informations, à Beaupréau, chez M. le marquis de Civrac, avec qui nous étions liés. On selle un cheval et, quoique aimant peu cet exercice, elle part, suivie d'un domestique. A Beaupréau, elle apprit la marche du Roi vers Cherbourg.

Deux de mes oncles manquaient à la réunion de famille : l'un, le plus jeune, Louis, faisait alors son éducation ; comme il paraissait annoncer des dispositions pour entrer dans les ordres, on l'avait envoyé à Paris, à la Communauté des Petits Clercs de la chapelle du Roi ; il revint peu après sans encombre. — L'autre, plus âgé, Amédée, sorti depuis peu de l'école des sous-officiers de Saumur, était maréchal des logis au 6e régiment de hussards en garnison à Dijon. Par suite de ces circonstances, il semblait lié, malgré lui, au service d'un gouvernement antipathique à ses convictions et à sa nature loyale, franche et incapable de dissimulation. Il écrivit pour demander des conseils, et mon grand-père lui répondit : « Dans la position particulière où tu es, comme élève de l'Ecole de Saumur, tu dois servir l'Etat avec fidélité, courage et dévouement. On saura te rendre justice quand tu auras l'estime des chefs et l'amitié de tes camarades. On connaît d'ailleurs tes sentiments : ils n'ont été qu'honorables jusqu'à ce jour. Quels que soient les événements, aie toujours une conscience droite, fidélité et loyauté au service de l'État, honneur et franchise dans toutes tes actions. »

Ces instructions sont du 7 août. Peu après, la franchise et la droiture de mon oncle surent le délier : l'usurpation est consommée. Un nouveau chef est envoyé à Dijon, une revue est ordonnée, on arbore le drapeau aux trois couleurs. M. de Lawœstine, le colonel, s'avance et fait un discours : il rappelle la sainteté du serment ; il peut en parler, car, pour lui, dit-il, il n'en a jamais fait qu'un, jadis, à ce drapeau tricolore qu'il présente aux troupes, il lui a toujours été fidèle, aussi a-t-il dû, pendant le dernier gouvernement, remettre son épée au fourreau ; il espère que le serment qu'il demande aujourd'hui sera non moins sérieux, non moins bien tenu, puis le défilé commence : chacun, en passant, salue du sabre en signe d'allégeance. Amédée de Kersabiec arrive à son tour : il s'arrête et... repousse avec force son arme au fourreau. Grand émoi : « Passez à la queue du régiment ! » — La parade finie, on s'explique : « Mon colonel, dit le sous-officier, j'ai bien retenu vos paroles : vous n'avez voulu faire qu'un serment ; je vous imite et n'en ferai point un contraire à celui que j'ai déjà prêté. » Que répondre ? On prit le parti de renvoyer M. de Kersabiec dans sa famille avec un congé d'un mois, en l'engageant à réfléchir. Les réflexions étaient faites.

Ma tante Stylite alla voir le général Dumoustier, qui accorda une prolongation d'un mois, avec promesse de prolongations successives tant que cela serait nécessaire.

Ce général Dumoustier était un brave homme animé des meilleures intentions, qu'on avait tiré de sa retraite pour tenter de pacifier les esprits, mais il comptait naïvement, il me semble, sur des dispositions que les libéraux n'avaient pas : on ne peut faire de l'ordre avec le désordre, et c'est en vain qu'on cherche la paix en blessant la justice.

On lisait dans le journal révolutionnaire de Nantes du 18 août :

« *Au Rédacteur de* l'Ami de la Charte.

» Nantes, 17 août 1830.

» Monsieur,

» Il serait à désirer que nos autorités, éclairées par les sages avis contenus dans votre estimable journal, ouvrissent les yeux sur la tiédeur qu'elles mettent à faire exécuter les ordres du gouvernement. Elles envoient bien les proclamations aux maires des communes, mais elles ne leur enjoignent pas de les faire publier en chaire et de les afficher ; les paysans en ignorent le contenu et elles restent sans effet. Ne savent-elles pas que la mollesse, dans une circonstance comme celle où nous nous trouvons, enhardit les factieux, qu'ils ne tiennent nullement compte de la grandeur d'âme des libéraux ! C'est le pouvoir qu'ils veulent ressaisir : rester confondus dans la foule est, pour les ultras, le plus cruel supplice. Le Jésuitisme se retourne sans cesse, menace et, au moment où nous lui pardonnons, il ne parle que de mort et de vengeance. N'ayons donc pas une trop grande confiance dans l'apparente tranquillité de la Vendée. Certes, la majorité des habitants désire le maintien de nos institutions et de la liberté. Ce n'est pas depuis Legé jusques dans le fond de la Vendée que la tranquillité pourrait être troublée ; c'est, le croirait-on, à la porte de Nantes ! Au Pont-Saint-Martin, par exemple, dimanche dernier, le curé, l'un de ceux qui, dit-on, signa une pétition pour l'abolition de la Charte, s'abstint, à la messe, de chanter le *Domine salvum fac Regem,* ne fît pas de prières pour le Roi, s'appuya sur ce qu'il ne pouvait prier que pour des princes chrétiens, dit que notre Roi n'était pas catholique, ajouta en se lamentant que nous étions loin d'être en paix ; enfin, de concert avec la famille Kersabiec, dont l'un des membres, maire de la commune, a depuis peu donné sa démission, il exaspère quelques paysans, au point que ceux-ci, quittant tous les jours leurs travaux, forment des comités chez leur ancien maire et ne jurent que guerre aux patriotes, en déclarant qu'avant peu il se portera de grands coups. Il serait donc nécessaire que les propriétaires qui ont des maisons de campagne sur la rive gauche de la Loire restassent chez eux à passer l'été, ou au moins fissent venir leurs fermiers à Nantes, afin de les éclairer sur les dangers qu'il y aurait à se prêter aux manœuvres de gens qui ne cherchent qu'à les égarer.

» Au milieu, il est agréable de citer MM. les curés du Bignon, d'Aigrefeuille et de Legé, qui ne partagent pas les opinions de leur confrère, et qui ont fait venir beaucoup de leurs paroissiens, en les dissuadant d'écouter des énergumènes qui peuvent les ruiner et les précipiter dans l'abîme.

» J'ai l'honneur d'être, etc.

» M., *votre abonné.* »

Cette citation donne une légère idée des animosités qui fermentaient au cœur de ces libéraux amis de la paix. Je ne dirai pas le nom de l'auteur de cette lettre, ses enfants ou petits-enfants, qui ne sont pas aujourd'hui sans prétentions, pourraient n'en pas être flattés.

Mon père étant à la campagne, Mlle Stylite n'hésita pas à se plaindre au général Dumoustier qui lui répondit :

« Nantes, vendredi 20 août 1830.

» Mesdemoiselles,

» J'ai fait venir chez moi M. Mangin, pour lui demander s'il était l'auteur de la lettre insérée dans son Journal, qui signale M. votre frère comme perturbateur et opposé au nouveau Gouvernement; que dans le cas où il ne le serait pas, j'exigeais le nom de l'auteur.

» Il m'a désigné M. M... ancien notaire, auteur de l'article; c'est donc à lui que M. votre frère doit s'adresser pour obtenir satisfaction.

» Je ne dois pas laisser ignorer à votre famille, Mesdemoiselles, qu'elle est généralement signalée dans le département comme opposée à tout ce qui est survenu depuis l'abdication de S. M. Charles X.

» Je dois en conséquence l'inviter à s'abstenir de toute réunion où on pourrait chercher par des conversations déplacées à aigrir des personnes inquiètes.

» Mon but, et je crois l'avoir prouvé au département de la Loire-Inférieure, est de continuer mon rôle de pacificateur, au lieu de trouver des coupables; je dois donc attendre de toutes les personnes, et surtout de la classe élevée, une conduite exemplaire d'union et d'harmonie.

» Agréez, Mesdemoiselles, l'hommage de mon respect.

» *Le lieutenant-général,*
» Comte Dumoustier. »

A cette lettre, Mlle Stylite, au nom de ses sœurs, fit la réponse suivante :

« Général,

» J'ai reçu ce matin la lettre que vous m'avez fait l'honneur de m'écrire : Je vous remercie des informations que vous avez bien voulu prendre pour découvrir le *calomniateur*. Si ma parole ne vous suffit pas, je vous prie de vouloir bien faire venir chez vous M. M... et de le prier de s'expliquer devant moi, et nous verrons sur quoi sont fondés les *faits qu'il énumère si bien*, et s'il osera les soutenir. Mon frère ne saura rien de son nom, je serais désolée qu'il se compromît avec ce M...

» Je vous suis obligée des avertissements que vous nous donnez; ils nous sont un sûr garant de vos principes pacifiques, mais en même temps, ils nous montrent que les dénonciations et les calomnies de M. M... ne seront pas les seules, malgré les mesures de raison et de prudence que les circonstances nous imposent et que nous sommes décidées à garder. »

En même temps, Stylite de Kersabiec écrivait à ceux des siens restés à la Marionnière :

« Je vous envoie, mes chers amis, la lettre du général et ma réponse; vous voyez par là où nous en sommes : Pour mon compte, je n'ai pas de peur, je suis seulement ennuyée de toutes ces vexations; Dieu veuille que nous en soyons quittes pour des bêtises comme celle-ci.

» Patience, courage et résignation à la sainte volonté de Dieu; ils ne me feront pas dévier d'un pouce, je l'espère de sa grâce. Je voudrais être à mille lieues d'un pays aussi odieux! Cinq missionnaires sont partis aujourd'hui pour les missions étrangères; ils sont plus heureux que nous. — Au revoir, mes petites, je suis calme au milieu de tout cela, et mieux pour la santé; je vous embrasse tous, petits et grands.

» Stylite. »

Ces lettres nous montrent, en même temps que les misères de l'époque, l'état d'âme de Mlle de Kersabiec et des siens; elle était ferme comme toujours, sans peur, soumise à la volonté de Dieu, mais ayant grand'peine à se résigner.

Quant au général, je ne sais s'il se résigna au rôle que libéraux et patriotes rendaient si ingrat, mais il n'y put tenir et donna sa démission ou fut remercié.

Mlle de Kersabiec n'était pas seule à ressentir l'odieux des choses alors si facilement acceptées; une femme illustre et de grand cœur, que ces événements mêmes allaient rapprocher de nous, les ressentait vivement, je veux dire S. A. R. Madame la Duchesse de Berry. C'est une personne trop haute pour que, dans ces récits, nous effaçant devant elle, je ne lui donne pas la place qui lui revient : la première. Madame la Duchesse de Berry était une admiratrice ardente de la Vendée; elle en aimait la gloire et les habitants pour avoir étudié l'une et vu les autres, lors d'un voyage qu'elle fit en nos contrées et qu'il faut rappeler : retournons deux ans en arrière.

VIII.

Partie de Paris le 16 juin 1828, Madame la Duchesse de Berry arriva à Nantes, le 22 au soir, ayant descendu la Loire sur un bateau à vapeur, mode alors nouveau de voyager, mais son esprit aimait à sortir des voies battues. — Dès le lendemain, elle partit pour Vannes.

Sur la route, la Bretagne se révéla tout d'abord : partout la Princesse vit les populations dans l'attente, groupées aux pieds des Croix, dont les champs sont parsemés, sous les plis des bannières paroissiales, illustrées des effigies des Saints et ornées de brillantes fleurs de lis d'or. Le 24, Madame entendit la messe à Sainte-Anne-d'Auray. Au départ, le chef des prêtres bretons accourus là, lui remit, en souvenir de cette visite, un chapelet et un petit vaisseau — en ivoire, c'est vrai, mais enfin un vaisseau, image de la vie du chrétien.

On eût pu croire ce prêtre mû de l'esprit prophétique des Druides nos ancêtres ; quelle vie en effet plus traversée des tempêtes avait été et devait être celle de cette princesse ! Nous verrons Madame en Vendée, toujours occupée de sainte Anne et des Bretons.

A Sainte-Anne, Madame fit ce pèlerinage, que tous, nous avons fait ou nous ferons, à ces lieux baignés depuis des siècles du sang de la fidélité : elle descendit le ravin qui vit la défaite et la mort du Bienheureux Charles de Blois et elle vint s'agenouiller au Champ des Martyrs. Des voix graves chantèrent, sous les arbres verts et devant le marais noir, l'austère *de Profundis;* puis, gravissant la colline, elle visita la Chartreuse et l'ossuaire des Émigrés. Le soir, elle était à Auray ; le lendemain à Lorient, où elle inaugura le monument élevé à Bisson, et où elle admit, par deux fois à sa table, l'héroïque Trémintin, homme du peuple, qui avait, sur l'ordre de son chef, mis le feu aux poudres et fait sauter son navire, envahi des pirates Grecs, plutôt que de le leur rendre. Le 26, elle entrait à Rennes, après avoir, dans la journée, fait halte sur la lande de Mi-Voie, près du monument des Trente.

Le 28, elle était de retour à Nantes ; là des fêtes lui furent données, elle se multiplia, et sa bonne grâce fut partout admirée : partout elle eut des mots heureux et laissa de charmants souvenirs : à la cathédrale, au château, chez les enfants et les pauvres, à l'asile de la Providence, aux hôpitaux, au collège. Au bal qui fut donné, mon oncle à la mode de Bretagne, Charles de Kersabiec, eut l'honneur de figurer à l'un des quadrilles dansés par la Princesse : à l'honneur, nous le retrouverons dans la suite à la peine.

Le 30, elle alla visiter les religieux Trappistes de Melleray, puis en revenant par l'Erdre, elle descendit à la Desnerie, chez M. le comte Humbert de Sesmaisons, pair de France, où une collation lui fut servie ; tout le pays avait été convoqué et était accouru ; c'est là que ma mère fut présentée à la Princesse : ni l'une ni l'autre ne se doutaient que les événements dussent un jour amener entre nous des relations plus fréquentes : nous n'étions pas gens de cour. MADAME mit encore pied à terre à la Trémissinière, qui appartenait alors au baron de Charette ; le 1er juillet, elle partit pour la Vendée.

La Bretagne et la Vendée sont sœurs, dit-on souvent, de dévouement et de fidélité, sans doute, mais sœurs différentes d'humeur et d'aspect. La première est sérieuse jusque dans ses joies ; l'autre a plus d'extérieur et même plus de bruit. A Vannes, à Sainte-Anne, tout le long de la route, les prières ont dominé les *vivats*. Nous entrons dans l'Aquitaine sonore, c'est déjà presque le Midi : On y prie, mais on y chante; chaque foyer a son poëte et sa coupe de vin, au village comme au manoir, petit vin blanc du pays, fort appréciable et fort apprécié. — « Comment fera Madame pour aller en Vendée? » — avait-on murmuré dans les antichambres, aux Tuileries. — « En Vendée, avait répliqué Madame, je me ferai Vendéenne. »

Les mauvais chemins, et il n'y avait que ceux-là en Vendée à cette époque, les distances, les obstacles, rien ne l'arrête : elle se revêt d'une amazone verte; elle coiffe un chapeau de feutre gris qu'entoure un voile de gaze, et elle part, faisant à cheval, entourée, fêtée, acclamée, complimentée, ces étapes que plus tard, à pied, poursuivie et proscrite, elle devra recommencer.

Qu'on fasse attention aux noms de ces villages, nous aurons à les rappeler bientôt, en des circonstances différentes. Le premier est Pont-Rousseau; le second Les Sorinières, puis Aigrefeuille, Maisdon. Le curé de Maisdon est un saint; l'évêque de Nantes est là, qui veut présenter lui-même à la Princesse les premières troupes, débris des vieilles bandes. Madame les trouve rangées en bataille, sur la lande de la Grenouillère. Cet évêque, ces prêtres, ces propriétaires, ces soldats-paysans, si doux et si fiers, c'est la Vendée. L'histoire est là, mieux écrite que dans les livres à l'usage des cours, des partis ou des familles. La grande protestation de nos campagnes, si essentiellement catholique dans son explosion et monarchique aussi dans son but et ses moyens, se dessine dans toute sa vérité; Madame lit et comprend cette page héroïque, j'en ai pour preuve ces mots qu'elle allait répétant et qui furent recueillis : « C'est ainsi qu'étaient les Croisés! »

Le vicomte de Kersabiec eût voulu être à Maisdon, mais, retenu dans la Lozère par son emploi, il en dut faire le sacrifice : on l'y verra plus tard.

Les autres étapes furent : Saint-Hilaire-de-Loulay, Montaigu, Vieillevigne, Rocheservière, le château de la Grange, où l'on coucha; Legé, le château du Verger, Bourbon-Vendée, les Quatre-Chemins, Landebaudière, Tiffauges, Torfou, Le Coubonreau, Vallet, Beaupréau, Le Pin-en-Mauges, Jallais, Chemillé, Vezin, d'où, continuant son itinéraire par Chollet, Maulévrier, Saint-Aubin, Luçon et Fontenay-le-Comte, Madame sortit de la Vendée, se dirigeant vers le Midi.

Partout ce ne furent que fêtes militaires, suivies des réceptions les plus enthousiastes, où le paysan était admis et prenait simplement sa place, sentant bien qu'ayant été à la peine, il usait du droit chèrement acquis et reconnu d'être à la joie et à l'honneur; partout des fleurs, des chansons, des vers éclos pour la circonstance dans les châteaux comme dans les chaumières; des vers et des chants à Torfou, des vers et des chants à Clisson, des vers et des chants à Beaupréau, des vers et des chants à Vezin. Ces vers, inspirés par le cœur, rimés et chantés sans prétention par de jeunes officiers, nous semblent, après plus de soixante et je ne sais combien d'années, les échos pleins de charmes d'une société élégante et vraie, riche d'avenir, coupée dans sa fleur, à jamais disparue. On ne chante plus en France, du moins on ne chante plus la gloire, l'honneur, les aïeux; tout au plus des choses burlesques, sinon infâmes : triste déclin d'un peuple désormais sans idéal, livré qu'il a été au scepticisme matérialiste de la bourgeoisie voltairienne. Il y avait en ces chants plus que des mots; il y avait les affirmations ardentes d'un dévouement à la fois patriotique et religieux, des engagements, des serments et la mise en demeure d'un appel à la Vendée, en cas d'infortune; il n'était venu à personne l'idée qu'on pût un jour isoler l'autel du trône, encore moins les opposer l'un à l'autre ; depuis, on s'est attaché à cette besogne et nous en subissons les résultats.

Tout cela était appuyé par une levée en masse des grands paysans ; on les a vus à Maisdon, on les revit à Saint-Aubin, où M. Alexis des Nouhes de Loncherie présenta à S. A. R. la division des Aubiers, petite armée de 5,000 « gas vendéens. » Madame en avait déjà passé d'autres en revue à la Grange, à Legé, au Verger, etc. Voilà pourquoi je me suis appesanti sur ce voyage et sur ces fêtes, qui ont leur importance historique. Qu'on en juge aussi par ces courts extraits des couplets que chanta M. Louis de Bourmont, officier dans la garde royale, au château de Vezin :

> Fille des Rois, regarde à ton passage
> Ces Vendéens que le sort accabla ;
> Si la fortune a trahi leur courage,
> L'honneur jamais ne les abandonna *(bis)*.
> Comme autrefois, au fort de la tempête,
> Chacun ici veut signaler sa foi,
> Et si beaucoup manquent à cette fête...
> C'est qu'ils sont morts pour leur Dieu, pour leur Roi !

> Un vent léger règne encor au *Bocage*,
> Et loin de nous pourtant l'orage a fui ;
> Nous espérons qu'aucun autre nuage
> N'obscurcira le beau ciel d'aujourd'hui *(bis)*.
> Mais si jamais une secte abhorrée
> Brisait encore le sceptre de nos Rois,
> Ah ! pense à nous, reviens dans la Vendée,
> Amène Henri, nous défendrons ses droits.

Tels furent les adieux. Madame devait croire et crut à ces paroles qui, d'ailleurs, étaient sincères. Quatre ans après, le sceptre royal ayant été brisé, Madame, n'ayant pu y amener Henri, « revint dans la Vendée. »

IX.

JE ne reviendrai pas sur la Révolution de Juillet 1830. Charles X, après tant de vicissitudes et de déboires immérités, se résigna; son fils, le Dauphin, fit de même, et tous deux abdiquèrent en faveur de Mgr le duc de Bordeaux. Par une étrange mesure, on remit le soin d'assurer la couronne sur le front du jeune Roi au duc d'Orléans, sinon l'instigateur avoué de ces troubles, au moins le complice consentant. Pourquoi soustraire à MADAME la garde et le soin de veiller aux intérêts de son fils? La Duchesse de Berry était populaire. Au milieu des désordres de ces trois jours, aucun marchand breveté de la princesse ne fut insulté ni forcé d'enlever son enseigne aux armes de MADAME. — « Nous nous battons sans savoir pour qui nous travaillons, disaient des combattants de Juillet. Eh bien! que la Duchesse de Berry vienne et qu'elle amène son fils! (1) »

Pourquoi? Parce que Charles X était un Roi marqué de l'onction sainte, parce que « la secte abhorrée », dont les adeptes dirigeaient ces événements, voulait surtout détruire la Monarchie très chrétienne, abattre le trône pour abattre l'autel. Quant au peuple, pourquoi se battait-il? Comme toujours, il n'en savait rien! C'est le rôle qu'on lui concède, qu'il accepte et dont il est toujours justement puni.

La Duchesse de Berry, dont le cœur incliné vers le peuple de France avait l'intuition de ses pensées, eût voulu venir,

---

(1) Voir *Biographie de* MADAME, par Germain Sarrut et B. Saint-Edme, Paris, imp. Baudoin, 1841.

mais elle ne le put : à Saint-Cloud, elle se consuma en efforts inutiles ; à Rambouillet, un moment elle prit sur elle de demander des chevaux de poste pour rentrer dans Paris.

« Pendant qu'on faisait ces dispositions, dit M. Nettement, Madame descendit chez Charles X, qui lui dit que jamais il ne consentirait à ce que son petit-fils courût des chances aussi périlleuses et vînt s'exposer à la fureur des partis. Madame répondit : — Eh bien, je n'emmènerai pas Henri, j'irai seule ! — Mais les instances de Madame la Dauphine furent si vives, les ordres du Roi si positifs, qu'après bien des efforts, la duchesse dut renoncer à sa détermination. Cette lutte fut longue : la calèche, attelée de six chevaux, resta depuis midi jusqu'à sept heures dans la cour du Palais, et l'on vit Madame pleurer en contremandant le départ. »

Etranges scènes que ces scènes dont Rambouillet fut le théâtre ; événements marqués d'un sceau vraiment extraordinaire ! Comment expliquer ces découragements, ces inactions, ces refus persistants de résister, de se défendre, de se sauver et de sauver avec soi la dynastie et aussi l'ordre matériel et moral dont tout peuple a surtout besoin ! L'armée était frémissante et fidèle en sa masse ; en Vendée, à Nantes, on attendait le Roi, les uns pour le défendre, les autres pour résister ; dès les premiers jours, n'avait-on pas coupé le pont de Pirmil, faisant communiquer les deux rives de la Loire entre elles ? — « Il n'y a rien à faire ! Tout est perdu ! Surtout ne parlez pas de la Vendée ! » telles étaient les incroyables paroles que tout d'abord on adressait aux arrivants à la cour. — C'était comme un mot d'ordre ; par qui donné ? — La Vendée ! pourtant le seul espoir qui restât ! Et que fût-il arrivé si Madame, ne consultant que son courage, eût enlevé son fils et l'eût mené dans l'Ouest ? On eût revu la grande-aïeule Marie-Thérèse, non plus seulement au milieu des Magnats, mais entraînant à sa suite le vrai peuple de France !

Les trois commissaires francs-maçons du Gouvernement provisoire terminèrent ces luttes et cette agonie; le convoi de la Monarchie chrétienne et nationale se mit en marche; MADAME le suivit en silence, réduite, mais non résignée.

La royale famille débarqua à Cowes, dans l'île de Wight; de là, elle alla à Lullworth, d'où elle partit pour Edimbourg : l'Angleterre, vengée de la conquête d'Alger, comme en 1793 de l'émancipation de l'Amérique, consentait à lui offrir l'hospitalité dans le palais désolé des Stuarts, à Holyrood. — MADAME la Duchesse de Berry ne put se résoudre à ce lointain et lugubre exil; voulant se rapprocher de la France, où déjà elle avait noué des intelligences, elle vint passer les commencements de l'année 1831 à Bath, ville d'eaux, dans le comté de Sommerset.

Dès que les princes furent en exil, il se forma deux camps chez eux et dans leur parti : ceux qui voulaient attendre, ceux qui voulaient agir. Dans la famille royale, MADAME, à vrai dire, était seule pour l'action. Tout d'abord, il fallait songer à se créer des ressources : elle n'hésita pas et commença par faire vendre à Londres sa bibliothèque, une partie de ses bijoux, puis sa galerie de tableaux, dont elle dressa elle-même le catalogue et les prix à demander. J'ai sous les yeux une liste écrite par elle, de sa grosse et forte écriture si reconnaissable; avec une partie de cet argent, elle tint à acquitter ses dettes en France. Un instant, elle songea à descendre sur les côtes du Morbihan, où, lui disait-on, elle était attendue, mais, sur d'autres renseignements, lui annonçant que le Midi comptait sur sa venue et réclamait la préférence, elle partit pour l'Italie, le 17 juin 1831.

En même temps que MADAME quittait l'Angleterre, le baron de Charette, qui y avait suivi les princes, rentrait en France. M. de Charette arriva le 22 juin 1831. Descendu sur la route entre Oudon et sa propriété de la Conterie, il gagna la Trémissinière, autre terre lui appartenant, située près de Nantes, au bord de l'Erdre, dans la paroisse Saint-Donatien. Le lendemain, il entra en ville, opération assez délicate : M. de Charette étant signalé aux yeux de la police pour avoir suivi les princes en exil, il fallait le soustraire à ses regards.

Mlle Stylite de Kersabiec, costumée en femme du peuple, accompagnée de son cousin-germain, le comte Charles de Kersabiec, s'alla promener le soir sur le cours Saint-André. M. de Charette, fidèle au rendez-vous et déguisé lui-même en jardinier du faubourg, les y rejoignit, et ce fut en donnant le bras à ma tante qu'il gagna le gîte qui lui avait été préparé chez Mme Billou, qui faisait le commerce des laines, et dont le dévouement intelligent et sans bornes ne cessa de se montrer en toutes ces circonstances (1). Il y resta peu de temps; au bout de quelques jours, il vint chez mon père, à la Marionnière, dans la commune du Pont-Saint-Martin. Mon père devait lui servir de guide pour le conduire en tous les lieux où l'appellerait le soin d'organiser le mouvement.

A peine à la Marionnière, on eut une alerte causée par la venue de M. Henri de Puysieux, aide de camp du baron de Charette, qui, s'étant égaré au sortir de Nantes, était allé jusqu'au Pont-Saint-Martin, d'où il arrivait après avoir demandé des renseignements sur tout le pays, circonstance propre à attirer l'attention des troupes cantonnées en ce bourg, car déjà la Vendée était couverte de soldats; par précaution, M. de Charette passa cette journée dans le lierre touffu d'un vieux chêne. La nuit suivante, mon père le conduisit à la Mouchetière, en Saint-Colombin, chez un de nos parents, M. de la Robrie (2).

---

(1) Ma tante prit souvent ce costume, surtout lorsqu'un mandat d'amener fut décerné contre elle; c'est ce qui explique pourquoi on la représente avec cette coiffure populaire, en nombre de dessins du temps.

(2) M. de la Robrie était ce qu'on appelle en nos contrées l'oncle à la *mode de Bretagne* de ma mère; sa tante, la sœur de son père, ayant épousé le père du Baron de Poiroux, mon grand-père.

Sur cent six combats livrés par l'armée du Bas-Poitou à la République, M. de la Robrie avait assisté à quatre-vingt-trois ; deux de ses frères étaient morts en ces luttes, et non sans gloire ; les paysans vendéens répétaient son nom dans les chants qu'ils avaient composés pour célébrer eux-mêmes leurs exploits. Homme d'expérience, ce vieux partisan ne pouvait se faire beaucoup d'illusions : pour qu'un mouvement populaire ait des chances de succès, il faut l'élan des masses, or cet élan lui semblait faire à peu près défaut ; il faut avouer que, sauf le dernier voyage de MADAME, tout l'effort de la Restauration n'avait pas été pour l'entretenir. Néanmoins, M. de la Robrie, ayant été fort méconnu et attaqué sous ce gouvernement, ne crut pas devoir refuser son concours, surtout lorsqu'un Charette venait chez lui le solliciter. Faisant taire ses prévisions et les tristes souvenirs de sa disgrâce, il accepta, en son nom et pour les siens, sa part de dangers et de sacrifices, et elle fut grande.

M. de Charette, chargé d'organiser l'insurrection sur cette partie du territoire qui, de la rive gauche de la Loire, s'étend jusqu'au-delà de Fontenay et de Luçon, ne le fit pas sans rencontrer des difficultés.

L'union était loin de régner parmi les royalistes ; si l'on tendait au même but, le renversement de Louis-Philippe, on différait sur les moyens à prendre. Il y avait les parlementaires, les gens d'action ; les uns, croyant à la puissance de la tribune et de la plume, estimaient plus sage de discourir et d'attendre ; les autres voulaient agir sans plus tarder ; d'autres encore prêchaient l'abstention : il fallait laisser faire ; de l'excès du mal sortirait le bien ; la Providence seule ferait tout, Dieu étant tenu au succès de la bonne cause. D'autres, enfin, demandaient pour qui on se battrait : Charles X, Henri V, ou Louis XVII ? A cela, il convient d'ajouter l'action toujours si funeste des comités, surtout celle du comité royaliste parisien, qui de loin prétendait régler et diriger toutes choses en cette Vendée qu'il n'avait jamais visitée, qu'il ne connaissait pas, contre laquelle il nourrissait plus d'une prévention et dont il redoutait autant l'explosion que l'inaction.

Le 25 septembre 1831, douze d'entre les chefs de division de ce corps d'armée se réunirent à la Fétellière, en Remouillé, sous la présidence de M. de Charette. M{{me}} la comtesse Auguste de La Rochejacquelein y ayant envoyé un représentant, on se trouva quatorze à délibérer. M. de Charette apprit à ces messieurs que MADAME la duchesse de Berry se disposait à débarquer sur les côtes du Midi, vers le 3 octobre; qu'ordre lui avait été transmis par M. Ulric Pelloutier d'avoir à se tenir prêt, et il leur posa cette question : — Doit-on prendre les armes immédiatement, ou bien doit-on attendre un nouveau courrier annonçant que le débarquement s'est opéré? — Ce dernier avis était celui de M. de Charette; il fut adopté. On convint en outre que la Vendée ne prendrait les armes qu'en cas d'un premier succès dans le Midi, ou de proclamation de la République à Paris, ou d'invasion étrangère attaquant l'intégrité du territoire ou l'honneur national. En ces différents cas, MADAME laissait au dévouement des officiers généraux le soin de faire opérer le soulèvement au moment où ils le jugeraient le plus opportun.

Cette latitude de décision et de décision grave donnée, non pas à un chef unique, mais au sentiment particulier de chacun, devait produire et produisit des discussions, des divergences, des froissements, de l'hésitation. On était déjà loin des enthousiasmes et des promesses de 1828. Neuf voix contre cinq se prononcèrent pour une prise d'armes conditionnelle. — Telle ne fut pas l'attitude du Maine : — « point de conditions, point de réserves, disait le comte de Pontfarcy; là où sera MADAME, là aussi sera notre épée; peu importe le Midi. » — Sur la rive droite de la Loire, au contraire, on envisageait les choses froidement.

Ces impressions différentes arrivaient à Madame, retirée à Massa, dans le duché de Modène, dont le souverain, seul en Europe, avait refusé de reconnaître la royauté de Louis-Philippe. Pour s'éclairer, elle appela près d'elle tous ceux qui paraissaient posséder quelques lumières. Le vieux roi Charles X l'avait déclarée Régente de France pendant la minorité de son petit-fils, un peu à contre-cœur, il est vrai (1). Le comité de Nantes députa mon oncle à la mode de Bretagne, le comte Charles de Kersabiec. Non seulement mon oncle emporta les dépêches de M. le baron de Charette et celles du comité dont il était l'envoyé, mais, s'étant arrêté à Paris, il se chargea des paquets du comité de cette ville, et aussi d'une longue note, dans laquelle M. le marquis de Coislin, commandant en chef du corps d'armée de la rive droite de la Loire, exposait toutes les difficultés qui s'opposaient, selon lui, à une prise d'armes immédiate. La mission de mon oncle dura deux mois; il put voir à Massa les mêmes perplexités qu'en Vendée : les uns reculant devant un soulèvement; les autres y encourageant et faisant parvenir à la Princesse ou lui adressant de vive voix les reproches les moins mesurés : — « Chaque jour que vous dérobez à la patrie est un vol fait à l'héritage de votre fils; » ou bien encore : — « Si Votre Altesse Royale ne se décide pas à rentrer en France, je coupe mes moustaches! » A quoi Madame répondit : « Les miennes poussent. »

La Duchesse de Berry prit à Massa les conseils de MM. de

(1) Charles X en nommant Madame régente, avait ajouté des conditions qui rendaient ces fonctions illusoires : le duc de Blacas, l'un des hommes, à tort ou raison, les plus impopulaires de la Restauration, lui était imposé comme président du Conseil, rien ne se devait faire sans lui. Ni la Princesse, ni ceux qui jouaient avec elle cette grave partie ne purent accepter cette situation : M. de Blacas dut reprendre le chemin d'Edimbourg. « Madame la Duchesse de Berry, disent les auteurs de sa *Biographie*, fit preuve dans toute cette négociation fort épineuse, d'une présence d'esprit remarquable, et d'une de ces fermetés tempérées, rares chez tout le monde. » Néanmoins ce fut un grief non oublié.

Pastoret, de Bourmont, de Saint-Priest, des Cars, de Kergorlay, de Choulot, Billot, ancien procureur du roi sous la Restauration; plus tard, Berryer y vint aussi. Le comte Humbert de Sesmaisons lui écrivit de Nantes : « Que Votre Altesse Royale vienne dans la Vendée, et elle saura que mon ventre, quoique européen pour sa grosseur, ne m'empêchera pas de sauter les haies et les fossés. »

Lorsque, l'année suivante, MADAME vint dans l'Ouest, le ventre de M. de Sesmaisons, vraiment trop gros, ne lui permettant pas de sauter haies et fossés, il se paya des remplaçants. Le noble pair offrit à Son Altesse Royale 80,000 fr., que la Princesse accepta à titre de prêt et desquels elle envoya un reçu : la comtesse de Sesmaisons le prit et le jeta au feu.

Ce fut à Massa encore, au milieu de toutes ces fidélités, que la Princesse vit pour la première fois le juif qui, plus tard, la livra. Ce malheureux avait prétendu s'être converti au catholicisme; il était beau-frère de M. Drake, dont la conversion avait eu du retentissement et qui persévéra, et MADAME, si vraiment chrétienne, s'en était réjouie; le Pape lui aussi avait favorablement accueilli le nouveau venu dans la foi. Mais laissons cet homme parler et se peindre :

« Au commencement de février 1832, dit Deutz, faisant lui-même son autobiographie, je fus présenté à MADAME. C'était la première fois que je la voyais. Elle me reçut avec bienveillance; elle voulut bien m'offrir, pour mon retour à Rome, des lettres de recommandation, que j'acceptai en m'inclinant. Je retrouvai à Rome le cardinal Capellari, ou plutôt le pape Grégoire ; il n'avait point oublié son protégé ; il me témoigna la joie que lui causait mon retour et me conduisit dans les jardins du Vatican, où il m'entretint plus d'une heure. « Si j'avais un fils, me dit-il en me quittant, avec une tendre affection, je ne saurais l'aimer plus que vous. » Sur ces entrefaites, je reçus de M. le comte de Bourmont une lettre qui me rappelait indirectement à Massa. Je communiquai cette lettre au Pape. Quel ne fut pas mon étonnement de l'entendre m'engager avec chaleur à prendre parti pour MADAME contre Louis-Philippe. A peine arrivé à Massa, je m'aperçus facilement que l'on cherchait à me gagner au parti. Le Saint-Père avait parlé de moi à MADAME en termes obligeants, et m'avait peint comme un homme intelligent, actif, de courage et d'exécution, tenace dans ses résolutions, usant du crédit de ses amis et de sa faveur personnelle, non dans un intérêt privé, mais dans un intérêt général. MADAME m'accorda successivement plusieurs audiences; dans la dernière, elle me remit des lettres de recommandation pour l'infante dona Luisa-Carlotta et pour la reine d'Espagne, ses sœurs... Au commencement d'avril, je quittai Massa, accompagné par M. le comte de Choulot. A une lieue environ de la ville, dans une vallée plantée d'oliviers, dont le nom ne me revient pas, je prêtai entre ses mains le serment accoutumé. En prêtant ce serment, je songeais déjà à préserver mon pays des malheurs de la guerre civile et de l'invasion étrangère (1). »

On croit rêver! Est-il complet ce juif du XIXe siècle, digne instrument de la dynastie nouvelle et des loges! Ce Judas moderne, incliné devant sa victime et sous la main bénissante du Pape, qui l'appelle son fils! Plus infâme, semble-t-il, que l'ancien, car celui-là se pendit et le nôtre détaille sa honte, s'en fait honneur, empoche et garde l'argent! — Laissons-le, prêtant, la trahison au cœur, dans un nouveau jardin des Oliviers, ce serment de fidélité, et revenons en Vendée.

(1) *Arrestation de* MADAME, par Simon Deutz, avec cette épigraphe : *Me, me, adsum qui feci!* et une introduction du juif Crémieux, Paris, 1835.

X.

En Vendée, il n'avait pu être question, en 1831, de prise d'armes immédiate. M. de Charette rentra à Nantes et prit gîte chez mon grand-père, qui demeurait rue Haute-du-Château, n° 8, à l'ancien hôtel de Jasson. Bientôt, Mme la baronne de Charette, restée en Angleterre, l'y vint rejoindre, et nous leur donnâmes l'hospitalité dans les mansardes, jusqu'à la fin des événements. — On ne saurait raconter en détail cette vie d'incessantes fatigues physiques et morales à laquelle se soumirent M. de Kersabiec, ses fils et ses filles, durant cet hiver de 1831 à 1832, déjouant les continuelles investigations de la police : les unes passant les jours et les nuits à copier et recopier une énorme quantité de lettres, tantôt chiffrées, tantôt conçues en style figuré, le plus souvent écrites à l'encre sympathique ou au citron : c'était à y perdre les yeux ; les autres, accueillant et conduisant en lieu sûr les étrangers aux provinces de l'Ouest, qui venaient y attendre, plusieurs mois à l'avance, le moment de l'explosion. Il y avait encore les approvisionnements de toutes sortes à faire : armes et munitions à rassembler et à diriger de Nantes sur la campagne. Le grand fabricant de poudre était M. Alexandre du Guini, en son château de la Haye de Besné.

Une dépêche, datée de Massa, 20 avril 1832, et transmise de Paris le 27, par les soins du comité, ordonna aux provinces de l'Ouest de se tenir prêtes à agir. A cette nouvelle, les dissensions, qui paraissaient assoupies, se réveillèrent ; au moment d'agir, on se reprit à délibérer. Les ordres reçus sont-ils bien de MADAME ? et, sur une seconde dépêche partie de Marseille, annonçant que la Princesse avait touché le rivage de France : — Le fait est-il certain ? et, dans l'affirmative, prendra-t-on les armes immédiatement, ou bien faut-il attendre l'arrivée d'un troisième courrier, apportant l'assurance qu'un succès a couronné les tentatives du Midi ? — Il fut convenu qu'on attendrait ; c'était conforme aux résolutions arrêtées à la Fétellière.

MADAME, en se décidant pour la lutte, n'avait point agi avec cette légèreté et cette imprudence que, depuis, tant de gens, intéressés à se faire passer pour sages, lui ont bruyamment reprochée. Outre les preuves que j'ai déjà données des excitations à elle adressées de France, j'en ajouterai deux : « M. Berryer lui écrivit au citron, sur les blancs de chaque feuillet d'un *Annuaire du Bureau des Longitudes,* une dépêche qui se terminait par ces mots : « Hâtez-vous d'accourir, MADAME, ou sinon nous ferons le mouvement sans vous. » Du fond de son exil, le vieux roi Charles X bénissait les efforts de sa fille, et le Dauphin, à cette bénédiction, ajoutait ces mots : « Allez, ma sœur, et que le ciel veille sur votre entreprise ! A peine aurez-vous mis le pied en Vendée, que je serai à vos côtés comme votre plus dévoué volontaire (1). » Le moment, d'ailleurs, paraissait bien choisi, les circonstances urgentes : d'un côté, le parti républicain se préparant ostensiblement à livrer bataille au gouvernement de Louis-Philippe, (et il la livra, en effet, dans les rues de Paris), c'était une raison pour que l'étendard monarchique, relevé dans l'Ouest, opposât la Royauté à la République ; — de l'autre, les puissances étrangères malveillantes, ou menaçant le sol, il fallait que, des provinces, un mouvement national s'opposât à leurs desseins, et, leur enlevant tout prétexte de lutte, leur montrât que le peuple

---

(1) *Histoire de la Vendée militaire,* par Crétineau-Joly, T. IV, p. 514.

armé contre l'étranger se réservait de rétablir chez lui l'ordre, la justice et la paix.

Le 21 avril 1832, MADAME partit de Massa, sur un bateau à vapeur sarde qu'elle avait frété, le *Carlo-Alberto* ; elle relâcha à Nice, se remit en mer et arriva le 28 dans les eaux de Marseille. Elle était accompagnée du maréchal de Bourmont, du comte de Kergorlay, du vicomte de Saint-Priest, de MM. Emmanuel de Brissac, de Mesnard, Adolphe Sala, Édouard Led'huy, du vicomte de Kergorlay, de Charles et d'Adolphe de Bourmont, d'Alexis Sabbatier, du subrécargue de Ferrari et de Mlle Le Beschu.

Déguisée en matelot napolitain, la Duchesse abandonna, non sans dangers, le *Carlo-Alberto* : la mer était houleuse et l'on était au large ; la lame poussait le bateau-pêcheur, où l'on devait descendre, sous les roues du steamer : MADAME s'élance à travers la vague et atteint la frêle embarcation qui s'éloigne ; les matelots génois se signent pleins d'admiration.

Les pêcheurs devaient se diriger vers un point du rivage de facile accès ; mais l'obscurité était profonde et l'on vit une flamme briller au loin. C'est, pense-t-on, le feu de quelque poste de douanier ; on change de direction et l'on aborde, vers trois heures du matin, la côte escarpée de Carry. Ce fut en gravissant ces rochers, que de robustes contrebandiers peuvent à peine escalader, que la Duchesse de Berry arriva sur cette terre de France où, récemment encore, tant d'hommages lui avaient été prodigués.

MADAME, dont les vêtements étaient trempés d'eau de mer, était glacée, néanmoins calme, heureuse, presque gaie. — L'horizon commençant à blanchir, on se mit en route sans plus tarder ; il fallait faire plusieurs lieues par des sentiers à peine tracés au milieu des bois et des rochers ; MADAME les fit sous la conduite de M. de Bermond, naguère un des plus brillants officiers de l'armée, actuellement démissionnaire et errant sur le rivage depuis plusieurs jours, caché sous une peau de chèvre, dans l'attente de ce débarquement. Enfin, après trois heures de marche et de rude travail, on atteignit la maison du garde-chasse Maurel, et la fille de Henri IV et de Louis XIV put y reposer sa tête proscrite.

Madame se hâta d'écrire au duc des Cars, enfermé dans Marseille : elle est arrivée, elle attend le résultat des promesses qui lui ont été faites et qui l'ont déterminée à venir. Le soir, le même émissaire lui apporte une courte réponse : « Félicitations sur l'heureuse arrivée; Marseille fera son mouvement demain. » Madame se livre à l'espérance ; elle croit à des mesures bien prises, à un accord qui rendra tout facile ; souvent elle répète : « Il n'y aura pas de sang répandu, » et, comme elle sait qu'à Nîmes surtout les mouvements populaires se compliquent des dissentiments profonds qui divisent les protestants et les catholiques, elle ajoute : « Je me rendrai sans tarder à Nîmes; j'ordonnerai à l'évêque de sortir avec tout son clergé ; nous irons nous jeter entre les protestants et les catholiques, car je veux protection à tous, et pas de massacres. »

Vains espoirs ! le mouvement de Marseille échoue : à quatre heures de l'après-midi, le 30, MM. de Bonrecueil, de Bermond, de Lachaud et de Candoles, qui se sont échappés de la ville, arrivent porteurs de ce billet : « Le mouvement a manqué, il faut sortir de France. » — « Sortir de France ! dit Madame, c'est ce qui n'est pas prouvé; ce qui est urgent c'est de sortir d'ici, tant pour notre sûreté, que pour ne pas compromettre ces bonnes gens; on peut avoir suivi les émissaires. »

Deux partis se présentaient : ou bien gagner les Alpes et descendre dans le Piémont, ou bien traverser la France et arriver en Vendée. La Princesse adopta ce projet. Une fois décidée, Madame était prompte à l'action; elle ordonna le départ. Le pauvre garde-chasse pleurait quand elle lui fit ses adieux.

La nuit était obscure ; à peine voyait-on où mettre le pied. Après cinq heures de marche, le guide s'arrête et déclare qu'il ne sait plus où il est ; Madame, brisée de fatigue, s'enveloppe dans son manteau, se couche à terre et s'endort. Elle se réveille glacée ; heureusement, on a découvert une cabane où les pâtres cherchent un abri pendant les orages ; on y allume un feu de bruyères et l'on attend, en se chauffant, que M. de Bonrecueil, qui est allé en quête d'une voiture, soit de retour. Il paraît enfin ; la voiture n'a que trois places : Madame y monte avec MM. de Bonrecueil et de Mesnard, et donne rendez-vous à ses autres compagnons chez le premier de ces messieurs.

On devait s'arrêter, chemin faisant, chez un royaliste dévoué ; il est absent ; son frère, il est vrai, demeure tout près : c'est un brave homme, mais ses opinions politiques sont tout autres, c'est un républicain. — « Allons chez lui, dit Madame, je me nommerai, je suis sûre qu'il sera très bien. » On arrive chez le frère de ce royaliste absent ; la Duchesse entre et va droit à lui : — « Monsieur, lui dit-elle, vous êtes républicain, je le sais, mais, pour une proscrite, il n'y a pas d'opinion : Je suis la Duchesse de Berry. » Madame ne s'était pas trompée : cet homme fut « très bien. » Le reste de la journée se passa dans un bourg. Enfin, on arriva au château de Bonrecueil, situé dans une paisible petite vallée, sur la route de Lambesc à Salon. Le lendemain, Madame fut rejointe par plusieurs de ses compagnons du *Carlo-Alberto* : le maréchal de Bourmont, le comte, depuis duc de Lorges, et avec eux le duc des Cars et le duc de Beaufort.

La Princesse resta trois jours à Bonrecueil ; en partant, elle donna rendez-vous à ses amis en Vendée. « Si je sortais de France sans aller dans la Vendée, leur dit-elle, ces braves populations, qui ont donné tant de preuves de dévouement à ma famille, ne me le pardonneraient jamais, et je mériterais, plus que mes parents, les reproches qui leur ont été faits tant de fois. Puisque je leur ai promis, il y a quatre ans, de venir au milieu d'elles, en cas de malheur, et que déjà je suis en France, je n'en sortirai pas sans tenir ma promesse. » Et comme on ne lui dissimulait pas les dangers qu'elle allait courir : « Dieu et sainte Anne m'aideront, » répondit-elle.

Ainsi, 1832 se souvenait des engagements pris par 1828 en Bretagne et en Vendée ; du moins, MADAME la Duchesse de Berry ne voulait pas qu'on pût l'accuser de les avoir oubliés ou tenus pour frivoles. Fidèle à ses promesses, elle comptait, ou venait voir s'il fallait compter sur celles qui lui avaient été prodiguées.

Il fut convenu que le maréchal de Bourmont, commandant en chef des provinces de l'Ouest, se séparerait de MADAME : « Il ne faut pas, disait-elle, mettre tous les œufs dans le même panier. » M. de Bourmont lui fit donc ses adieux et prit par Lyon et Moulins ; on décida que le premier arrivé donnerait l'ordre du soulèvement. « Allons, messieurs, en Vendée ! » Tels furent les adieux de MADAME.

La nuit suivante, MADAME partit dans la voiture de M. de Bonrecueil ; à un kilomètre de Lambesc, une calèche attelée de chevaux de poste l'attendait ; elle y prit place et commença, sous les yeux de la police ébahie, son audacieux voyage à travers tout le Midi. MM. de Mesnard, de Lorges et de Villeneuve l'accompagnaient. M. de Villeneuve, censé devoir voyager pour sa santé, s'était muni d'un passeport pour lui, sa femme et un domestique ; la Princesse joua le rôle de Mme de Villeneuve ; le duc de Lorges endossa la livrée.

A peine en marche, la calèche fut rejointe et suivie pendant plusieurs lieues par un gendarme. Il disparut enfin. — « Ou c'est un fier nigaud qui ne sait pas son métier, dit gaiement la Princesse, ou c'est un compère pas mal avisé ; en tous cas, il pourra se vanter de nous avoir fait grand'peur ; je n'en disais rien, mais j'avais une fameuse *venette*. »

Le 4 mai, la Duchesse continua sa route sur Toulouse, par Nîmes, Montpellier, Narbonne, Carcassonne, allant nuit et jour, ne s'arrêtant que le matin de bonne heure pour déjeûner, faire sa toilette, donner le temps de graisser la voiture. Son Altesse Royale arriva ainsi à Toulouse, le 5 mai, à sept heures et demie du soir. Elle était en calèche découverte et sans déguisement. La voiture, arrêtée devant la poste aux chevaux, fut à l'instant même entourée de curieux. Il y en eut un dont les regards restaient obstinément fixés sur Madame. La Princesse, fermant les yeux, paraissait dormir. Enfin, elle put dire au duc de Lorges : « Pendant que l'on changera les chevaux, allez m'acheter un chapeau qui me couvre davantage la figure. » Ce curieux suivit M. de Lorges, et quand celui-ci eut fait emplette, il lui dit rapidement : « — Madame est là ; où va-t-elle ? — En Vendée. — La Vendée est pleine de troupes, nos provinces sont fidèles et bien disposées ; que Madame reste à Toulouse ; je veux lui parler. — Eh bien ! parlez à Madame, » répondit M. de Lorges, qui avait reconnu son interlocuteur.

M. de Lorges ayant remis le chapeau à Son Altesse Royale : — « Partons vite » dit celle-ci. L'inconnu monte lestement sur le siège et l'on part ; on s'était arrêté à Toulouse une demi-heure..... un siècle ! Quelle différence entre ce séjour en fugitive, si court et si long, et les brillantes réceptions de 1828 ! Alors ce n'avaient été qu'impatiences et délirants transports du peuple, hommages des grands, fêtes et repas où se pressaient cardinal, évêques, ducs et pairs de France, députés, préfets, magistrats et fonctionnaires de tout ordre.

Hors des barrières, l'inconnu se penche vers la Princesse : — « Ah ! c'est vous ! Je suis tranquille ; la Providence vous envoie ; j'ai perdu quelques adresses lors de mon débarquement, vous allez me les donner. » Et la conversation continue comme elle avait commencé, à voix basse. — « Que Madame n'aille pas en Vendée ; qu'elle reste à Toulouse : elle y trouvera repos et sûreté. » — « Ne craignez rien, fut-il répondu ; les soldats ne tireront pas sur moi ; je ne suis pas venue en France pour y porter la guerre civile, mais pour la préserver de la honte d'une invasion étrangère. Je veux aller visiter mes fidèles Vendéens ; je le leur ai promis ; à présent que je suis en France, on aura bien de la peine à m'en faire sortir. » — Ainsi toujours deux idées : crainte d'une invasion étrangère ; volonté ferme de tenir une promesse faite. Le Toulousain prit congé de Madame, et, peu après, vint la rejoindre en Vendée.

En quittant Toulouse, continue le général Dermoncourt, à qui j'ai emprunté beaucoup de ces détails, Madame passa par Moissac et Agen, où elle laissa la route de Bordeaux pour suivre celle de Villeneuve-d'Agen, Bergerac, Sainte-Foy, Libourne et Blaye. En 1828, Madame avait couché à Blaye, chez la comtesse d'Isle ; elle y passait en hâte cette fois-ci, elle y devait revenir. Quels contrastes dans cette vie de princesse ! Pour être héroïque, Madame ne faisait pas profession de stoïcisme ; naturelle et vraie, jamais elle ne sut se composer un personnage ; ceux qui l'ont vue et connue le savent. Ces contrastes s'offraient à son âme, et, sans la faire fléchir, l'inclinaient à de tristes pensées ; dans ce long voyage, plus d'un soupir lui échappa, plus d'une larme furtive brilla dans ses yeux.

Madame arriva enfin au château de Plassac, à quelques lieues de Blaye, chez M. le marquis de Dampierre, ami de M. de Lorges. M. de Dampierre n'était point prévenu de cette visite, mais il était de ceux avec qui la royale proscrite pouvait agir sans façon. C'était le 7 mai, à onze heures du soir ; il y avait vingt personnes au château. Comment faire ? — « Monsieur, dit Madame à son hôte, n'avez-vous pas une cousine qui demeure à quelques cinquante lieues d'ici ? » — « Oui, Madame. » — « Eh bien ! » — Ce fut un trait de lumière. Son

Altesse Royale et M. de Lorges furent présentés sous le nom de M. et Mme de la Myre, nom des cousins de cinquante lieues. M. de Villeneuve repartit pour la Provence.

MADAME passa neuf jours au château de Plassac, du 7 au 16 mai. Avec cette activité prodigieuse dont elle était douée, elle ne perdit pas un instant pour ranimer les courages et renouer les fils brisés de son entreprise. Le 13, elle expédia par le même courrier, M. le vicomte d'Alès, deux billets, l'un à M. Guibourg, l'autre à M. de Charette. M. Achille Guibourg était un jeune avocat de Nantes, ancien procureur du roi à Châteaubriant, qui avait donné sa démission en 1830, et qui, vers la fin de 1831, avait été nommé par MADAME, son commissaire civil près des provinces de l'Ouest.

M. Guibourg partit immédiatement pour Plassac. La Princesse était impatiente d'avoir quelques nouvelles du Maréchal de Bourmont, dont elle n'avait pas entendu parler depuis leur séparation à Bonrecueil. Elle apprit qu'il n'avait pas encore paru à Nantes. Que faire? Une plus longue inaction devait tout compromettre; M. de Bourmont pouvait être arrêté; MADAME était en France depuis déjà près de vingt jours; on avait perdu sa trace, mais on pouvait facilement la retrouver. Par ailleurs, la plus grande, la seule chance de succès était dans l'instantanéité des efforts, la surprise et le désarroi où cet imprévu devait jeter tous les petits postes isolés, dont les campagnes étaient couvertes; surseoir était laisser le temps à l'autorité militaire de réfléchir à ses dangers, de concentrer les troupes et d'enlever ainsi toute espérance de réussite. En outre, il avait été convenu entre S. A. R. et le Maréchal que le premier arrivé donnerait sans plus tarder l'ordre du soulèvement. MADAME signa donc cet ordre, le 15 mai; le jour indiqué pour prendre les armes fut le 24; M. Guibourg, chargé de l'annoncer, quitta Plassac le jour même.

Le lendemain, 16 mai, à quatre heures du matin, Madame

la duchesse de Berry, monta en calèche, accompagnée de M. et de M%me% de Dampierre et de MM. de Lorges et de Mesnard, le premier ayant repris son rôle de domestique. A la première poste, elle prit des chevaux, et, continuant sa route, elle traversa en plein jour Saintes, Saint-Jean-d'Angely, Niort, Fontenay, Luçon, Bourbon-Vendée, et Montaigu. A Bourbon seulement on lui demanda son passe-port; elle montra celui de M%me% la vicomtesse Alban de Villeneuve-Bargemont et elle passa. Au relai de Montaigu, MADAME fit demander des chevaux pour aller à Nantes, puis, chemin faisant, elle s'informa du postillon s'il ne connaissait pas, aux environs, un M. de Nacquart. Il lui fut répondu que le château de la Preuille, où demeurait ce propriétaire, était tout près de là. — « Si l'on vous payait une poste de plus et un déjeuner, consentiriez-vous à nous y conduire? » — « Oh! bien volontiers. »

Il était neuf heures et demie, lorsque les claquements répétés du fouet d'un postillon apprirent aux habitants de la Preuille qu'une voiture était arrêtée au bas du perron. M. de Nacquart, chef de division pour Montaigu, avait en ce moment un certain nombre de ses officiers chez lui. Tous ignoraient, non seulement la prochaine venue de la Princesse, mais même sa présence en France; cependant les circonstances étaient telles, qu'on aimait à se réunir pour causer. On venait d'apprendre depuis peu, le débarquement du *Carlo-Alberto,* la fâcheuse issue du mouvement de Marseille; on se demandait ce qu'était devenue la Princesse, à quoi l'on s'allait résoudre? On était à table. Seul, M. de Nacquart savait, depuis la veille au soir, par M. Guibourg qui vers dix heures et demie était descendu à la Preuille en revenant de Plassac, et par M. de Charette qui arrivait de Nantes, que d'un moment à l'autre MADAME était attendue.

A la vue de l'héroïque voyageuse, M. de Nacquart se trouble; il lui présente le bras, et l'introduit, en la faisant passer par la salle à manger, sous les yeux de tous les convives. Malgré son déguisement incomplet et son voile, Madame est reconnue, mais on se tait : chacun respecte en silence cet incognito doublement sacré. Pendant qu'à l'office, M. le duc de Lorges, continuant son rôle, verse d'abondantes rasades au postillon, Madame change de costume avec la femme de son hôte, et celle-ci, le déjeuner terminé, monte en voiture, accompagnée de M. Guibourg, qui représente, quoique imparfaitement, lui jeune homme, le vieux M. de Mesnard, resté à la Preuille. Le postillon qui n'y regarde plus de près, fouette gaillardement ses chevaux, et les pousse sur la route de Nantes, où il croit conduire les généreux voyageurs pris à Montaigu : il y allait avec d'autant plus d'entrain qu'il fallait regagner le temps perdu.

Ce fut en arrivant à la Preuille que Son Altesse Royale s'adressant à M. de Charette, lui dit qu'elle voulait avoir une femme pour l'accompagner en Vendée et qu'elle lui parla de Mlles de Kersabiec. — « Vous les connaissez, lui dit-elle ; dépeignez-les moi. » — M. de Charette alors lui parla de Mlle Stylite ; mais, comme celle-ci était déjà suspecte et tenait d'ailleurs en main tous les fils de la conspiration, il ne pouvait être question de lui faire quitter Nantes ; on passa à la seconde, Eulalie. — « C'est celle-là, dit Madame, après les premiers mots ; je la veux. » — Il fut inutile de poursuivre les portraits. M. Guibourg fut chargé d'annoncer à ma tante l'honneur qui lui était échu.

On a fait de Mlle Eulalie de Kersabiec ce portrait d'ailleurs ressemblant : « Mlle Eulalie est plus petite que grande ; il y a de la grâce dans toute sa personne ; ses manières sont charmantes, sa voix est douce et ses expressions sont choisies ; il y a une harmonie parfaite entre son physique et son moral : un peintre du XVIe siècle aurait dit qu'elle était accorte. Son imagination est vive et brillante ; elle prend souvent pour de la raison ce qui n'est que les élans du cœur ; elle a plus de courage que de force. En un mot, Mlle Eulalie est bien femme dans toute l'acception du terme, et de plus une jolie femme (1). » On doit ajouter, et l'on verra, qu'elle se montra dans l'action pleine d'énergie, de bon conseil, de ressources et de calme et forte exécution.

Personne ne paraissait moins apte que Mlle Eulalie de Kersabiec à mener cette vie aventureuse. Tout d'abord, alors qu'au début de cette tentative d'insurrection, chacun autour d'elle se préoccupait et s'occupait d'organisation et de moyens d'action, presque toujours dans sa chambre, où le soin de sa santé lui avait fait contracter des habitudes de retraite et de silence, elle ne semblait prendre aucune part à ce mouvement, bien loin de supposer que, sur elle, avec cette distinction, allaient tomber tout particulièrement les fatigues et plus tard les responsabilités de la vie commune avec l'héroïque Princesse. — Elle accepta, et d'ailleurs mon grand-père, très naturellement consulté, ne permit aucune hésitation : il avait « dévoué sa famille, » suivant une expression que MADAME ne laissa pas tomber et lui rappela plus tard dans une belle lettre que nous aurons l'occasion de transcrire.

Ni lui ni les siens n'avaient été les enfants gâtés de la Restauration, mais il voyait la France dans le Roi, et quatorze siècles passés d'accroissement et de grandeur pour la patrie justifiaient ses convictions, et puis, homme de conscience et de droiture, il n'admettait pas que l'émeute pût engendrer un pouvoir légitime et le dégager de sa fidélité.

On fit sans plus tarder les préparatifs nécessaires ; entre autres choses, on commanda deux amazones, une pour la Princesse, l'autre pour sa compagne, et, en outre, Mlle Eulalie prit quelques leçons pour apprendre à se tenir sur un cheval, car elle n'avait jamais usé de cet exercice.

(1) *Biographie de S. A. R.* MADAME, *Duchesse de Berry,* par Saint-Edme et Germain Sarrut.

Marie-Louise-Eulalie
SIOC'HAN DE KERSABIEC (Petit-Paul).

XI.

A peine à la Preuille, Madame fit connaître sa présence aux Vendéens qui y étaient, les priant de croire que, si elle résistait au plaisir qu'elle éprouverait à descendre au milieu d'eux, c'était la crainte seule des indiscrétions que pourraient commettre les gens de service qui la retenait; puis cachant ses cheveux sous une perruque brune, et prenant un costume d'homme, semi-bourgeois semi-paysan : veste garnie de boutons de métal, gilet jaune, pantalon bleu de droguet avec gros bouton de cuivre au milieu, et blouse de laine (costume que nous conservons comme souvenir), — elle se baptisa de suite du nom de Petit-Pierre, et elle partit sous la conduite de M. Emmanuel Guignard. MM. de Charette et de Mesnard attendirent à la Preuille jusqu'au soir pour la rejoindre au Mortier, propriété de son guide.

Le Mortier, situé dans la commune de Remouillé, tout près de la route de La Rochelle à Nantes, n'était pas un lieu d'asile suffisamment sûr; Madame dut songer à le quitter, dès cette nuit même. Peut-être, lorsque Son Altesse Royale avait déclaré qu'en Vendée elle se ferait Vendéenne, n'avait-elle pas pensé qu'elle aurait à subir, jusqu'en leurs plus rigoureux détails, les épreuves que ce pays avait jadis demandées et obtenues de ses enfants. En 1828, ce fut à qui la posséderait une heure, une minute en son château; en 1832, c'est de métairie en métairie qu'elle se glisse sous un costume emprunté, par la nuit obscure et les sentiers détournés.

Du Mortier, Madame se dirigea sur une métairie nommée

Bellecour, en la commune de Montbert. Il y avait quatre grandes lieues de pays à faire à pied. La Maine, petite rivière coupée de nombreuses chaussées fort étroites, formées qu'elles sont de pierres posées à peu près isolément à la suite les unes des autres, coule près du Mortier ; il la fallait passer. On y arrive et l'on s'engage sur l'une de ces chaussées que le temps avait en partie détruite. L'eau coulait avec bruit entre les blocs espacés ; la nuit était d'autant plus obscure que l'ombre des grands arbres se projetait des deux bords et ne laissait soupçonner que les filets blanchâtres de l'onde fuyante. Le guide, appelé Le Normand, passe le premier, MADAME vient ensuite ; M. de Charette la soutient. Il posait un pied sur chaque pierre, puis, aidé du Vendéen, il enlevait Son Altesse Royale, qui sautait ainsi d'une pierre sur l'autre. MADAME avait déjà traversé les deux tiers de la rivière, lorsque, au moment où elle allait franchir un des derniers intervalles, le pied du guide glissa ; il tombe, et la Princesse tombe avec lui, la tête la première ; M. de Charette est renversé de l'autre côté. Heureusement il se relève, se met à l'eau et, saisissant Son Altesse Royale par le pied, il la ramène au bord. La Princesse n'avait rien perdu de son courage : « Les Chouans, dit-elle, en ont bien vu d'autres ! aujourd'hui l'eau, demain le feu. »

MADAME voulait continuer ; on l'obligea de revenir chez M. Guignard, afin d'y faire sécher ses vêtements. Elle en repartit au bout d'une heure, car il était urgent de ne pas rester trop longtemps, au cas où sa venue en Vendée eût été découverte, sur un point rapproché du lieu où le postillon l'avait déposée. L'heure était d'ailleurs avancée ; il restait peu de temps pour gagner avant l'aube la métairie de Bellecour. On suivit cette fois la route de Nantes jusqu'à Remouillé. MADAME était à cheval, en croupe derrière Le Normand ; M. de Mesnard la suivait également à cheval ; M. de Charette, servant d'éclaireur, marchait à pied. Il y a trois lieues du

Mortier à Remouillé; des cantonnements se trouvaient aux alentours; on passa sans encombre. A quelque distance de Montbert, M. de Charette renvoya guides et chevaux, et l'on poursuivit à pied. Il était une heure et demie du matin, quand MADAME entra dans Bellecour.

Les habitants de ce lieu étaient un jeune garçon et une vieille femme, Marie Gillard, que la Princesse surnomma *la Chouanne*. C'étaient des gens d'une fidélité et d'une discrétion éprouvées. M. de Charette avait précédemment fait plus d'un séjour en cette métairie; plusieurs officiers vendéens s'y trouvaient en ce moment même, entre autres M. Edouard de Monti de Rezé; l'un de ces messieurs, Joseph Prévost, se trouvant presque mal d'émotion, devint très pâle; la Princesse lui donna en riant le surnom de *Choléra*.

A trois heures du matin, le 18 mai, mon père arriva de la Marionnière à Bellecour, y conduisant M. Libault de la Chevasnerie, ancien brigadier des gardes du corps, qui demandait à remettre à la Princesse une lettre signée de M. le Marquis de Coislin, commandant sur la rive droite de la Loire, et de deux autres chefs. Déjà, précédemment, au mois de décembre 1831, M. de Coislin avait fait connaître à la Princesse que, dans son opinion, le moment de tenter un soulèvement n'était pas venu, sans toutefois refuser d'y prendre part. Dans cette nouvelle missive, après avoir reçu l'ordre de prendre les armes, il persistait à croire cette tentative inopportune. MADAME lui répondit immédiatement, c'est-à-dire, dans la journée même du 18 :

« J'ai lieu de m'affliger des dispositions contenues dans la note que vous m'avez envoyée; vous vous rappelez, Monsieur, le contenu de vos dépêches. Ce sont elles, ainsi qu'un devoir que je considérais comme sacré, qui m'ont décidée à me confier à la loyauté bien connue de ces provinces. Si j'ai donné l'ordre de prendre les armes le 24 de ce mois, c'est sûre de votre participation, c'est d'après les notes positives du Midi et de plusieurs points de la France. Je regarderais ma cause comme perdue, si j'étais obligée de fuir ce pays, et j'y serais naturellement amenée, si une prise d'armes n'avait lieu immédiatement. Enfin, je n'aurais donc d'autre ressource que d'aller gémir loin de la France, pour avoir trop compté sur les promesses de ceux pour qui j'ai tout bravé afin de remplir les miennes. Je l'avoue, privée des lumières de M. le Maréchal, il m'en coûte de prendre une telle résolution sans lui, mais j'ai l'assurance qu'il sera à son poste, s'il n'y est déjà.

» J'aurais désiré suppléer à ses conseils par les vôtres ; mais le temps me manquait et j'ai dû faire un appel à votre dévouement et à votre zèle. L'ordre envoyé dans toute la France, de prendre les armes le 24 de ce mois, demeure donc exécutoire pour l'Ouest. Il me reste maintenant, Monsieur, à appeler votre attention sur l'armée. C'est elle qui assurera votre succès ; c'est donc un devoir que d'employer vis-à-vis d'elle tous les moyens de suggestion possibles. Vous aurez donc soin de répandre, deux jours à l'avance, vos proclamations et mes ordonnances. Vous ne vous porterez à des voies de fait contre elle qu'après avoir employé tous les moyens de conciliation ; telles sont mes volontés positives. »

« *P. S.* — Je vous prie de faire parvenir le plus tôt possible cette lettre à ceux qui ont signé celle que vous m'avez envoyée. Je n'ai pas besoin de vous dire combien je compte sur votre dévouement, dont vous m'avez donné tant de preuves et qui devient encore plus nécessaire dans ce moment décisif. »

Qu'on relise attentivement cette lettre, et l'on verra que si Madame vint en Vendée, c'est qu'elle y fut appelée ; que si Madame tenait à ne pas sortir de France, c'est qu'elle comprenait, supérieure qu'elle était à tous ceux qui alors et depuis voulurent lui donner des conseils et pesèrent sur ses décisions, que l'abandon volontaire et la fuite consentie, c'est la ruine, non seulement des espérances présentes, mais encore le plus souvent de l'avenir. En France, on aime et l'on suit les imprudents ; Madame, en 1830 et en 1832, se cramponnait au sol et ne voulait rien abandonner; les hommes lui manquèrent.

M. de la Chevasnerie, toujours conduit par mon père, repartit avec cette réponse; M. de Coislin la reçut le 19, et aussitôt adressa l'ordre de la prise d'armes à ses divisionnaires, MM. de la Rochemacé et Terrien Cœur-de-Lion.

Ce même jour, 19 mai, M. le Maréchal de Bourmont arrivait à Nantes. Il fut immédiatement circonvenu par tous ceux qui, pour une raison ou pour une autre, reculaient devant un mouvement, immédiat ou non ; il écouta ces dires sans prendre de parti.

Cependant ailleurs il en fut autrement. Arrivée en Vendée, MADAME, on se le rappelle, s'était hâtée de le faire savoir au Comité de Paris. Là, grand émoi; on se réunit en hâte, le 19 au soir; on s'inquiète d'un mouvement dont on ne juge pas les chances assez favorables, et l'on décide qu'à l'instant même un des membres du comité va partir pour donner des conseils, arrêter l'insurrection, et amener la Princesse à quitter la France. Mais qui partira? Berryer se propose (1); il est avocat, déjà il a plaidé tout récemment à Fontenay-le-Comte; on a publié qu'il doit plaider encore à Vannes pour le commandant Guillemot, prévenu de chouannerie; son voyage ne surprendra personne. Berryer part, emportant une note qu'a rédigée M. de Châteaubriand, et qui est le résumé des opinions de l'assemblée.

Il faut le dire, le choix fait de M. Berryer pour messager de paix était, en cette circonstance, particulièrement malheureux. N'était-ce pas cet orateur illustre, député siègeant au palais Bourbon, dès lors réputé sérieux, qui venait d'écrire à MADAME, ces mots qu'elle n'avait pas oubliés : « Hâtez-vous d'accourir, ou sinon nous ferons le mouvement sans vous. » Et, dans ce voyage de Fontenay, entrepris le 28 février de cette même année 1832, au retour de Massa, pour défendre et sauver du bagne ou de

---

(1) *Biographie de Berryer,* par Germain Sarrut et Saint-Edme, p. 78.

l'échafaud neuf pauvres paysans, atteints et convaincus d'avoir donné l'hospitalité à un faux chouan, soldat déserteur, envoyé vers eux par la police pour les compromettre et qui les compromit, n'était-ce pas ce même Berryer qui, acclamé comme un sauveur par toute cette population émue, avait dit à tout ce monde lui demandant ce qu'il fallait faire : « Faites, mes amis, ce qui vous conviendra : avec d'aussi braves soldats que vous, il n'y a pas besoin de fixer l'heure ou le jour ; choisissez-le vous-mêmes, je vous seconderai. » N'était-ce pas lui encore qui, sous le charme de ces émotions et des légitimes triomphes que partout sur son passage on lui avait prodigués, venait de dire à M. de Charette : « Général, avec un tel pays et de tels hommes, on peut transporter les montagnes ! »

M. Berryer, parti de Paris le 20 mai dans la matinée, était à Nantes le 22 au matin. Descendu chez M. Aristide de Grandville, son ami, il apprend que M. de Bourmont est arrivé depuis deux jours ; il le joint chez Mme Billou. Le maréchal était indécis ; Berryer augmente cette indécision. A midi, il sort, n'ayant pas obtenu de contre-ordre absolu, mais cette note qui, envoyée immédiatement à tous les chefs de division, eut le plus déplorable résultat :

« Retardez de quelques jours l'exécution des ordres que vous avez reçus pour le 24 de ce mois, et que rien d'ostensible ne soit fait avant de nouveaux avis ; mais continuez à vous préparer. »

Cependant, M. Berryer n'avait là qu'un presque contre-ordre, et sa mission était d'étouffer le mouvement et d'amener MADAME à sortir de France : il demande où et comment il pourra rejoindre la Princesse ? On lui en fournit les moyens.

Nous avons laissé Madame la Duchesse de Berry à Bellecour, le 18 mai. Il était neuf heures du soir, lorsqu'on vint prévenir M. de Charette qu'un commissionnaire qu'il avait envoyé à Nantes, y chercher quelques effets pour MADAME, avait été arrêté par la brigade de gendarmerie des Sorinières. Ce commissionnaire était le sacristain de Montbert; il se nommait Corniet, homme intelligent et de sang-froid. Parmi les objets que Corniet devait rapporter de Nantes, se trouvaient des conserves alimentaires, chose rare alors, cette industrie n'étant qu'à ses débuts. Pendant qu'à Pont-Rousseau l'on chargeait le cheval du sacristain, un patriote remarque, en passant, ces boîtes de fer blanc si hermétiquement fermées : « Bon, se dit-il, nul doute, ce sont des munitions que l'on porte aux Chouans! » — Il pique des deux, arrive essoufflé aux Sorinières, donne l'éveil aux gendarmes : Corniet est arrêté, fouillé; on débouche les bocaux. Malheureusement les bocaux ne sont pas seuls; près d'eux se trouve du linge à usage de femmes et deux amazones; les amazones destinées, l'une à la Princesse, l'autre à Mlle Eulalie de Kersabiec. Corniet interrogé sur les auteurs de cet envoi, déclare ingénument qu'il ne les connaît pas; qu'on lui a donné de l'argent, ce qui est toujours bon à prendre et pas facile à gagner, pour se charger de ce paquet, que c'est son métier, qu'il n'en a pas demandé plus long; qu'il doit le déposer sur la lande de Geneston, vers onze heures du soir, à un endroit convenu. — « Geneston! drôle, tu vas nous y conduire ou sinon..... » — « Oh! mes bons messieurs, j'irai bien sans qu'on m'y pousse!... » On interne Corniet; le général Dermoncourt donne l'ordre à toutes les brigades de gendarmerie des environs de cerner cette lande; on part, et sur cette lande cernée on ne voit et on ne trouve rien que..... la lande.

Le général eût pu néanmoins faire cette capture, car Corniet étant porteur de la correspondance, et M. de Charette ignorant qu'il avait su la soustraire aux investigations, on était parti de Bellecour, précisément à dix heures du soir, pour aller coucher à la Chaimare, ferme située en Geneston, à une lieue et demie de Montbert. Un Vendéen du pays, que j'ai bien connu depuis, Jean Picheau servait de guide. Il était minuit, lorsque la caravane vint frapper à la porte du fermier Deniaud. Il se lève, fait lever ses enfants, et un combat généreux s'engage entre lui et les arrivants ; il voulait que ces derniers prissent leurs lits ; pour eux, ils eussent achevé la nuit dans la grange. MADAME ne le voulait pas. — « Mon petit monsieur, disait le brave Deniaud, qui prenait la Princesse, costumée comme on l'a dit, pour un jeune proscrit, mon petit monsieur, vous êtes chez moi, il faut m'obéir, il faut accepter mon lit. » — Et il prenait les mains de Son Altesse Royale avec cette douce et noble familiarité du paysan breton et vendéen envers ceux qu'il honore de son estime et dont il se sent honoré et aimé ; mains calleuses mais loyales et ennoblies par le travail honnête. MADAME l'emporta ; le fermier dut la conduire à sa grange où la Princesse se reposa. Le lendemain de bonne heure, on vint traire les vaches : « Ah ! j'ai bien dormi ! » dit en s'éveillant Son Altesse Royale et elle accepta une écuelle de lait frais tiré.

Le jour se passa presque gaiement, continue le baron de Charette, témoin de ces scènes étranges ; MADAME soutenait le courage de ses amis ; elle mangea avec appétit quelques œufs durs, du pain noir et la fameuse soupe aux choux verts, nourriture particulière aux gens du pays ; tels étaient les mets que supportait une table improvisée : une barrique placée debout sur l'un de ses fonds ; faute d'assiettes, il fallut manger à la gamelle. Les enfants vinrent plus d'une fois, entr'ouvrant la porte, visiter les proscrits ; MADAME riait avec les jeunes filles, lesquelles disaient à leur père : — « Mon Dieu ! que ce petit monsieur-là est bon ! »

Pendant qu'on était à la Chaimare, M. de Charette fit dire au fils aîné de M. de la Robrie de l'y venir trouver. Ce fut alors aussi et avant l'arrivée de M. Hyacinthe de la Robrie, que M. Le Romain, qui avait quitté MADAME la veille à Bellecour, reparut avec une lettre annonçant que le Maréchal de Bourmont, arrivé le 17 à Angers, serait à Nantes le lendemain. Sans perdre un instant, la Princesse écrivit au Maréchal de se rendre auprès d'elle. M. Edouard de Monti de Rezé porta cette lettre à sa destination. Il sortait, lorsque M. Hyacinthe de la Robrie entra à la Chaimare. M. de Charette le présenta à Son Altesse Royale qui dès lors le prit pour guide, M. de Charette devant, d'un moment à l'autre, la quitter pour prendre le commandement de son corps d'armée.

La journée du 19 s'achevait ; MADAME quitta la Chaimare, par une pluie battante, pour gagner Louvrardière, en Saint-Philbert de Grand-Lieu, maison des La Robrie, mais où ils n'habitaient pas. Elle y arriva à une heure fort avancée de la nuit du 19 au 20 mai. Ce pays est coupé de marais profonds, formés par la rivière la Boulogne. M. de la Robrie dut plusieurs fois porter Son Altesse Royale dans ses bras, pour lui éviter plus d'un pas dangereux. « Ce fut dans un de ces marais tourbeux, raconte le général Dermoncourt, que le jeune de la Robrie, portant la Duchesse sur ses épaules et s'enfonçant dans un trou où il était près de disparaître, lui dit : « Si j'y enfonce tout à fait, que MADAME se jette ou à droite ou à gauche, le passage dangereux n'est pas large ordinairement (1). »

A Louvrardière, M. de la Robrie, le père, fut présenté à la Princesse qui, se souvenant des injustices dont ce vieux brave avait souffert sous la Restauration, lui dit : « Vos services ont été trop longtemps méconnus ; il appartenait à Marie-Caroline de venir les récompenser... De ce jour, monsieur, vous êtes maréchal de camp au service de mon fils. » Puis elle ajouta, avec une grâce parfaite : — « Je sais que vous avez un fils de l'âge de mon Henri ; je veux qu'il soit mon page (2). »

Touchants retours, mais illusions ; le temps ni les événements ne nous appartiennent... MADAME exprimait ainsi combien elle avait souffert des injustices commises, combien elle

---

(1) *La Vendée et* MADAME, p. 213.
(2) *Journal militaire d'un Chef de l'Ouest,* par le baron de Charette.

avait à cœur de les réparer. — A mon grand-père aussi elle conféra ce grade qu'il avait jadis ambitionné comme une réparation « en honneur » de sa disgrâce imméritée.

De ce grade conféré, le Vte de Kersabiec en avait perdu l'attestation au cours des événements qui vont suivre ; aussi Madame, l'ayant appris, voulut qu'une trace de cette distinction demeurât dans nos archives, et elle envoya, du fond de son exil, ce duplicata, accompagné de la lettre qu'on va lire :

« Monsieur le Vicomte Sioc'han de Kersabiec.

» Ischel, le 10 septembre 1835.

» Je me fais un devoir et un plaisir de vous envoyer le titre ci-joint, pour remplacer celui que vous avez perdu. Puisse bientôt Henri V en substituer lui-même un autre de sa main et accomplir ainsi le vœu de sa mère.

» Si j'ai eu la consolation de rencontrer de vrais amis dont le courage ne s'est point démenti dans les moments les plus difficiles, il ne m'est pas donné de pouvoir manifester publiquement ma reconnaissance envers eux. Henri V aura, j'espère, le bonheur d'acquitter toutes les dettes de ce genre que j'ai contractées en son nom ; c'est le seul avantage que je puisse lui envier dans ses destinées à venir, auxquelles je ne cesse d'avoir confiance. Je vous prie de mille amitiés à vos filles et bien des choses à vos fils (1). Et vous, monsieur, croyez bien à toute mon estime et affection.

» Marie-Caroline. »

« Nous, Régente de France, voulant reconnaître les loyaux services de M. le vicomte Sioc'han de Kersabiec (Jean), ex-colonel sous la Restauration, commandant la cavalerie du

---

(1) La phrase paraît ici fautive, nous la laissons cependant telle qu'elle est dans l'original. Il en sera ainsi dans les autres reproductions que nous aurons à faire des lettres de la Princesse, ce sera une garantie de leur authenticité : il ne faut pas oublier que Madame, née en Italie, avait conservé plus d'une tournure de phrase de sa langue maternelle.

3ᵉ corps (rive gauche) en 1815 et 1832, l'avons nommé maréchal de camp.

» Ce 19 juillet 1832.

» Marie-Caroline, *Régente de France.* »

Place du Sceau (1).

La nuit venue, Madame partit de chez les de la Robrie; elle devait se rapprocher du lieu de rassemblement indiqué comme centre des opérations du 3ᵉ corps d'armée, dont M. de Charette avait le commandement. — On touchait déjà au 21 mai, et la prise d'armes était toujours, dans l'esprit de la Princesse, qui ignorait le contre-ordre donné par le maréchal, fixée au 24. — Son Altesse Royale était à cheval, derrière M. Hyacinthe de la Robrie; M. de Charette la suivait à pied, à quelque distance. Il fallait éviter les cantonnements de Saint-Philbert, de la Limouzinière, de Saint-Colombin, et les deux brigades de gendarmerie du Pont-James, car, ainsi que je l'ai dit et qu'on le voit, tout le pays était couvert de troupes, bien qu'à Nantes les autorités militaires et civiles ignorassent encore le premier mot de la conspiration. Madame évita tous les dangers et atteignit, vers dix heures et demie du soir, le Magazin, propriété de Mᵐᵉ Gouëzel, sœur de M. de la Robrie.

Madame la Duchesse de Berry reposait à peine lorsque MM. de Monti de Rezé et Guibourg arrivèrent, apportant la nouvelle que le maréchal de Bourmont était à Nantes.

Madame passa vingt-quatre heures au Magazin. Cette maison, située en Saint-Étienne-de-Corcoué, n'étant séparée de la route de Bourbon-Vendée à Nantes, par Legé, que par une prairie de peu d'étendue, n'offrait pas un asile assez sûr; on songea aux Mesliers, propriété presque inhabitée, appartenant à M. Alexandre de la Roche-Saint-André.

(1) Armes accolées de France et de Naples, avec couronne ducale fleurdelisée. — Original aux archives de la famille.

XII.

Monsieur Pineau, curé-prieur de Saint-Étienne-de-Corcoué, fut chargé d'instruire M. de la Roche-Saint-André des intentions de Madame; il lui dépêcha un jeune homme en qui il avait confiance, le jeune Simailleau, pour lui dire qu'on l'attendait à la cure. M. de la Roche-Saint-André accourt; on le conduit au Magazin; il est décidé que la Princesse se rendra le soir même aux Mesliers. A neuf heures du soir, M. de la Roche-Saint-André, accompagné de M. Onésippe de Tinguy, son ami, et de Pierre Sorin, son meunier, à qui il avait fait dire d'amener un cheval, se trouvèrent au rendez-vous. Peu après, Madame, montée en croupe derrière Simailleau, y arriva.
— « Où est M. de la Roche ? » dit vivement Son Altesse Royale.
— « Me voilà ! — Prenez ma ceinture, que porte ce petit homme, et remplacez-le devant moi. »

M. de la Roche-Saint-André prit la ceinture, où il y avait une forte somme en or, et l'on partit. Il était minuit lorsqu'on arriva aux Mesliers.

Les faits les plus importants, je dirais volontiers les plus décisifs de cette campagne, se sont, suivant moi, passés aux Mesliers. J'entrerai donc dans quelques détails.

Les Mesliers, le plus modeste de tous les pied-à-terre, habité seulement à l'époque des vendanges, se compose d'une petite chambre à alcôve et de deux greniers dans le haut. Le bas était occupé par deux paysans, domestiques de M. de la Roche : Prudent Ploquin et Charles Hervé, et par une fille de basse-cour, Rosette Mauvilain. L'on monte au premier étage par un escalier non couvert, construit en dehors de l'habitation et donnant sur une cour fermée; de l'autre côté se trouve le jardin non clos de murs.

Les événements que je raconte ont causé des divisions profondes; je ne viens pas les raviver; je me borne à rapporter en leur lieu et à leur date les faits tels qu'ils se présentent.

En arrivant aux Mesliers, MADAME entra tout d'abord dans la cuisine, où se trouvaient MM. de Goulaine et Benjamin de Goyon; elle demanda un peu de lait coupé avec de l'eau. La Princesse ensuite traversa la cour pour se rendre à son appartement. M. de la Roche-Saint-André lui offrit la main pour monter l'escalier étroit, découvert et accolé à la muraille. Arrivée sur le palier, Son Altesse Royale mit le pied sur le seuil, puis se recula vivement en disant : « Il fait bien noir! » Ce mouvement fut brusque; M. de la Roche n'eut que le temps d'étendre le bras afin de prévenir un accident, car il n'y avait pas de rampe. — « Une lumière pourrait compromettre la sûreté de MADAME, dit-il; qu'Elle veuille bien entrer jusqu'au fond du corridor, Elle y trouvera une chambre éclairée. » MADAME n'hésita plus. En entrant dans cette pauvre chambre, la Princesse aperçut une cheminée où le feu flambait. — « Ah! dit-elle en y courant et avec une expression de satisfaction; ah! du feu!!!... » Il n'était pas encore une heure du matin; la nuit était froide et humide; MADAME avait souffert : c'était le 22 mai.

MM. de Goyon, de Tinguy et de Goulaine avaient suivi la Princesse. MADAME s'adressant à ce dernier, qui était chef de division, lui parla des dispositions qu'il avait dû prendre relativement à la levée de boucliers, indiquée pour le 24, deux jours après. Il s'engagea alors une conversation pénible, principalement entre Son Altesse Royale et MM. de Mesnard, de Goulaine et de Goyon. Ces deux derniers ne dissimulèrent pas à MADAME qu'à leur sens, sa venue dans la contrée était malheureusement intempestive ; que le peuple n'était point suffisamment armé ; que la Vendée était couverte de 50,000 hommes de troupes ; que leurs efforts seraient immédiatement paralysés ; qu'ils étaient d'autant plus étonnés d'une prise d'armes aussi prochaine, qu'il avait été dit, dans les ordres du jour qu'ils avaient reçus et dû communiquer aux chefs de paroisse, que Madame, sachant apprécier la position de la Vendée, n'appellerait ce pays à prendre les armes qu'autant que les étrangers mettraient le pied sur le sol français, que la République serait proclamée ou que Son Altesse Royale aurait des succès dans le Midi. Pour eux, réussir était impossible.

Madame ne pouvait se résigner à envisager ainsi les choses, et, il faut l'avouer, elle était, sans le savoir, d'accord en cela avec ceux qui étaient chargés de la poursuivre. « La Duchesse en arrivant en Vendée, dit le général Dermoncourt, ordonna une prise d'armes générale, et le désarmement de nos cantonnements, dont les soldats étaient trop disséminés et logés chez les habitants. Elle espérait, par ce moyen, procurer à ses partisans des armes et des munitions, et se mettre à la tête d'un rassemblement important, qui devait décider des défections, sur lesquelles elle comptait et pouvait compter. Quelques retards dans l'exécution des ordres de la Princesse firent échouer une insurrection menaçante, qui n'aurait pas eu lieu sans quelques chances de succès, si la Princesse avait pu former un premier noyau de huit à dix mille hommes, ce qui n'était pas impossible (1). » — Ailleurs, le général évalue à trois mille baïonnettes seulement et non à cinquante mille l'effectif des troupes sous ses ordres en Vendée.

Madame, debout, tenant une chaise devant elle, frappant souvent la terre de l'un et de l'autre pied, répondit à ces messieurs qu'elle était venue pour accomplir la promesse

---

(1) *La Vendée et* Madame, Dermoncourt, pp. 52-53.

qu'elle avait faite à la Vendée; qu'elle était venue sur l'invitation de nombreux envoyés de diverses provinces; que si l'étranger mettait une autre fois le pied en France, ce beau royaume serait ruiné pour cent ans, et elle ajouta que, si la Vendée la rejetait, elle passerait en Bretagne. — « La Vendée est loin, lui répondit-on, de rejeter MADAME; les officiers qui ne peuvent réunir leurs divisions, sont prêts à se sacrifier pour Son Altesse Royale; mais nous avons tout lieu de croire que MADAME est trompée au sujet de la Bretagne comme de la Vendée; » ces messieurs ajoutèrent qu'ils n'étaient pas seuls de leur avis, et qu'ils savaient que plusieurs chefs vendéens se proposaient de protester contre tout mouvement armé. MADAME leur dit alors qu'il était trop tard pour donner un contre-ordre, que ce serait porter le coup le plus funeste à l'intérêt de la cause; qu'il était de toute impossibilité de faire parvenir à temps, sur toute la surface de l'Ouest, l'avis de surseoir; que cet avis trouverait en armes les divisions qui étaient les plus éloignées; que ce serait les sacrifier. Elle insista sur la nécessité qu'il y avait de faire connaître à temps, à M. de Charette, la déclaration des chefs vendéens contraires au mouvement, afin qu'on pût songer à les remplacer à la tête de leurs divisions s'il y avait lieu.

Il était trois heures du matin lorsqu'on se quitta; le jour commençait à poindre; la Princesse put enfin prendre quelque repos.

Pendant qu'elle dormait, cinq chefs de division signèrent la déclaration suivante :

La Grange, le 22 mai 1832.

« Les Officiers du 3ᵉ Corps se sont crus obligés de déclarer franchement à Son Altesse Royale que les causes qui pouvaient donner chance aux événements de la Vendée n'existaient pas; ils ne peuvent se flatter d'opérer un soulèvement utile. La mauvaise disposition des esprits, depuis la tentative échouée dans le midi, ne nous permet plus d'espérer le succès.

» Quelques personnes, étrangères au pays, manifestent seules une opinion contraire à la nôtre ; elles sont tombées dans l'erreur en assurant à Son Altesse Royale que sa présence dans l'Ouest pourrait y faire naître un soulèvement général et spontané ; elles veulent expier, par un beau dévouement personnel, la faute d'avoir appelé une courageuse Princesse, qui doit voir aujourd'hui combien ses conseillers se sont trompés.

» Quand il n'y a encore de fait qu'une faute réparable, pouvons-nous hésiter, nous, habitants du pays, à conseiller franchement d'ajourner, jusqu'à de nouvelles chances, une tentative qui n'offre aujourd'hui que des malheurs pour la cause et pour une Princesse que nous ne pouvons défendre qu'avec nos faibles moyens personnels. Nous nous faisons un devoir de faire à Son Altesse Royale une déclaration pénible pour nos cœurs. »

J'aime autant ne pas donner ici les noms des signataires, quoique au surplus on les puisse facilement trouver dans les histoires du temps. Je dirai seulement que ces messieurs se faisaient illusion à eux-mêmes lorsqu'ils parlaient de leur dévouement personnel : ils demeurèrent désormais retirés sous leur tente et ne répondirent pas à l'appel du fusil, sauf un à qui je dois rendre justice, M. Louis de Cornulier ; au jour dit, M. de Cornulier se réunit à ceux qui, fidèles au rendez-vous, le vinrent chercher, et ensemble ils firent le coup de feu.

M. de Charette qui, pendant ces conférences, était chez M. de la Robrie, à la Mouchetière, occupé aux derniers préparatifs de sa mise en campagne, puisqu'il ne restait plus que quarante-huit heures avant le 24, reçut cette déclaration le 22, à six heures du matin. Il chargea immédiatement M. Auguste de la Haye de se rendre près des signataires, afin de leur faire comprendre l'inopportunité de leur démarche. M. de la Haye ayant échoué, M. de Charette chercha à rejoindre MADAME.

Aux Mesliers, la Princesse avait conservé tout son empire

sur elle-même. Quand M. de la Roche-Saint-André vint, le 22 dans la soirée, lui rendre ses devoirs, il trouva Son Altesse Royale occupée à laver son linge dans un baquet de soutirage.

Cependant, M. Berryer, que nous avons laissé en route pour rejoindre Madame, arriva aux Mesliers vers onze heures du soir, le 22, conduit par M. Benjamin de Goyon, qui véritablement semble la cheville ouvrière de ces négociations de départ. La Princesse dormait; M. de Goyon l'alla réveiller, Madame se leva pour recevoir Berryer. Au moment où l'entretien commençait, M. de Charette arriva; il en fut le témoin silencieux.

M. Berryer remit à Son Altesse Royale le contre-ordre que le Maréchal de Bourmont avait cru pouvoir signer; il lui présenta aussi la note du Comité royaliste de Paris dont il était porteur. Cette note, qui pressait Madame de sortir de France, n'était pas signée. La Princesse en fit la remarque; puis l'ayant lue, et se rappelant sans doute l'attitude et les paroles si différentes de Berryer à Massa, à Fontenay-le-Comte et à à Nantes, elle lui dit : « Je suis étonnée que ce soit vous, Monsieur, qui vous soyez chargé d'une pareille mission ! » Comme le grand orateur se défendait d'avoir pris part à sa rédaction, Madame, emportée par la vivacité de son caractère, reprit : « Monsieur, quand on se charge d'un pareil message, on peut bien en être l'auteur. Retournez près de ceux qui vous ont envoyé; dites-leur que la Régente de France ne peut faire droit à une demande qui n'a reçu aucune signature. »

M. Berryer garda un respectueux silence, qui donna à Madame le temps de se remettre. Dominant ses impressions, elle dit que, si elle était en France, c'est qu'on l'y avait appelée..... elle ajouta : « Nos amis de Paris ne peuvent connaître l'état de ce pays; ils ne le savent que par des personnes opposées au mouvement; les choses se fussent mieux passées, dans les premières guerres, si Paris n'eût pas toujours voulu donner une direction aux provinces de l'Ouest. L'exemple du duc de Bourbon est toujours devant mes yeux : si en 1815, il n'eût consulté que son grand courage, s'il se fût mis à la tête de la Vendée, au lieu de prêter l'oreille à cette politique menteuse dont on entoure sans cesse les princes, bien des malheurs eussent été évités !..... Eh bien, c'est décidé, je vais quitter la France, mais je n'y reviendrai pas, faites-y attention, car je ne veux pas revenir avec les étrangers. Ils n'attendent qu'un instant, vous le savez, et le moment arrivé, ils viendront me demander mon fils ; non pas qu'ils s'inquiètent beaucoup plus de lui qu'ils ne s'occupaient de Louis XVIII en 1813 ; mais ce sera un moyen pour eux d'avoir un parti à Paris. Eh bien, alors ils ne l'auront pas, mon fils, ils ne l'auront pour rien au monde ; je l'emporterai plutôt dans les montagnes de la Calabre. Voyez-vous, Monsieur Berryer, s'il faut qu'il achète le trône de France par la cession d'une province, d'une ville, d'une forteresse, d'une maison, d'une chaumière comme celle dans laquelle je suis, je vous donne ma parole de régente et de mère qu'il ne sera jamais roi (1). » MADAME parla ensuite des institutions qu'elle comptait donner à la France ; elle dit avec entraînement et dignité : « Je veux que le trône de mon fils, relevé aujourd'hui, ne croule pas demain. Je veux que la France soit libre, forte.... qu'elle ait des alliances non des maîtres... Je veux surtout que son peuple soit heureux (2). »

MADAME se tut. Berryer, reprenant la parole, voulut faire envisager à la Princesse la facilité que le contre-ordre lui offrait pour sortir de France sans compromettre ni ses amis ni sa personne. Elle répondit qu'une fois qu'elle aurait quitté son pays, elle ne le reverrait plus..... Elle dit encore qu'on aurait raison de traiter d'équipée sa course périlleuse, si elle ne donnait pas suite à ses desseins, que ses ennemis servaient

---

(1) Dermoncourt : *La Vendée et* MADAME.
(2) M. de Charette : *Journal d'un chef de l'Ouest*.

merveilleusement par leur incurie. Elle ajouta qu'elle était décidée, bien que le contre-ordre pût paralyser les moyens d'action, à en appeler à Dieu de la justice de sa cause ; qu'elle allait donner l'ordre au Maréchal de se rendre près d'elle ; puis, comme si ces paroles animées eussent épuisé ses forces, elle cessa de parler et, par son attitude, commanda le silence.

Cependant le jour approchait. Berryer revint à la charge ; Madame céda ; M. de Charette reçut l'ordre de faire préparer des chevaux pour le lendemain matin ; la Princesse consentait à venir à Nantes, d'où, gagnant les côtes, elle se fût embarquée pour l'Angleterre.

MM. de Charette et Berryer quittèrent Son Altesse Royale et se rendirent au château de la Grange, pour y prendre quelque repos. Chemin faisant, Berryer, s'adressant à M. de Charette, s'écria : « Il y a dans la tête et le cœur de cette Princesse de quoi faire vingt rois ! » Et Berryer venait de déployer tout son savoir-faire, toute son éloquence, pour réduire Madame à douter de cette puissance que lui, Berryer, reconnaissait en elle ! Il n'y réussit pas ; Berryer put épuiser les forces de Madame, mais non la convaincre : la Princesse avait le sens royal qui manquait à l'orateur.

Le 23 mai, de très bonne heure, M. le marquis de Goulaine écrivit à M. de la Roche-Saint-André, pour le prier de venir chez lui. M. de la Roche trouva à la Grange M. de Charette, consterné de la décision prise dans la nuit, lequel lui dit de se rendre immédiatement aux Mesliers, avec le meunier Sorin, et deux chevaux, dont l'un porterait Madame ; qu'on partirait vers dix heures du matin pour le Magazin, d'où la Princesse gagnerait Nantes, montée dans le cabriolet qui avait amené M. Berryer. M. de Charette en outre expédia le contre-ordre arraché, relatif à la prise d'armes ; puis il quitta la Grange en même temps que M. Berryer.

Obligés de se séparer momentanément, ils se retrouvèrent

au Magazin, où MADAME devait se rendre pour de là se diriger vers Nantes. On l'y attendit en vain. Vers six heures du soir, le meunier Sorin arriva seul et remit à M. de Charette ce billet :

Mesliers, 23 mai.

« Mon cher Charette, je reste parmi vous. J'écris à Berryer ma détermination ; l'autre lettre est pour le Maréchal. Je lui donne l'ordre de se rendre immédiatement auprès de moi.

» Je reste, attendu que ma présence a compromis un grand nombre de mes fidèles serviteurs ; il y aurait lâcheté à moi à les abandonner ; d'ailleurs, j'espère que malgré le malheureux contre-ordre, Dieu nous donnera la victoire.

» Adieu, mon cher ami, ne donnez pas votre démission, puisque Petit-Pierre ne donne pas la sienne.

» MARIE CAROLINE. »

M. Berryer partit aussitôt pour Nantes « l'âme navrée de douleur, dit son biographe (1), car il prévoyait l'issue de cette insurrection ; » prévoyance facile assurément, chacun s'étant employé non à la favoriser, mais à éteindre l'élan nécessaire.

Telle n'était point MADAME ; vraie fille d'une longue suite de rois, elle a les traditions de la suprême magistrature et le dépôt de l'honneur de sa race qu'elle veut transmettre sans trace ou apparence de lâcheté, le mot y est ; ces complications la laissaient non pas indifférente, mais calme.

MADAME, au surplus, avait-elle cédé d'une façon absolue aux obsessions de Berryer ? On en peut douter, si l'on se rappelle les paroles mêmes de l'illustre avocat en quittant la Princesse : « Si MADAME se décide à partir, je lui offre toujours mes services ; je serai à Nantes jusqu'au 2 et à La Rochelle jusqu'au 8. » De son côté, la Princesse avait dit à M. de Mesnard, après le départ de Berryer : « Je vais ruminer tout cela, dormir si je puis, et demain matin je serai décidée. »

---

(1) *Biographie de Berryer,* par Saint-Edme et Germain Sarrut.

M. de la Roche-Saint-André passa toute la journée du 24 près de Son Altesse Royale. Au déjeûner, la Princesse le fit asseoir à sa droite. Après le repas, la conversation s'engagea aussi tranquille et aisée que si l'on eût été en d'autres circonstances. MADAME se mit à raccommoder ses bas et son linge, et laissant aller son âme sur les heures déjà si variées de sa vie, elle se prit à les raconter : « J'avais, dit-elle, dans mon enfance, une gouvernante qui m'apprenait à ravauder ; lorsque je faisais mal, elle me donnait sur les doigts, en me disant qu'il me fallait apprendre, car je ne savais pas dans quelle position je pourrais me trouver un jour. » MADAME parla ensuite des divers journaux, de leurs tendances, puis de la belle réception qu'on lui avait faite à Naples, de la tendre affection qui lui avait été témoignée par les membres de sa famille, de ses sœurs qui, en *boursillant*, lui avaient donné cent cinquante mille francs pour aider à son entreprise ; elle s'étendit sur les mœurs italiennes, raconta son départ sur le *Carlo-Alberto*, le jour de la Saint-Polycarpe, jour réputé malheureux en Italie ; elle donna ensuite tous les détails sur son voyage dans le Midi et son séjour à Plassac.

On apporta un paquet de dépêches, dans lesquelles se trouvait une lettre signée Zénobie. MADAME la prit d'abord pour être de Mme la comtesse Auguste de La Rochejacquelein ; elle était de M. de Bagneux. Cette lettre reproduisait les arguments déjà présentés à la Princesse pour l'amener à abandonner son entreprise. M. de la Roche se taisait mais partageait l'opinion de M. de Goulaine ; interrogé, il le dit avec franchise et MADAME ne lui en sut aucun mauvais gré ; elle le voyait loyal et vraiment dévoué.

Au dîner, MADAME fit encore placer M. de la Roche près d'elle ; elle fut gaie et mangea de bon appétit la pauvre cuisine préparée par Rosette Mauvilain, la vachère ; et, à ce propos, se rappelant le passé et son cher Rosny, elle raconta qu'elle y avait un cuisinier à qui elle avait causé plus d'un mortel souci, lorsque, lasse de voir tant de mets déguisés sortir de ses mains savantes, elle menaçait de prendre une cuisinière bourgeoise.

Après le dîner, M. de la Roche étant allé s'asseoir dans une chambre voisine, sur une pile de draps pliés faute d'autre siège, Madame se mit à se promener, les mains derrière le dos, depuis son appartement jusqu'au fond d'un grenier qui était au bout du corridor. Parfois, elle entrait dans la chambre où était M. de la Roche, qui alors se levait : Madame le lui défendit; puis, lasse de cette promenade, elle vint se placer près de son hôte, sur un sac de farine déposé là : « Je ne crois pas, dit-elle, en conclusion des pensées qui avaient occupé son esprit, que les Français soient encore difficiles à gouverner : il suffit d'être juste; mais ajouta-t-elle, nul gouvernement ne peut résister à la liberté de la presse. » La fin des règnes de Louis-Philippe et de Napoléon III ne lui ont pas donné tort.

M. de Charette arriva aux Mesliers, vers dix heures du soir; M. de la Roche retourna peu après au château de la Garde, où il trouva M. le maréchal de Bourmont, que M. Henri de Puysieux y avait conduit. M. de Bourmont se rendait aux ordres de Madame; ce fut M. Onésippe de Tinguy qui leur servit de guide jusqu'aux Mesliers.

Tandis que, le 25 mai, on délibérait sur le parti à prendre, Madame reçut un paquet de lettres. Il y en avait une de Mme la comtesse Auguste de La Rochejacquelein, que la Princesse se mit à lire tout haut. C'était une énergique adjuration de ne pas sortir de France. — « Partez, disait-elle à Son Altesse Royale; faites comme le comte d'Artois à l'île d'Yeu, le duc de Bourbon à Beaupréau, Charles X et le Dauphin à Rambouillet; partez, Madame; abandonnez à leur malheureux sort plus de trois cents jeunes gens, sortis de Nantes pour la prise d'armes que vous avez commandée et dont l'existence est actuellement tout à fait compromise; mais rappelez-vous que la cause d'Henri V est à jamais perdue. »

Madame pouvait-elle partir? Pouvait-elle assumer pour elle une nouvelle faiblesse que n'auraient pas manqué de lui reprocher ceux-là mêmes qui la lui conseillaient; compromettre aux yeux de qui que ce fût la cause de son fils? Elle ne le crut pas; elle voulut, si tout devait être perdu, que l'honneur restât sauf; d'ailleurs, elle ne forçait personne à la suivre. Cette lettre avait été apportée à la Grange par M. Bernier de Maligny.

Il fut résolu, dans ce conseil, qu'on ne se disperserait pas sans combattre : la nuit du 3 au 4 juin fut fixée pour la prise d'armes, par cette raison que, le 3 étant un dimanche, les paysans, assemblés pour les offices, pourraient se concerter plus facilement, sans attirer l'attention toujours endormie des chefs de cantonnement. On convint, en outre, que le Maréchal retournerait sur la rive droite de la Loire et dirigerait en personne les opérations de ce côté. Plusieurs raisons motivèrent cette décision; une des moindres ne fut pas celle de la présence de Madame en Vendée, présence qui, pensait-on, devait suffire à armer tous les bras.

Voici le nouvel ordre qui fut rédigé :

« 4 juin.

» Ayant pris la résolution de ne pas quitter les provinces de l'Ouest, de me confier à leur loyauté si longtemps éprouvée, je compte sur vous, monsieur, pour prendre toutes les mesures nécessaires à la prise d'armes qui aura lieu dans la nuit du 3 au 4 juin.

» J'appelle à moi tous les gens de cœur... Dieu nous aidera à sauver notre patrie; aucun danger, aucune fatigue ne me décourageront. On me verra paraître aux premiers rassemblements.

» Marie-Caroline, *Régente de France.*

» Pour copie conforme :
» Le maréchal comte de Bourmont. »

Cet ordre expédié dans la journée même du 25, ne devait être publié que le 4 juin.

Le soir, vers dix heures, le maréchal prit congé de la Princesse. Un peu en avant du château de la Garde, il y avait un cellier isolé servant de point de réunion; tout près étaient de gros châtaigniers qui, à cette heure, rendaient l'ombre plus épaisse encore autour d'eux. Les mêmes chefs récalcitrants y attendaient là M. de Bourmont. Lorsqu'il fut au milieu d'eux, ils s'empressèrent de lui faire connaître ce qu'était à leurs yeux la véritable situation du pays. M. Henri de Puysieux combattait leur opinion et leurs dires; le maréchal écoutait. — « Si nous avions, monsieur le maréchal, dit l'un de ces messieurs, un ou deux régiments avec nous, nous aurions au moins quelques chances de succès. — Deux régiments! reprit le Maréchal, si j'avais deux bataillons, je ne vous consulterais pas! » et s'adressant à M. Bernier de Maligny, qui rapporte cette scène dont il fut le témoin : « Et vous, vous soulèverez-vous? — Je vous donne ma parole d'honneur que, si j'emporte l'ordre du soulèvement, après demain nous battrons le tocsin, et, ma foi! après nous le déluge! — Messieurs, ajouta Puysieux, nous n'avons plus que deux chemins : l'un conduit probablement à la mort, l'autre mène sûrement au déshonneur; le choix ne peut être douteux. » Une voix sourde et voilée répondit : « Chacun son goût! » (1).

Depuis, M. de Puysieux se fit tuer glorieusement en Portugal pour la cause de la légitimité et du trône du roi Dom Miguel. J'ai vu l'autre recevoir l'étoile de la Légion d'honneur sans qu'on ait jamais su pourquoi; c'est le cas de répéter : Chacun son goût !

(1) *Histoire de la Vendée militaire*, Crétineau-Joly.

XIII.

On était au 25 mai. Si rien n'avait été changé au plan primitivement adopté, si, au lieu de discuter les ordres de la Régente de France, on eût obéi, ce qui était le devoir, puisqu'on était sous les armes, Madame, depuis vingt-quatre heures déjà, se fût trouvée, sinon maîtresse de l'Ouest, au moins à la tête d'une position redoutable, le général Dermoncourt nous l'a dit. Un fait, du moins, est certain : c'est que Madame était depuis plus de huit jours en Vendée ; que l'on conspirait ouvertement ; que l'on donnait des ordres et des contre-ordres ; que les émissaires parcouraient en tous sens la contrée, et que le gouvernement ne savait rien.

Cependant, tout a une fin ici-bas ; ce que Madame avait prévu et redouté se réalisa : le malencontreux contre-ordre ne put être connu partout, et, le 24 mai, quelques bandes se levèrent, qui, dans leur isolement, furent écrasées. Ce fut, suivant l'expression du général Dermoncourt, « la lumière de l'amorce qu'on voit avant d'entendre le bruit du coup. » Si rien n'avait été dérangé aux projets de Madame, c'eût été le coup lui-même.

« Mon général, écrivit le 24, du quartier général de Bressuire, le baron Mocquery, maréchal de camp, une bande carliste, commandée par Diot et Robert, a été rencontrée sur le point d'Amailloux ; elle a été dispersée. On vient de m'amener un M. Desmenard et M. de Chièvres, chef d'escadron d'état-major, ancien aide-de-camp du général de Lauriston, l'un et l'autre faisant partie de la bande ; je les ai remis à la disposition du procureur du roi, qui les a fait écrouer à la prison. M. de Chièvres annonce pour aujourd'hui, 24, un mouvement légitimiste sur tous les points de la Vendée et du Midi. »

Le lendemain, 25, nouvelle estafette et nouveau rapport, celui-là d'un officier au 32e de ligne, cantonné à Guenrouët : il y est rendu compte d'une entrevue qui eut lieu, toujours le 24, à onze heures du soir, dans un bois, entre cet officier et M. Adolphe de Coislin. « Je commençai, dit le narrateur, par avertir M. de Coislin, que, si les choses qu'il avait à me confier étaient de nature à me forcer d'en garder le secret et à compromettre en la moindre des choses la sûreté du pays, je le priais de les garder pour lui. — « Monsieur, m'a-t-il répondu, ce que j'ai à vous dire est connu de tout le monde ou ne tardera pas à l'être : La Duchesse de Berry est dans ce pays-ci, je vous en donne ma parole d'honneur; je ne l'ai pas vue, mais mon père l'a vue et lui a parlé ; elle est maintenant en Vendée. »

Donc, le 24 mai, on se souleva et l'on fut dispersé : au Port-la-Claye, où M. Léopold de Marcé fut tué; au Champ-Saint-Père, où MM. de Grandseigne, de Brémont, de Savette, de Verteuil et de Bricville furent arrêtés; à Châtillon, à Montreuil-sous-Pérouse et sur la lande de Panloup, en Balazé; aux environs de Rennes, de Vitré et de Laval. On court aux armes avec ardeur, mais le contre-ordre arrive aux uns le 23 au soir, quand il n'est plus temps de reculer; aux autres le 24, quand on en est aux mains. On se bat, sûr de n'être pas soutenu, d'être abandonné. — MADAME n'est pas responsable de ces désastres. — D'autres rapports arrivent encore de Châteaubriant, d'Ancenis, de Saint-Mars-la-Jaille, de Savenay.

L'éveil ainsi donné, le général Dermoncourt, très actif, d'autant plus actif dans la circonstance que son supérieur, le général Solignac, qu'il détestait, paraissait inconcevablement tranquille, prit ses mesures et sollicita l'autorisation de faire une descente au château de Carheil, demeure des Coislin. Il ne put l'obtenir, M. de Saint-Aignan, préfet de la Loire-Inférieure, ayant fait observer que M. le marquis de Coislin était pair de France, qu'il avait prêté le serment constitutionnel et qu'il y aurait dès lors inconvenance à violer son domicile. Le général se consola en allant faire une incursion du côté de Clisson. A son retour, il trouva une instruction du maréchal Soult, Ministre de la Guerre, qui rendait toutes les visites domiciliaires faciles, pourvu que l'autorité militaire se fît accompagner d'un officier de gendarmerie.

Dès le lendemain, le général Dermoncourt profita de cette licence. Des rapports lui avaient indiqué la Charlière, en Sucé, propriété de MM. de L'Aubépin, comme un centre de réunion royaliste ; il la fit investir le 29 mai au matin : c'était un lundi, jour des Rogations ; les habitants de la Chapelle-sur-Erdre se rendaient à la messe, les troupes traversèrent leurs masses, et chefs et soldats n'étaient pas rassurés ; c'est toujours le général qui le raconte.

Il demande un guide, personne ne se présente; force fut à l'adjoint de marcher en tête des soldats; « le pauvre diable remplit cet office bien à contre cœur; il craignait en revenant au village d'être assommé par ses administrés. »

La visite domiciliaire commença ; pendant une heure les recherches furent infructueuses, mais enfin, au bout de ce temps, dit le général, « on m'amena un homme en petite veste et en pantoufles, qu'on avait trouvé dans un placard adapté à une cheminée » : c'était le maître de la maison, M. le sous-intendant de L'Aubépin. Tandis que le général et sa capture sont en pourparlers, un soldat avait forcé la porte du cellier ; il en sort une bouteille à la main. Qu'est-ce ? du vin ? non ! des papiers ! mais déjà ce n'est plus une bouteille, c'est une autre et une autre encore, trois bouteilles pleines de ce contenu insolite ; on les casse et il en sort « les lettres, les notes, les billets en chiffres qui donnaient avec exactitude, le plan de campagne tout entier des légitimistes de l'Ouest, de Paris et du Midi, la correspondance de la Duchesse de Berry avec les principaux chefs de l'insurrection. »

Ici se place un incident comique : M. de L'Aubépin était marié et venait d'être père ; Mme de L'Aubépin apprend ce qui se passe, elle prie le général de la venir voir ; elle était au lit, en proie à une fièvre de lait ; elle craint qu'on ne fusille son mari sur l'heure ; la voilà en larmes... le général la rassure et donne l'ordre du départ.

C'est bien, mais le général a compté sur la confiance qu'il inspire à ses troupes, or cette confiance ne va pas jusqu'à commander l'obéissance sans mot dire : un sous-lieutenant s'avance : — « Mon général, le bruit se répand qu'il y a une femme au château et que cette femme est la Duchesse de Berry. » — « Non, Monsieur, je l'ai vue, c'est Madame de L'Aubépin. » — « Mon général, vous désirez mettre votre responsabilité à couvert? Si Mme de L'Aubépin venait à disparaître, songez à tout ce que l'on pourrait dire. »

Le général réfléchit : on n'est pas fier en temps de révolution. Comme il ne pouvait emmener Mme de L'Aubépin à Nantes, il la fit garder par trois détachements, puis il partit avec son prisonnier et ses papiers, ne se faisant accompagner que par vingt-cinq grenadiers et ses gendarmes, mais en ayant soin de ne pas retourner par La Chapelle-sur-Erdre. « Peu curieux, c'est lui qui parle, de retrouver les huit cents hommes qu'il avait vus sur la place, et de repasser par le petit bois qui se trouvait près du bourg. » Quels aveux, et que nos paysans faisaient donc grand peur, alors que par ailleurs on semblait douter d'eux !

Cependant le général Dermoncourt crut devoir raconter au général Solignac l'incertitude où l'on paraissait être de savoir si Mme de L'Aubépin ne serait pas Madame tout court.

Des ordres sont donnés pour que le bateau à vapeur qui fait sur l'Erdre le service de Nantes à Nort et qui venait d'arriver, soit chauffé sans retard; on convoque le lieutenant-général, le maréchal de camp, commandant le département, le préfet, les conseillers de préfecture, le président du tribunal civil, le procureur du roi et son parquet, le maire de Nantes et ses adjoints, le colonel de gendarmerie, le chef-d'escadron, le colonel commandant la garde nationale, ses chefs de bataillon, ses adjudants-majors, le colonel Simon Lorière, commandant la place, le maire de Sucé, cinquante grenadiers et voltigeurs; tout ce monde accourt, s'entasse sur le bateau et à dix heures un quart du soir, commence l'expédition la plus extravagante assurément qu'offrent les annales françaises. A onze heures, on aborde, non sans crainte de s'embourber à Nais, on gagne à travers les broussailles, les ornières et les ombres, la Charlière. Soudain le qui vive! retentit; c'est la garnison qui prend les armes : on se rassure, le général Dermoncourt se fait reconnaître, Mme de L'Aubépin se lève : — « Ne seriez-vous pas Madame la Duchesse de Berry? » — « M. le maire de Sucé peut répondre. » — M. le maire ceint son écharpe, approche, salue et reconnaît son administrée; la troupe ahurie, défile devant, se rembarque sous une pluie torrentielle et n'est de retour à Nantes qu'à deux heures du matin!

Le général obtint enfin l'autorisation souhaitée de faire une visite domiciliaire à Carheil : ce fut le 30 mai; on n'y trouva personne, mais des provisions de viande, plus de mille rations de pain, beaucoup de linge à pansement, des bandes, de la charpie, enfin des imprimés fixant toujours la nuit du 3 au 4 juin comme le moment d'une attaque générale.

Ainsi parfaitement au courant de ce qui se prépare, le général écrivit, le 31 mai, au chef de bataillon commandant l'arrondissement de Machecoul, de concentrer immédiatement ses troupes sur trois points principaux : Machecoul, Legé et

Saint-Philbert de Grandlieu. Son instinct militaire lui faisait pressentir que MADAME devait se trouver sur quelque point de ces cantons. C'est bien là, en effet, qu'il faut l'aller retrouver.

MADAME n'avait pas quitté les Mesliers où nous l'avons laissée. Quant au maréchal de Bourmont, après la conversation nocturne sous les châtaigniers, il partit pour la Marionnière, accompagné de M. Henri de Puysieux. M. de Maligny ne tarda pas à rejoindre Mme de la Rochejacquelein.

Le 26 mai, M. de la Roche, ayant reçu de nombreuses dépêches pour MADAME, chargea l'un de ses domestiques de les aller porter aux Mesliers. Cet homme part. Arrivé au détour d'un bois, il se trouve en présence d'un détachement d'environ cinquante hommes commandés par deux officiers; ils allaient à grands pas. Que faire? Les éviter est impossible; on va le fouiller, les réfugiés des Mesliers sont perdus!... Notre Vendéen prend son parti : jouant l'homme ivre, il va donner tête baissée dans la poitrine de l'officier marchant en tête : « Butor! s'écrie celui-ci en le repoussant, il a trop bu! » — « Eh bien! reprend l'ivrogne supposé, vous n'avez toujours pas eu la peine de payer mon vin! » Mais, bah! la troupe a autre chose à faire, elle court après un réfractaire qu'on lui a signalé et qu'elle croit saisir; laissant là notre homme, elle lâche la proie pour l'ombre; le Vendéen accourt à la Garde et raconte tout essoufflé, son aventure.

Ce fut sur ces entrefaites, le 26 mai, vers cinq heures du soir, que ma tante, Mlle Eulalie de Kersabiec, arriva à la Garde, conduite par M. Hyacinthe de la Robrie; elle avait, on l'a dit, l'aspect frêle et délicat, aussi, quelque désir qu'elle eût de rejoindre la Princesse et de prendre près d'elle la mission de dévouement qui lui était assignée, les choses semblaient si embrouillées et de plus en plus compromises, que M. de la Robrie avait mis peu d'empressement à la mener au but, mais elle avait insisté. M. de la Robrie remit en même temps à

M. de la Roche-Saint-André plusieurs objets destinés à Son Altesse Royale; puis il repartit presque aussitôt. Mlle de Kersabiec devant accompagner toujours Madame, se travestit comme elle; elle prit donc, avant de se rendre aux Mesliers, le pantalon de coutil sur laine, la blouse de laine bleue et la casquette de crin, le tout semblable au costume qu'avait adopté la Princesse. Ma tante d'ailleurs avait la même taille que Son Altesse Royale, de sorte que déguisée ainsi, elle pouvait tromper un œil d'agent de police, même assez exercé. Avec Mlle de Kersabiec, M. de la Roche conduisit aux Mesliers M. Hébert de Soland, arrivé la veille à la Garde et que la Princesse attendait avec impatience.

On partit sur les neuf à dix heures du soir. Heureux d'avoir évité les dangers que la rencontre du matin avait fait craindre, M. de la Roche l'était encore de présenter à Madame cette compagne ardemment désirée « jeune et jolie personne » dit-il, qui vêtue comme elle, venait s'associer aux chances de sa vie aventureuse.

On frappe à la porte des Mesliers : pas de réponse! on regarde par le trou de la serrure : pas de lumière! partout l'obscurité, le silence!... Le cœur oppressé, M. de la Roche frappe plus fort et obtient enfin un vigoureux : « Qui est là? » — Le mot d'ordre échangé, (ce mot d'ordre choisi par M. de la Roche était : « Le grand Poulot, » ce qui avait fait dire gaiement à Madame : « Il ne s'attend guère à être ici (1); ») — le mot d'ordre échangé, Rosette Mauvilain paraît : — « Ils sont tous partis, dit-elle; ils craignaient une visite domiciliaire; je ne sais où ils sont. » M. de la Roche monte précipitamment à la chambre de Ploquin; celui-ci se réveille à grand peine; ses réponses sont identiques à celles de Rosette. M. de la Roche descend tristement vers ceux qu'il a guidés là, le cœur si

---

(1) Sobriquet alors donné au Duc d'Orléans.

content; il les mène à la chambre que Son Altesse Royale venait de quitter. On rallume le feu, couvert de papiers en partie brûlés; les réflexions marchent leur train : que de choses, de sensations éprouvées en cette journée : les craintes, les angoisses, les joies, les déceptions!

Cependant, Ploquin a repris ses sens : — « Monsieur, dit-il, M. de Goyon est venu, dans la soirée, annoncer à ces messieurs que les fréquentes allées et venues qui ont eu lieu aux Mesliers, tous ces jours-ci, ont sans doute fait naître des soupçons; que l'on a remarqué beaucoup d'activité dans les troupes cantonnées aux environs, et il a pensé qu'il serait dans l'intérêt de ces messieurs de s'éloigner un peu de l'endroit où ils étaient; alors, d'après les ordres de M. de Charette, je suis allé chercher François Moinard, le maçon de monsieur; il est venu, et sur les neuf heures, tous sont partis. Ils ont voulu nous donner bien plus assurément que nous ne le méritions, pour ce qu'ils appellent nos bons soins. Je les ai conduits pendant près d'un quart de lieue. Pauvre monsieur Petit-Pierre! comme il semblait fatigué de marcher dans les terres labourées! Il n'y a pas jusqu'à lui qui ne m'ait serré la main de bonne amitié avant de partir. Ah! monsieur, ce sont toujours bien de royales personnes! » — Ces dernières paroles firent sourire M. de la Roche et ses compagnons : le brave Ploquin était loin de savoir qui était « ce pauvre monsieur Petit-Pierre » bien royale personne assurément.

Cependant, M. de la Roche ayant témoigné son étonnement de ce que M. de Charette n'eût rien laissé pour lui avant son départ : — « Mais si! mais si vraiment! dit Ploquin, j'oubliais que j'ai un papier pour vous. » Et il lui présenta une lettre; mais elle était écrite à l'encre sympathique, et, quelque soin que l'on mît à chercher de la couperose parmi tous les effets de Madame qu'on avait assez imprudemment laissés sur la table de sa chambre, on n'en put trouver. Force fut d'envoyer

Charles Hervé, l'autre domestique, en demander au château de la Garde. — Pendant qu'il y allait, Mlle de Kersabiec se coucha dans le lit de Madame; MM. de Soland et de la Roche s'étendirent sur des matelas dans la chambre à côté.

Charles Hervé fut de retour aux Mesliers vers trois heures du matin. La couperose ayant fait son effet, on put lire enfin la lettre. C'était un billet par lequel Madame, obligée de partir précipitamment, ne le voulait pas faire cependant sans remercier son hôte de l'asile qu'il lui avait offert (1). A cette lettre, M. de Charette avait joint un mot, indiquant à M. de la Roche ce qu'il aurait à faire pour que *Petit-Paul* — c'est ainsi que Son Altesse Royale baptisait Mlle de Kersabiec — pût rejoindre Petit-Pierre; il devait s'adresser à François Moinard, qui seul connaissait la nouvelle retraite de la Princesse.

Immédiatement, M. de la Roche réveilla Mlle de Kersabiec et lui fit lire cette lettre qui la concernait; puis il partit pour la Garde, d'où il alla à Rocheservière entendre la première messe, car c'était le dimanche. Il espérait d'ailleurs, y trouver François Moinard, et il l'y trouva en effet. Moinard apprit à M. de la Roche qu'il avait conduit au village des Poirières, chez son frère, les trois personnes qui étaient aux Mesliers. Qui n'admirerait cette discrétion de tous ces braves gens! Ni Moinard, ni Ploquin, ni Hervé, ni Rosette, ni Simailleau, ni Pichaud, ni la Chouanne, ni les autres, ne savaient qui était ce *monsieur Petit-Pierre* et pourtant ils se dévouaient à le cacher, à le conduire, par la pluie, par les nuits obscures, par

---

(1) Voici cette lettre telle que l'ont publiée les auteurs de la *Biographie de* Madame *la Duchesse de Berry* :

« Quoique je parte à la hâte, M. de la Roche, je ne veux pas vous laisser ignorer combien je suis reconnaissante de l'asile que vous m'avez offert. Je ne doute pas que le moment approche où je pourrai, mieux qu'aujourd'hui, témoigner mes remerciements à mes amis. — Bien bons souvenirs à Mme de la Roche, je regrette de n'avoir pu la voir.

» Marie-Caroline.

» Mesliers, 26 mai 1832. »

les chemins détournés, toutes circonstances propres à exciter leur curiosité! Jamais ils ne firent une question, jamais ils n'hésitèrent à jouer, sans pénétrer ces mystères, leur repos, leur liberté, leur vie. Ils se disaient : — « C'est un proscrit, c'est un ami de nos maîtres; cela suffit. » Honneur à cette fidélité qu'on risque de ne plus revoir! Honneur à ces maîtres qui inspiraient cette confiance! Vieilles mœurs chrétiennes, honneur à vous!

M. de la Roche-Saint-André envoya tout de suite Moinard aux Poirières, dire aux personnes qui y étaient cachées qu'il les engageait fortement à revenir aux Mesliers, où elles seraient beaucoup mieux; puis il revint tenir compagnie à ses hôtes.

Comme à la Chaimare, chez Deniaud, MADAME avait accepté gaiement l'hospitalité des Moinard. Ces braves gens avaient voulu lui donner leur lit, mais Son Altesse Royale refusa de causer ce dérangement; elle demanda un peu de paille dans le grenier. Le lendemain, elle y reçut la visite des Moinard ; c'était un jeune couple, uni depuis quinze à dix-huit mois ; ils avaient un bel enfant. MADAME aimait extrêmement les enfants ; elle s'extasiait sur la beauté de celui qu'elle avait sous les yeux, elle jouait avec lui et faisait à la mère compliments sur compliments.

Le soir on reprit le chemin des Mesliers. Le voyage se fit sans encombre. Seuls, les aboiements répétés des chiens des métairies causèrent quelque crainte à la petite caravane ; on redoutait qu'ils n'éveillassent l'attention de quelque patrouille.

Il était onze heures du soir quand MADAME rentra aux Mesliers. — « Où est-elle? Où est-elle? répétait la Princesse avec sa vivacité accoutumée, en montant l'escalier : Où est Petit-Paul? » Petit-Paul ne paraissait pas. Pris d'un accès soudain de timidité, Petit-Paul se cachait d'autant plus dans l'ombre, que Petit-Pierre le réclamait avec plus de véhémence.

Enfin, M. de Charette élevant la voix, M{ᴸˡᵉ} de Kersabiec dut se résigner à paraître : M{ᴀᴅᴀᴍᴇ} lui sauta au cou.

M. de la Roche-Saint-André présenta encore à la Princesse M. de Soland, puis l'on se retira, Son Altesse Royale ayant déclaré qu'elle souhaitait reposer. M{ᴸˡᵉ} de Kersabiec partagea son lit. M{ᴀᴅᴀᴍᴇ} put-elle dormir? Hélas! ce soir-là, elle apprit la malheureuse affaire du Port-la-Claye, commencement des désastres.

M{ᴀᴅᴀᴍᴇ} passa toute la journée du 28 mai à travailler avec M. de Soland. Celui-ci fut de retour à la Garde vers cinq heures du soir. D'après ce qu'il dit à son hôte, la Princesse se serait surtout occupée d'organiser un ministère qui pût dès le premier moment, en cas de succès, prendre en main les affaires : le Maréchal de Bourmont eût présidé à la Guerre, M. le C{ᵗᵉ} de Corbière à l'Intérieur; lui, M. de Soland, eût eu les Finances. — Le 29 mai à trois heures du matin, M. de Soland partit pour la Marionnière où M. de la Roche le fit conduire.

La journée du 29 s'écoula dans le calme aux Mesliers. Tandis que le 28, le général Dermoncourt faisait sa descente à la Charlière, et que, le 29, il classait, étudiait, et envoyait à Paris les papiers qu'il avait saisis la veille et qui le mettaient au courant de tous les plans de M{ᴀᴅᴀᴍᴇ}, la Princesse recevait M. et M{ᵐᵉ} de la Roche-Saint-André avec sa bonté et sa grâce accoutumées; elle revint à parler longuement de sa famille, de ses joies d'enfant et de jeune fille; elle se fût attardée volontiers dans ces sentiers riants; M. de Charette dut la rappeler aux labeurs de l'heure présente : il y avait plusieurs lettres qui réclamaient une réponse. M{ᴀᴅᴀᴍᴇ} quitta sa veste, releva sa chemise jusqu'au coude, et séance tenante, se mit au travail. Ce fut sans embarras, sans hésitation, qu'elle portait ce fardeau des affaires : ses lettres, ses instructions si fermes, si précises, prouvent qu'elle le porta dignement.

Le soir, elle fut calme, pleine toujours d'entrain et de

sérénité. La pensée sans cesse tendue vers le but poursuivi, elle en parla longuement : « Si le succès répond à mes espérances, dit-elle, j'ai fait vœu d'aller à Sainte-Anne-d'Auray et d'y faire mon pèlerinage en Bretonne, pieds nus ! » Et, comme elle crut remarquer sans doute quelque incrédulité sur la figure de ses hôtes qui contemplaient sa frêle nature : « Quand je dis pieds nus, ajouta-t-elle, j'entends depuis la porte de l'église jusqu'à l'autel. » On se quitta vers cinq heures.

De retour à la Garde, M. de la Roche-Saint-André y vit arriver presque au même instant M. le marquis de Goulaine, venant de Nantes, qui lui apprit la mort de Jacques Cathelineau, assassiné en Anjou, au château de la Chaperonnière où il se cachait, attendant l'heure du soulèvement retardé. On savait Jacques Cathelineau en ce lieu, mais on ne le pouvait découvrir; alors on résolut de fusiller le fermier Guinehut, qui plutôt que de trahir se laissait conduire à la mort, mais le fils du *Saint de l'Anjou*, que ses camarades du régiment avaient appelé le *Saint de la Garde*, ne pouvait accepter ce sacrifice : il soulève la trappe qui le couvre et s'écrie : « Nous sommes sans armes! nous nous rendons ! » — Le lieutenant Régnier prend un fusil et tire à bout portant; Cathelineau tombe mortellement frappé dans les bras du marquis de Civrac : le lieutenant Régnier fut fait chevalier de la Légion d'honneur ! Les Angevins qui avaient élu Cathelineau leur commandant furent paralysés par cette mort. M. de la Roche fit tenir immédiatement ces tristes nouvelles à Son Altesse Royale : je n'ai pas à m'étendre sur les impressions qu'elle ressentit.

Le lendemain, 30 mai, M. de la Roche se rendit vers sept heures du soir aux Mesliers. Il y trouva tout le monde triste, morne, mais résolu. Si MADAME sentait amèrement la perte de ses amis et envisageait toutes les chances défavorables de cette entreprise que tant d'efforts avaient rendue de plus en plus aventureuse, elle ne songeait certes pas à reculer; moins que jamais elle pouvait supporter l'idée d'abandonner ceux qui s'étaient si gravement compromis pour elle; il y allait de l'honneur des Bourbons ! MADAME devait partir le soir même, afin de se rapprocher du théâtre des opérations du troisième corps.

XIV.

Il avait été convenu avec le Curé-prieur de Saint-Etienne-de-Corcoué que le petit Simailleau se trouverait à cheval, à neuf heures du soir, près d'un vieux four à tuiles abandonné, en deçà de la forêt de Rocheservière par rapport aux Mesliers ; que le meunier Sorin s'y rendrait aussi avec son cheval ; que la Princesse de son côté irait les attendre au bas de la lande de la Coudraie ; que là, elle monterait en croupe derrière Simailleau ; que M. de Mesnard prendrait le cheval de Sorin ; que Mlle de Kersabiec (Petit-Paul) monterait derrière lui, et que M. de Charette et le meunier Sorin les accompagneraient à pied.

On partit des Mesliers vers dix heures du soir. En passant un échalier fort élevé, la Princesse resta comme suspendue, une jambe prise par le bas de son pantalon, tandis que l'autre pied touchait à peine la terre ; on s'empressa de la dégager. Cette aventure demeura gravée dans son souvenir, et plus tard, dans les jours d'exil, écrivant à Mlle Eulalie de Kersabiec, de Florence, le 30 mars 1845, elle lui dira :

« Mon cher Petit-Paul, j'ai reçu avec bien du plaisir votre lettre du 19 décembre, voyant que votre santé s'était remise et que vous redeveniez forte. J'espère que vous redeviendrez bientôt ce gentil *gars* qui sautait si bien les échaliers, tandis que Petit-Pierre était si maladroit. Vous savez bien, combien je serai heureuse de vous revoir et de parler ensemble de nos amis et connaissances ! »

A l'endroit désigné, point de guide ! Un quart d'heure, une

heure, deux heures s'écoulent : personne ! Enfin, Sorin arrive essoufflé ; il s'est bien trouvé à neuf heures au four abandonné, il a fait claquer son fouet, signal convenu, mais en vain : Simailleau n'a point paru. — Que faire ? Retourner aux Mesliers ? — Madame s'y décida.

Le lendemain, 31 mai, il faisait un temps affreux, la pluie tombait à torrents ; n'importe ! M. de la Roche part pour Saint-Étienne-de-Corcoué ; il ne dissimule pas au prieur combien il était fâcheux d'avoir fait attendre inutilement Son Altesse Royale, pendant deux heures, au milieu de la nuit. « Pour que semblable chose ne se produise plus, ajouta-t-il, Madame attendra aujourd'hui aux Mesliers mêmes, sur les dix heures du soir, le guide que vous devez lui envoyer. »

Rosette Mauvilain alla le matin, selon sa coutume, faire la chambre de la Princesse et de Mlle de Kersabiec. Cette pauvre fille, qui était ainsi, sans le savoir, tour à tour femme de chambre et cuisinière d'une Altesse Royale, avait une tournure des plus burlesques : grosse tête enfoncée en de grosses épaules, corps à peine dégrossi, costume à l'avenant ; mais elle avait de l'esprit, de la gaieté, du bon sens et beaucoup de bonne volonté. Madame appréciait toutes ces qualités, et se plaisait, d'accord avec Mlle de Kersabiec, à faire causer Rosette, dont les réparties inattendues étaient sa dernière distraction. Rosette allait jusqu'à se permettre de trouver étrange l'intimité existante entre une si jolie fille qu'était Mlle Eulalie et ce « failli petit monsieur Petit-Pierre. »

M. de la Roche-Saint-André fut de retour aux Mesliers vers six heures du soir. Il était onze heures et demie lorsque Madame partit. Au moment où la Princesse proscrite quittait ce modeste refuge, M. de la Roche, s'inclinant devant elle aussi profondément, et peut-être plus, que si l'on eût été aux Tuileries ou à Versailles, lui dit : « Je ne laisserai pas Madame partir sans lui demander pardon de toutes les gaucheries que j'ai pu faire pendant son séjour aux Mesliers. » — « Des gaucheries ! s'écria vivement Madame ; c'est bien plutôt à moi à vous remercier de toutes les complaisances que vous avez eues pour nous ! » — Et, faisant sans doute un retour sur les protestations vaines des gens de cour, — qu'elle stigmatisait avec tant de vigueur en les appelant des « *valets* d'antichambre, » comparées à cette simplicité si touchante et si vraie du gentilhomme campagnard, elle ajouta : « Plût à Dieu qu'il nous fût donné de trouver partout de pareilles gaucheries ! »

Madame se plaça en croupe derrière le petit Simailleau ; M. de Mesnard monta le cheval de Sorin et prit Mlle de Kersabiec. Le temps était sombre et pluvieux, les chemins remplis d'eau, la petite caravane plus nombreuse qu'à l'ordinaire : MM. de Charette et de la Roche-Saint-André, Sorin, Charles Hervé et Bruyère accompagnaient les voyageurs. M. de Mesnard et Petit-Paul ouvraient la marche, guidés par le meunier Sorin. Madame venait ensuite, à quelque distance, ayant auprès d'elle M. de Charette. Charles Hervé, demeurant en arrière, devait, en cas d'alerte, faire un signal convenu.

On entra ainsi dans la forêt de Rocheservière. La nuit était si obscure qu'on ne voyait pas devant soi. Bientôt Simailleau se trompe de route : au lieu de suivre le meunier Sorin, il prend un autre sentier qui va toujours en s'éloignant ; il s'aperçoit enfin qu'un ruisseau le sépare de ses compagnons ; le cheval qu'il monte en juge de même apparemment, et, d'un bond inattendu, franchit tant bien que mal le cours d'eau. Personne n'est désarçonné, mais Madame est tout ébranlée du choc. Mlle de Kersabiec et ses compagnons s'arrêtent au bruit ; on se rejoint. Madame était déjà remise, non de sa frayeur, elle n'en avait pas éprouvé, mais de la secousse ; elle flattait de la main sa pauvre monture tremblante et disait en riant et en se secouant : « Pour moi, je n'ai rien de cassé ! »

Arrivés non loin de Saint-Étienne-de-Corcoué, nouvelle

aventure : il fallait passer à travers un terrain marécageux, sur un étroit sentier, suffisant toutefois pour qui le connaissait. Simailleau le franchit aisément; M. de Mesnard s'y embourba de si belle façon qu'il y resta implanté. On dut se mettre en œuvre autour de lui. M. de Mesnard et Petit-Paul furent enlevés de dessus leur monture, qu'il fallut ensuite tirer non sans grand travail. En se débattant, le cheval atteignit d'un coup de pied Mlle de Kersabiec à la poitrine ; ma tante dut continuer le chemin à pied en crachant du sang.

Après avoir traversé la grande route de Nantes aux Sables, la Princesse rencontra M. de Choulot, qui venait lui rendre compte d'un voyage diplomatique entrepris par ses ordres. Cette conversation prit quelque temps, bien que MADAME n'eût pas discontinué de marcher en écoutant. On se hâtait, car il y avait encore une grande lieue de pays à faire, — et l'on sait si elles sont longues ! — pour parvenir au but indiqué : la maison de Louvrardière, à M. de la Robrie. MM. de la Robrie, le père et le fils, devaient attendre la Princesse au Moulin-Guérin. Or, comme le jour allait paraître, il était à craindre qu'ils ne se fussent retirés : ce qui était arrivé, en effet. Ces mésaventures et ces chutes ayant retardé la marche, on ne trouva plus personne au rendez-vous. MM. de la Robrie, qui, depuis deux nuits, attendaient inutilement, venaient de s'en aller. M. de Charette eût désiré que MADAME se rendît seule avec Simailleau à Louvrardière, tandis que Mlle de Kersabiec, M. de Mesnard et lui retourneraient au Magazin ; mais la Princesse ne le voulut pas. Il était trois heures du matin, le 1er juin, lorsqu'on arriva chez M. Gouëzel, où l'on n'était pas attendu.

M. de Charette fit immédiatement prévenir M. de la Robrie, le priant d'envoyer deux de ses filles au Magazin, chez leur tante, afin que l'une d'elles, changeant de costume avec MADAME, la Princesse, guidée par l'autre, pût parvenir sous son toit. — Ce projet fut exécuté avec un rare bonheur. A la chute du jour, Son Altesse Royale, montée derrière Mlle Pauline de la Robrie, et vêtue des habillements de Mlle Luce, sa sœur, traversa sans embarras les cantonnements qui, ayant vu le matin passer deux jeunes filles, crurent encore les reconnaître le soir. On dit même qu'un officier salua poliment les voyageuses attardées.

Au milieu de la nuit, les compagnons de Madame vinrent la retrouver à la Mouchetière, autre maison des la Robrie, en Saint-Colombin, tout près du village du Pont-James, où il y avait un poste de gendarmerie. On y était pour cela même en grand émoi, par suite de l'étourderie d'un M. de Villiers, qui, envoyé en mission par mon père près de M. de la Robrie, et interpellé à son retour par les gendarmes du poste, s'était enfui devant eux, au galop de son cheval, en poussant le cri de : *Vive Henri V!*

On fit voir à Madame une cachette préparée en cas de visite domiciliaire : c'était, dans le sol d'une arrière-cuisine, une fosse creusée, dans laquelle une personne pouvait s'asseoir. On la recouvrait d'une pierre, sur laquelle on devait répandre des pommes de terre ou des racines. Quel que fût son courage, la Princesse frémit à l'idée de s'enterrer ainsi vivante. « S'il y a, dit-elle, une visite domiciliaire, et que l'on emmène ou que l'on tue les personnes de la maison, n'ayant pas la force de soulever cette pierre, je périrais ici... J'aime mieux un coup de fusil!... Je vais me coucher avec une de ces demoiselles; s'ils viennent, je passerai pour une sœur ou pour une cousine. »

Madame dormait lorsqu'il fallut aller la réveiller. De nouveaux mouvements de troupes pouvaient faire craindre une visite domiciliaire immédiate. Elle se résigna donc à partir, laissant derrière elle, non sans regret, Mlle de Kersabiec, accablée par une fièvre brûlante, suite du coup de pied de cheval qu'elle avait reçu. Mais comment sortir? Devant, derrière, à toutes les issues, on croyait voir apparaître des soldats. — « Allons, dit Madame, en qui parlait le sang de Henri IV et de Marie-Thérèse, intrépide en face du danger paraissant inévitable, sortons par la grande porte. » Elle prit le bras de M. de la Robrie et se mit en marche. — On ne trouva personne. Madame atteignit sans mésaventure le Moulin-Étienne, maison de M. de la Haye, où elle passa la journée du 2 juin. Là, elle reçut MM. de Couëtus, le père et le fils, l'un ancien officier de l'armée de Condé, l'autre à peine sorti des pages : ils venaient mettre leur épée au service de la Princesse, froidement, résolument, sans illusions, n'espérant plus de succès, mais accomplissant jusqu'au bout un devoir.

Aussitôt au Moulin-Étienne, la Princesse réclama la présence de ma tante. Madame pensait toujours à cette tombe qu'elle avait vue à la Mouchetière, et elle ressentait pour Mlle de Kersabiec la même inquiétude, les mêmes pressentiments sinistres qu'elle avait éprouvés pour elle-même. — « Je ne suis pas tranquille sans Petit-Paul, répétait-elle ; qu'on aille le chercher. » — On y alla, et, quelques jours après, le 5 juin, les craintes de Madame furent affreusement réalisées. Un détachement du 17e léger, pénétrant dans la cour de cette maison qui n'était plus habitée que par des femmes et des enfants, les hommes étant au combat, massacra à coups de sabre et de fusil le fermier inoffensif et désarmé, sa femme, son fils et un pauvre paysan qui s'y trouvait de passage. Au bruit et aux cris qui se font entendre, un enfant se présente au seuil : c'est le jeune de la Robrie ; on le couche en joue ; il reste immobile. Sa sœur, âgée de seize ans, accourt et l'entraîne dans le jardin ; un coup de fusil part : Céline de la Robrie tombe sans vie !

Pendant cette journée passée au Moulin-Étienne, la Princesse vit se grouper autour d'elle plusieurs officiers d'élite ; parmi eux, M. de Puysieux, qui venait de quitter le maréchal de Bourmont. M. de Charette, obligé de rester près de Madame, dut modifier son premier plan, qui avait été de commencer son mouvement par l'insurrection des divisions de Vallet et de Maisdon. M. de Puysieux fut chargé par lui de s'y rendre à sa place, d'y porter ses ordres et d'en surveiller l'exécution. Il venait de partir, lorsque Son Altesse Royale apprit que sa correspondance avait été saisie à la Charlière. En recevant cette nouvelle, Madame dit, avec une douleur contenue : « C'est le dernier coup porté à mes espérances ! » — Sa pensée allant à travers l'espace et le temps, vers son fils, elle ajouta : « Mon fils, tu ne sauras jamais toutes les angoisses de ta mère, toutes les larmes qu'elle a versées ! — Puis, songeant à ses amis, elle parla de leur donner contre-ordre ; mais l'impossibilité de le faire parvenir à temps et partout se présenta devant elle. Elle se résigna à laisser aux événements leur cours ; en même temps, elle repoussa bien loin les insinuations que la fidélité devait lui faire et lui fit, pour qu'elle mît au moins sa personne en sûreté. Ses amis se dévouaient pour elle, elle voulut se dévouer à ses amis et ne pas les abandonner.

Madame quitta le Moulin-Étienne vers dix heures du soir, le 2 juin. Elle était accompagnée de ma tante et de MM. Hyacinthe de la Robrie, de Charette, de Mesnard, de Monti, de la Chevasnerie et Le Romain.

Au bord de la Boulogne, la Princesse trouva M. de la Robrie, le père, qui la lui fit traverser à l'aide d'un petit bateau. On devait rencontrer, quelques pas plus loin, des guides. Ils se firent attendre. Madame s'assit au pied d'un gros chêne et, s'appuyant la tête sur un porte-manteau, parut sommeiller. Ses compagnons, armés et rangés autour d'elle, la contemplaient en silence : la lune éclairait ce tableau. Les pensées tristes envahissaient les cœurs. L'héroïque Princesse, ouvrant les yeux, le comprit sans doute : couvrant ses propres impressions d'une apparence de gaîté : « Convenons, dit-elle,

Messieurs, que nous ressemblons plus à une bande de voleurs qu'à d'honnêtes gens. » Et elle se releva. Les guides étant survenus, la petite bande se divisa. MM. de Charette, de Monti et Le Romain se dirigèrent vers Montbert et Bellecourt; Madame, Mlle de Kersabiec, MM. de Mesnard et de la Chevasnerie gagnèrent la métairie de la Brosse, en Saint-Colombin, maison isolée et située fort avant dans les terres, appartenant à une dame de Nantes, et où habitaient trois frères, du nom de Jeanneau, qui en étaient les fermiers, et une servante, Anne Boisselot. — On était au 3 juin; la nuit suivante devait commencer l'insurrection.

A Montbert, M. de Charette fut pris d'une fièvre violente; néanmoins il fit, sans plus tarder, venir près de lui des paysans dévoués des communes de Montbert et Geneston, qui appartenaient à la division de Vieillevigne. Le chef de cette division étant de ceux qui refusaient d'obéir aux ordres donnés pour la prise d'armes, ces paysans n'avaient reçu aucune direction; ils promirent d'appuyer le mouvement que M. de Charette comptait opérer, avec l'aide de la Compagnie Nantaise, sur le château de Montbert, qu'il s'agissait d'occuper. En effet, la nuit suivante, ils se réunirent au nombre de cent et vinrent le trouver.

On donnait le nom de Compagnie Nantaise à une troupe composée de jeunes gens appartenant à des familles de Nantes et des environs, auxquels s'étaient joints plusieurs volontaires étrangers au pays; leur point de réunion était le vaste château de Rezé. Ils avaient à leur tête M. Frédéric La Roche, ancien officier de la gendarmerie royale de Paris, qui avait été élu par eux pour les commander. Voici, d'après M. le baron de Charette, les noms des personnes qui composaient la Compagnie Nantaise : MM. La Roche (Frédéric) commandant; Convins, ancien officier de la garde royale; comte d'Hanaches, de Trégomain (Edouard), de Trégomain jeune, de Monti de

Rezé (Alexis), de Maublanc (Arthur), Lepot, Libeau, Emerand de la Rochette, de Guinebaud, de Kermel, de Ploësquellec, des Dodières (Robert), des Dodières (François), Dubois (Achille), Dubois, de Logette, Reliquet, Barbot, Ronsey, Crouillebois, Tordo, Journée, Dumanoir, Michot, Joubert, Theigné, Lehuédé, Etourneau, Chevalier, Belonneau, Bonhomme, Billou, François, Baconet, Grimaud, Reth, Bertin, Rétig, de la Robrie (Hyacinthe), de Beauchamp (Charles), Beaudichon, de la Pinière, de Bonrecueil, Le Romain (Henri), de Villiers. Hommes à cheval : le comte de Lorges, de Couëtus (Albert), de la Palme aîné, de Monti de Rezé (Alexandre), Foucaud, de Mesnard (Ferdinand), du Châtelier (Michel), du Châtelier (Auguste), Daviais, de Puy-la-Roque, de Maublanc (Amédée). Il faut ajouter à ces noms ceux de MM. du Moulier et de la Palme jeune, qui envoyés en mission furent arrêtés à Paris, et Caroff, resté par ordre à Nantes, où il manœuvrait la presse royaliste établie par le serrurier Perraud, chez Mlles du Guini. Tous ayant été à la peine ont droit à l'honneur d'être nommés.

XIV.

Au moment de prendre les armes, le vicomte de Kersabiec, mon grand-père, avait quitté Nantes pour la Marionnière, ce qui le rapprochait du théâtre des événements. Il avait laissé derrière lui sa fille aînée Stylite, déjà suspecte aux yeux de la police et obligée de se soustraire à ses regards, mais il avait avec lui une autre de ses filles, Céleste, laquelle devait, durant cette campagne, se consacrer au soin des blessés dans les ambulances qui eussent été établies suivant les besoins, car aucun service n'avait été négligé.

Céleste de Kersabiec, la troisième des filles du vicomte de Kersabiec, était née à Nantes le 16 octobre 1803 : Dieu l'avait, elle aussi, douée de qualités supérieures ; sans être régulièrement jolie, elle était agréable : son esprit brillant et actif donnait à sa parole et à sa plume du charme et de l'entraînement ; son cœur était bon et dévoué au malheur ; elle avait de l'initiative, de la ténacité et de l'indépendance : rien ne la rebutait quand il fallait rendre service. Elle n'avait que douze ans quand elle perdit sa mère, et cette perte lui laissa toujours la plus vive impression : son éducation se fit au monastère des Dames de la Visitation de Nantes, dont Mme de la Ferronnays était supérieure. De retour au foyer paternel et à la campagne, elle entoura son père des soins les plus tendres, et remplit près de ses plus jeunes frères les devoirs de la mère la plus attentive. Comme le reste de sa famille, elle était ardente royaliste : la Révolution de 1830 fut un crime à ses yeux, aussi prit-elle part à tous les préparatifs de l'insurrection vendéenne.

Néanmoins sa première préoccupation fut toujours son père et les périls que tous les siens allaient affronter, aussi se destina-t-elle aux soins de ceux qui, blessés, pourraient avoir recours à son dévouement : afin de pouvoir les mieux secourir, elle était allée à l'Hôtel-Dieu de Nantes prendre, des filles du Bienheureux de Montfort, connues dans le peuple sous le nom de Sœurs grises, près du lit des infirmes et des malades, le complément des connaissances qu'elle avait déjà. MADAME, en Vendée et depuis, ne l'appelait jamais pour cela que *Sœur grise*.

A leur arrivée à la Marionnière, les nouveaux venus trouvèrent mon père seul, avec son frère Louis, le plus jeune de tous, et M. Adolphe de Biré, son beau-frère. Ma mère était partie depuis deux jours, emmenant avec elle les cinq enfants en bas âge qu'elle avait déjà : nous eussions été fort embarassants au milieu de ces allées et venues incessantes; et puis, ils voulaient demeurer tout entiers à l'austère devoir de l'honneur. — Un autre de mes oncles, Amédée de Kersabiec, avait rejoint le corps de M. de la Rochemacé dont il faisait partie. Des cousins germains de mon père, Charles et Auguste, étaient en Anjou, dans l'armée de d'Autichamp : Dunstan, avec M. de la Rochemacé; Godefroy, à Paris, officier démissionnaire, faisait partie du complot de la rue des Prouvaires et fut incarcéré à Sainte-Pélagie.

M. Bascher vint avec son fils Charles, à la Marionnière, dans cette journée du 3; ils devaient se rendre ensemble à Maisdon. Joseph, l'aîné des fils de M. Bascher, ami de mon père et son camarade au 3e régiment de la Garde royale, ne put être de la partie, ayant été arrêté et emprisonné quelques jours auparavant. M. Bascher, le père, avait soixante-dix ans et était presque aveugle. — « Mon ami, lui avait dit sa femme, vous ne pourrez vous rendre à l'appel, vous tomberez en route et mourrez dans quelque fossé. » — « C'est probable, dit le vieillard, mais je dois l'exemple. »

Soudain se présente un rôdeur d'assez fâcheuse mine, on le prend pour un espion et déjà quelqu'un parle de lui faire un mauvais parti ; mon père était momentanément absent ; Mlle Céleste de Kersabiec, s'interpose et, avec grand sens et grande charité de cœur, déclare que nul ne donnera d'ordre quand le maître de la maison n'est pas là : on enferme ce suspect jusqu'à ce que tout le monde soit parti. Ce malheureux avait bien compris le danger, aussi chantait-il tous les cantiques que sa mémoire lui pouvait fournir, et bénissait-il tout haut le bon ange gardien qui lui était apparu.

Dans la soirée la petite troupe s'ébranla : à cheval au milieu de la cour de la Marionnière, mon grand-père se pencha sur son fils et lui passant le bras autour du cou pour lui donner le baiser d'adieu, lui dit : « Mon ami, tant de fautes accumulées rendent le succès impossible ; mais MADAME est là, nous devons lui faire un rempart de nos corps. » On partit dans ces dispositions, après s'être confessé la nuit précédente, dans les bois, au curé de la paroisse, M. l'abbé Sorin, le curé dénoncé.

MM. de Kersabiec et Bascher se dirigèrent vers la Hautière, où ils réunirent leurs hommes, puis de là ils marchèrent vers Maisdon. Le rendez-vous général était ces landes sur lesquelles nous avons vu, au début de ces récits, MADAME, en 1828, passer en revue les premières troupes vendéennes, et où s'étaient échangées entre elles et la Princesse les premières assurances de fidélité et de concours en cas de malheur.

M. Le Chauff de la Blancheraie, après s'être rendu maître du bourg de la Chapelle-Heulin, où il trouva quelques armes, y arriva bientôt. M. Guilloré, venant de Haute-Goulaine, avec une petite troupe, y parvint également. MM. de Kersabiec et Bascher eurent ainsi sous leurs ordres quatre cents paysans et une quarantaine de gentilshommes et de bourgeois bien armés. Ils entrèrent au bourg de Maisdon à dix heures du matin. Mon grand-père fit sonner le tocsin.

Mon père quitta la Marionnière dans la soirée, alors qu'il faisait déjà sombre; second de la division de M. de la Robrie, il l'allait retrouver, emmenant avec lui Louis de Kersabiec, capitaine de paroisse pour le Pont-Saint-Martin; Adolphe de Biré, capitaine pour Bouguenais et quelques hommes qui s'étaient joints à eux. Ils allaient à pied à travers les champs, suivant les sentiers, sautant les haies, escaladant les échaliers. Mlle Céleste de Kersabiec partit elle-même, quelques instants après, à cheval, accompagnée de son domestique et de MM. de Villiers et Bruneau de la Souchais, à cheval eux aussi. Ma tante, je l'ai dit, était chargée d'organiser les ambulances de concert avec les religieuses du Bienheureux de Montfort.

La nuit était obscure, le temps pluvieux, les chemins défoncés, glissants et pleins d'eau. Nos cavaliers se trompèrent plusieurs fois de route, si bien qu'il était deux heures du matin lorsqu'on arriva seulement à la Chevrolière. En traversant ce très petit bourg, le bruit des pas des chevaux causa quelque émoi, d'autant que la monture de M. de la Souchais, excitée sans doute par le trouble dans ses habitudes, remplissait de ses hennissements le calme de la nuit : plusieurs portes s'entr'ouvraient avec curiosité. Ma tante, dont le cheval portait des munitions, craignit, au train dont on allait, d'être surprise en plein jour avant d'avoir pu gagner le rendez-vous; elle fit filer en avant MM. de Villiers et Bruneau de la Souchais, et s'arrêtant à la porte du presbytère, elle y frappa. De concert avec le curé, M. Leray, elle mit en sûreté, dans le clocher, qui était séparé de l'église et à l'écart, les armes et les munitions, puis elle continua sa marche. Il était grand jour, lorsque parvenue sur la route de Nantes à La Rochelle, elle vit de loin un cavalier qui s'avançait au galop à sa rencontre; c'était M. du Châtelier. On se reconnaît, on se félicite, et de concert on gagne le rassemblement formé autour d'un grand drapeau blanc fixé sur un tas de pierres, au bord de la route. M. de la Robrie était au milieu, à cheval. On venait d'opérer le désarmement du poste de gendarmerie établi au Pont-James. — Mlle de Kersabiec quitta presque aussitôt le camp, et se rendit chez M. le curé-prieur de Saint-Etienne-de-Corcoué, dont le presbytère devait être transformé en hôpital.

Dans cette même nuit du 3 au 4 juin, la Compagnie Nantaise, sous le commandement de M. Frédéric La Roche, partit des environs de Rezé, et arriva, dans la matinée du 4, au château de Montbert. M. de Charette l'y vint joindre aussitôt. On occupa militairement le bourg de Montbert, on révoqua les autorités, on déploya le drapeau blanc; les cris de « Vive Henri V ! » le saluèrent lorsqu'il fut arboré au clocher; on sonna le tocsin, puis on distribua des munitions; il y avait là vingt-cinq mille cartouches.

M. de Charette reçut alors de M. de Puysieux le billet suivant :

« Mon général,

» Cinq cents hommes sont réunis dans ce moment à Maisdon d'où je vous écris. Les routes sont couvertes de Vendéens qui arrivent de toutes parts le fusil sur l'épaule. Avant qu'il soit nuit, le rassemblement sera de plus de mille à douze cents hommes. Nos deux nobles vieillards sont à leur poste, et leur présence produit le plus heureux effet.

» Henri.

» Maisdon, le 4, à neuf heures du matin. »

Ces deux vieillards étaient, on le sait, MM. Bascher et de Kersabiec.

M. de Charette répondit qu'il allait marcher sur Aigrefeuille et de là sur Maisdon, qu'il fallait être prudent, éviter tout engagement, et veiller à n'être pas surpris par les huit à neuf cents hommes de la garnison de Clisson, ville très rapprochée. A deux heures, il se dirigea sur Aigrefeuille, suivi par deux cent cinquante à trois cents hommes.

Tandis que M. de Charette opérait ce mouvement, le commandant Georges, chef de bataillon au 29e de ligne, détaché à Clisson, ayant appris le rassemblement de Maisdon, avait aussitôt donné l'ordre à deux compagnies d'élite, cent vingt-neuf hommes en tout, de tomber sur lui et de le disperser. Ils arrivèrent à Maisdon et surprirent les Vendéens au moment où, formés en ligne, ils s'organisaient et reconnaissaient leurs chefs. La résistance fut vive; vingt-cinq voltigeurs, qui composaient l'avant-garde de Georges, reçurent à bout portant le feu des paysans. Ils croisèrent la baïonnette et franchirent le fossé et la haie qui les séparaient. Les paysans retirés en arrière, à l'abri d'un autre fossé, firent une nouvelle décharge qui arrêta la troupe de ligne. Celle-ci reçut du renfort, et alors les paysans *s'égaillèrent,* les uns dans les blés alors très hauts, les autres derrière les buissons et les arbres, faisant de fréquents retours en lâchant de temps en temps leurs derniers coups de fusil. Le général Dermoncourt, ayant paru sur ces entrefaites avec des troupes fraîches, détermina la retraite. M. de Puysieux eut son cheval tué sous lui et la cuisse traversée d'une balle.

Le soir, sur les sept heures, le vicomte de Kersabiec, M. Guilloré, et Denis Papin, domestique de mon grand-père, rencontrés sur la route entre Aigrefeuille et Nantes, par une colonne composée de Garde Nationale et de Gendarmerie, commandée par le colonel Paris, chef d'état-major, furent arrêtés. Mon grand-père faillit y perdre la vie. Au surplus, je laisse la parole à M. Ruelland qui, en décembre 1832, devant la Cour d'assises de Blois, déposa en ces termes : « Quand M. de Kersabiec fut arrêté, je m'avançai près du groupe au milieu duquel il était; je vis alors qu'on le fouillait et qu'on le maltraitait indignement; je m'approchai de lui; on lui avait déjà ôté son argent, son couteau, ses pistolets; je trouvai sur lui un rouleau d'or que je lui rendis. Je faisais tous mes efforts pour le protéger contre l'exaspération de la foule ; mais je ne pus empêcher qu'il ne reçût un coup de baïonnette d'un garde national. Je vis aussitôt couler du sang ; je me hâtai de faire former un bataillon carré pour protéger M. de Kersabiec. Comme il était très faible, je lui offris mon bras et nous revînmes à pied à Nantes, en prenant tous les moyens possibles pour l'empêcher d'être maltraité. J'en vins à bout avec le concours de plusieurs gardes nationaux, mais avec beaucoup de peine. Nous avons été deux heures à traverser la ville, et ce n'est qu'en écartant la foule à coups de crosse de fusil que nous avons pu arriver à la prison, où M. de Kersabiec a enfin trouvé un asile (1). »

Ce fut une scène digne de 93 et des grands ancêtres, les noyeurs de Carrier, qui habitaient ce quartier des Ponts pardessus lesquels ils voulaient précipiter leur victime. — Comment en eût-il été autrement ? Depuis plusieurs jours le journal *L'Ami de la Charte* avait tout fait pour exciter les plus mauvais instincts des foules, et le Gouvernement lui-même avait donné carte blanche pour ces œuvres de sang. Je n'invente pas, je transcris :

Voici la déposition du citoyen Tessier, tambour de la Garde Nationale de Nantes : « J'étais à quinze pas du gendarme Bétand, quand il a arrêté trois individus que je ne reconnus pas d'abord ; mais ayant regardé de plus près, je reconnus M. de Kersabiec, et aussitôt je lui sautai vivement au collet et le serrai fortement à la gorge en disant : « S. n. d. D., voilà un général de Chouans. » Aussitôt, je lui arrache sa capote ; je trouve sur lui des pistolets ; ..... il ne tenait qu'à moi de lui brûler la cervelle avec, car nous avions ordre de ménager les soldats et de faire main basse sur les chefs. » — « Point de prisonniers surtout » lit-on ailleurs, dans un ordre du jour du

---

(1) Cour d'assises de Loir-et-Cher — Session ordinaire ouverte le 19 novembre 1832. — *Affaires relatives aux Troubles de l'Ouest.*

général Dermoncourt au chef de bataillon Georges, daté du 2 juin 1832, l'avant-veille des événements que je raconte (1) — ordre qui fut exécuté à la lettre sur la personne du malheureux Charles Bascher comme on le verra.

« Il est une voix souveraine, — dit à ce propos l'illustre Hennequin, répondant à ces agissements sauvages, — qui nous crie que la mort au milieu des combats se justifie par le sentiment du danger, par l'exaltation que le combat amène, par l'enivrement de la victoire; mais la mort donnée sans péril ! la mort donnée de sang-froid ne peut être qu'une horrible fête pour une population de cannibales, et c'est abdiquer les bienfaits de la civilisation que de donner les ordres que l'on invoque devant nous, c'est un crime de les accepter. Magistrats, jurés, hommes de toutes les opinions, honte et mépris aux doctrines de meurtre et d'assassinat qui ont osé se produire dans cette enceinte. Honneur à M. Ruelland, honneur au sergent Chevalier : leur dévouement, leur énergie, a sauvé d'une tache ineffaçable l'habit de la milice armée dans l'intérêt de l'ordre et des Lois (2). »

Cette tache, il ne tint pas à d'autres qu'elle ne fût imprimée. Le 8 juin, alors que le pays n'était plus en armes, Charles Bascher, cerné dans le village de la Hautière, fut atteint d'une balle au moment où il cherchait à s'éloigner. Prisonnier, on l'interroge; il se nomme, et alors les mauvais traitements redoublent; comme il ne peut marcher assez vite, au gré de ses bourreaux, on le jette dans un fossé ; vingt canons sont braqués sur lui; il demande un instant pour recommander son âme à Dieu; on le refuse et on l'assassine. Que ceux qui ont commis ce crime en répondent : il y avait là la garde nationale d'Aigrefeuille et un faible détachement du 29e de ligne : « Surtout pas de prisonniers ! » — Même chose arriva,

---

(1) *La Vendée et* MADAME, p. 117.
(2) Cour d'assises de Loir-et-Cher — *Troubles de l'Ouest*.

on se le rappelle, à Jacques Cathelineau désarmé; à Céline de la Robrie, aux inoffensifs fermiers de la Mouchetière; qui donc a dit que le Gouvernement de Louis-Philippe n'avait pas de sang sur les mains?

A la nouvelle du désastre de Maisdon, M. de Charette dut s'arrêter; le général Dermoncourt avec ses troupes était déjà parvenu à la hauteur d'Aigrefeuille; il était impossible de songer à percer ses lignes. D'un autre côté, M. de la Robrie, chargé spécialement de veiller à la sûreté de MADAME, dont seul il connaissait la retraite, serait-il en force pour remplir sa mission? Justement préoccupé, M. de Charette résolut de se retirer sur cette portion de terrain qui sépare les deux routes partant de Nantes pour se rendre au chef-lieu de la Vendée, l'une passant par Aigrefeuille, l'autre par Legé, et d'y manœuvrer. Il espérait ainsi, en s'adjoignant les hommes de M. de la Robrie, et les débris des autres corps, réunir encore un effectif relativement assez important.

Le 4 juin, dans l'après-midi, le général Dermoncourt reçut de son supérieur, le général Solignac, l'ordre d'attaquer Montbert, mais il était trop tard. Ses troupes étaient fatiguées et harassées, ayant dû s'opposer sur plusieurs points aux tentatives vendéennes; force lui fut de remettre au lendemain. M. de Charette profita de la nuit pour faire un mouvement de concentration; aussi quand le général entra, le 5 juin, à Montbert, se disposant à attaquer le château, trouva-t-il le bourg évacué. Le soir, ordre lui fut expédié de Nantes d'avoir à revenir au plus vite pour s'opposer au mouvement royaliste de M. de la Rochemacé, sur la rive droite de la Loire.

Ce même jour, 5 juin, M. Louis de Cornulier avait tenté, lui aussi, son mouvement près du château de la Caraterie et de la forêt de Machecoul; ce fut sans succès, mais non sans honneur. M. de Cornulier, je l'ai déjà dit, était un des cinq chefs qui n'avaient pas jugé la prise d'armes opportune, mais il avait promis d'obéir en personne à tout ordre donné ; il fut fidèle à sa parole et au rendez-vous. Je le vois encore debout au banc des accusés, dans cette vieille salle du Bouffay, de Nantes, aux souvenirs sinistres, aujourd'hui disparue, la main sur la croix de Saint-Louis brillant sur sa poitrine, répondre au président des assises : « Chevalier de Saint-Louis, j'avais fait serment de défendre le Roi, je l'ai défendu. » Mon père était près de lui, sur ce même banc ; M. Besnard-la-Giraudais, avocat au barreau de Nantes, les assistait ; nous, les enfants, nous étions en dehors, à côté, recevant ces nobles leçons : l'un et l'autre furent acquittés par les jurés.

M. de la Rochemacé, dont la bande causait au général Dermoncourt ces dérangements et cette mauvaise humeur, était ce chef qui avait écrit jadis, en se plaignant du contre-ordre : « J'avais tout mon monde sous la main. » Il n'avait pas exagéré alors, puisque, malgré tant de fautes et d'hésitations, au premier signal il put encore réunir autour de lui huit cents hommes déterminés.

Campé dans Riaillé, M. de la Rochemacé tint tête au 31e de ligne, qui vint l'y attaquer ; bientôt las du feu, il ordonne une charge à la baïonnette ; le 31e s'ébranle et bat en retraite. Des grenadiers veulent protéger leurs camarades ; M. de la Rochemacé les débusque des haies et des fossés qui leur servent d'abri et les chasse devant lui ; ces soldats sont heureux de se réfugier enfin dans la petite ville de Candé. De tels débuts rendaient M. de la Rochemacé redoutable ; malheureusement, et toujours par suite du contre-ordre, on dut en rester là. Personne ne remuait, ni en Anjou, ni dans le Morbihan, non plus que dans le Maine, où, pour s'être levé à l'heure primitivement fixée, on avait été battu.

M. de la Rochemacé, retiré en armes à Ligné, dut, quoique vainqueur, songer à traiter. Par ses ordres, le 7 juin, M. Alfred de la Serrie partit pour Ancenis, afin d'arriver à une honorable capitulation. Tandis que les autorités de ce chef-lieu accordent une suspension d'armes, le colonel Duvivier, venu de Nantes, déclare qu'on ne veut pas traiter. M. de la Serrie supplie qu'au moins on lui permette de rejoindre ses compagnons, afin que, confiants en la mission qu'il remplit, ils ne soient pas surpris désarmés. On y consent, mais il est arrêté en route malgré sa qualité reconnue de parlementaire : ce fut une mauvaise action sans résultat, car M. de la Rochemacé, ne le voyant pas revenir, dispersa sa bande. M. de la Serrie, conduit à Nantes, fut, depuis, jugé à Blois et condamné à une longue détention.

J'aurais hâte de revenir vers Madame, et néanmoins je dois un souvenir aux combattants de la Pénissière. Ce fut le 6 juin; quarante-deux Vendéens, sous la conduite de quatre frères : MM. Eugène, Emmanuel, Victor et Egisthe de Girardin, s'étaient réunis à la Pénissière-la-Cour, vieille maison noble située dans la commune de la Bernardière (Vendée), pour de là se porter sur Cugand et la Bruffière, dans le but de désarmer la garde nationale. Au lieu de surprendre, ils furent surpris par un fort détachement du 29e de ligne et de gardes nationaux de Clisson. Cinq fois ils reçurent et cinq fois ils repoussèrent l'assaut. L'ennemi appelle alors l'incendie à son secours ; toujours les traditions de la guerre révolutionnaire et des colonnes infernales. Contre la Vendée, tout est permis : on met le feu à la toiture, on le met au rez-de-chaussée, où l'on entasse fagots, meubles, pailles, objets de toute espèce. Les Vendéens résistent. Ils ont un clairon qui jette en défi ses ardentes fanfares.

Enfin la petite troupe assiégée se divise ; les uns tentent avec succès une sortie et se retirent, laissant, il est vrai, trois des leurs sur le pré, dont un de Girardin ; les autres, le clairon sonnant toujours la charge, sont enfouis sous les ruines brûlantes, mais, par un hasard providentiel, ils ont pu se retirer sous les débris d'un escalier de pierre, et ils se sauvent durant la nuit. Ce fut un héroïque fait d'armes, dont le bruit retentit encore dans le souvenir des hommes. La Vendée, à son déclin, jetait de belles lueurs. — A Saint-Aubin encore, les 6 et 7 juin, on se leva, toujours avec ardeur, et là aussi, comme ailleurs, grâce au contre-ordre, on dut, n'étant pas en nombre, se résigner au repos.

XVI.

Retournons à Madame, retirée, on le sait, dans la métairie de la Brosse et confiée spécialement à la garde de M. de la Robrie. J'ai dit qu'après la malheureuse affaire de Maisdon, M. de Charette s'était replié vers Montbert, qu'il évacua dans la nuit du 4 au 5 juin, de façon que le général Dermoncourt ne trouva plus personne quand il entra dans ce bourg. Le but de M. de Charette ne pouvait plus être de triompher, mais uniquement d'attirer l'ennemi sur ses traces, afin qu'au moyen de cette diversion, Madame pût se mettre en sûreté. Il était au village de la Grimaudière, lorsque M. de la Robrie, ayant à ses côtés mon père, qui était son second pour la division de Saint-Philbert, vint le joindre, lui amenant quatre cents hommes; cela portait la petite troupe à six cents combattants. De la Grimaudière, on revint au Pont-James; là, MM. Mornet du Temple arrivèrent avec un renfort de cent vingt hommes de la division de Legé. On eut une alerte: l'ennemi arrivait, disaient quelques paysans accourus de Montbert; on se disposa à le recevoir et, impatient qu'on était, on s'avança jusqu'au village de Chiron. On était là bien près du lieu de retraite de la Princesse, si près que les gendarmes, désarmés la veille au Pont-James, étaient allés demander asile chez les Jeanneau, à la Brosse, cette ferme qui abritait en même temps la Régente proscrite, laquelle dut, par prudence, leur faire place pour la nuit et se retirer avec Mlle de Kersabiec dans une grange.

M. de Charette et sa troupe, sûrs d'être suivis par la colonne attachée à leurs pas, se portèrent au village de la Bélinière, en la commune de Saint-Philbert-de-Bouaine. La nuit qu'ils y passèrent fut affreuse : du vent, de la pluie, du tonnerre ; le matin fut plus affreux encore : M. de la Robrie venait d'apprendre l'assassinat commis la veille sur sa malheureuse fille, et remplissait le camp de sa douleur. On voulait revenir au Pont-James et venger ce crime ; les exigences de la stratégie en décidèrent autrement. Une colonne se trouvait dans les landes de Bouaine ; il fallait aller au-devant d'elle, afin d'empêcher sa jonction avec les troupes stationnées au Pont-James.

On se rencontra au village du Chêne en Vieillevigne ; c'est une agglomération d'une douzaine de maisons. A cent pas, coule la petite rivière l'Issoire qui se répandait sur le chemin et y formait une nappe d'eau assez large mais peu profonde ; les charrettes y passaient à gué, les piétons se servaient d'un pont de bois jeté sur un des côtés ; tout cela depuis a changé d'aspect : une route et un pont de pierre ont été construits, une croix miséricordieuse a été érigée sur ce dernier champ de bataille de la Vendée par la main pieuse de la baronne de la Brousse. En face du pont, il y avait une haie touffue. La division de M. de la Robrie se forma en bataille sur la droite, ayant devant elle les vergers du hameau et séparée d'eux par la rivière ; les hommes de Legé, conduits par MM. du Temple, se mirent à sa gauche ; M. de Charette occupait le centre avec quelques paysans qui, placés sans ordre derrière lui, semblaient offrir à l'ennemi se présentant une victoire facile. C'est en effet ce qui arriva ; les soldats débouchèrent tout-à-coup du village au pas de course sans garder les rangs ; ils furent reçus par une décharge qui, faite avec trop de précipitation, n'eut pas tout son effet. Plusieurs néanmoins furent atteints et se retirèrent en hâte, puis, s'étant reformés, ils soutinrent le feu pendant une demi-heure à peu près. Voulant rompre cette résistance, M. de Charette ordonna à M. de la Robrie de faire traverser la rivière par l'extrémité des deux ailes, afin d'envelopper l'ennemi et de le chasser du village ; ce mouvement ne fut pas compris des paysans, non familiarisés avec les manœuvres savantes. « M. de Charette prit alors la résolution de faire franchir le pont sous le feu de la troupe ; cinq officiers qui étaient auprès de lui se précipitèrent sur ses poutres disjointes ; c'étaient MM. Edouard de Kersabiec, de Beauchamp, Edouard de Monti de Rezé, Zacharie du Temple et Bruneau de la Souchais qui eut le poignet traversé d'une balle (1). » Mon père se distingua tout particulièrement : MADAME, en vertu de ses pouvoirs de Régente, lui conféra la croix de Saint-Louis.

Voici cette pièce si honorable pour notre père :

« Monsieur Edouard de Kersabiec.

» MONSIEUR,

» S. A. R. MADAME, Duchesse de Berry, m'a fait l'honneur de m'autoriser à vous exprimer combien elle avait été satisfaite de votre noble conduite pendant les événements de juin et particulièrement de la bravoure que vous avez montrée aux affaires du Chêne le 6 juin 1832.

» S. A. R. m'a chargé en outre de vous informer que, malgré ses revers, elle avait eu l'intention de vous faire parvenir la décoration de l'Ordre de Saint-Louis ; des considérations générales l'en ayant empêchée, S. A. R. désire que vous conserviez cette lettre, comme un titre assuré à sa bienveillance et à celle de Henri V.

» Je suis avec la considération la plus distinguée, Monsieur, votre très humble et très obéissant serviteur

» Le Baron DE CHARETTE.

» Ce 1er novembre 1832. »

Place du Sceau du troisième Corps.

A l'aspect de ces Messieurs s'exposant ainsi aux balles

(1) *Journal d'un chef de l'Ouest.*

ennemies, la troupe vendéenne se précipita en avant avec une ardeur telle, que les soldats reculèrent, laissant une dizaine de morts sur le terrain et de nombreux blessés. On les poursuivit pendant un quart d'heure ; chacun put remarquer M. de la Robrie qui, défiant la mort et ne suffisant pas à venger le sang de sa fille, s'était jeté au plus fort de la mêlée, déchargeait avec fureur ses armes, et sabrait ensuite à droite et à gauche ne faisant pas de quartier. M. de Charette arrêta cette poursuite et, ramenant sa troupe dans le village, se disposait à lui donner quelque repos, lorsque ses coureurs vinrent en hâte lui dire qu'un nouvel ennemi approchait, et occupait déjà sans doute le terrain sur lequel lui-même s'était disposé au commencement de l'action, en arrière du pont. A cette nouvelle et sans plus attendre, les Vendéens reprennent avec un irrésistible élan la route qu'ils viennent de faire en victorieux, ils repassent la rivière sous le feu des soldats qui reculent et vont se reformer à quarante pas plus loin. Le combat recommença et continua pendant une heure avec succès, lorsque soudain, des coups de fusils éclatant à l'entrée du village, derrière la petite troupe vendéenne, lui firent comprendre que des renforts arrivaient de ce côté. Il fallut songer à la retraite, sans cela on eût été pris entre deux feux.

M. de Charette rallia deux cents hommes ; M. de la Robrie. de son côté en recueillit un certain nombre ; on marcha ainsi ensemble pendant quelque temps, puis les accidents de terrain séparèrent les deux chefs qui ne devaient plus se revoir.

Trois mois après le soulèvement, le corps de M. de la Robrie fut trouvé dans un champ, où les paysans qui lui avaient donné asile jusqu'à sa mort vinrent prudemment le déposer pendant la nuit. Les Vendéens eurent à déplorer la perte de plusieurs des leurs, nobles et paysans, qui y versèrent leur sang généreux.

M. le comte d'Hanache, ancien écuyer de mains chez

Madame et capitaine au 5ᵉ régiment de la Garde, porte drapeau, blessé au début de l'action, fut longtemps porté par ses camarades, puis caché par eux, sur sa demande, dans un champ de blé; il y fut découvert et achevé par l'ennemi, comme le fut en ces jours mêmes Charles Bascher. Grimeau, ouvrier de Nantes, Guillebaud, paysan de Saint-Lumine-de-Coutais, et Thalé, de Saint-Philbert restèrent morts sur le champ de bataille. M. Lehuédé, jeune séminariste, tomba lui aussi, mais la balle qui le frappa s'aplatit sur son scapulaire : il se releva et, depuis, ayant continué ses études il est entré dans les ordres; aimable et saint prêtre. Deux jeunes gentilshommes de Rennes, deux frères, MM. de Trégomain, se trouvaient en ce combat; l'un d'eux, Edouard, dédaignant toute précaution, se montrait de face, et déchargeant et rechargeant son arme avec sang-froid, semblait se placer en cible aux coups de l'ennemi; un M. Dubois lui en fit la remarque : « Vous vous découvrez trop, lui dit-il, croyez-moi, suivons l'ancienne tactique, couvrez-vous de ces arbres et ajustez. — « Je n'ai pas peur, reprit le bouillant jeune homme. » — « Ni moi, dit M. Dubois, lui montrant son poignet qu'une balle venait de labourer, mais le courage n'exclut pas la prudence. » M. de Trégomain frappé en pleine poitrine s'affaissa sans répondre. Son frère, blessé à ses côtés, put se sauver non sans peine. Une autre victime de ce combat fut M. de Bonrecueil, l'hôte de Madame lors de son débarquement sur les côtes de Provence.

Fidèle au rendez-vous donné sous son toit, M. de Bonrecueil rejoignit la Princesse en Vendée. « Je le vois encore, me dit un témoin de cette journée, passant l'Issoire à gué, sous le feu des soldats ennemis, brave, résolu, plein de douceur néanmoins et de modestie. C'était un homme excellent; il pensait, sous notre ciel pluvieux alors, à sa chère Provence et à ses enfants, qu'il ne devait plus revoir; il venait de me parler d'eux tous... Il fut atteint aux deux genoux. Ne pouvant plus se relever, je le mis sur un cheval, et, près de lui, un autre Vendéen blessé, lui aussi : M. Reliquet, puis je les quittai. Le cheval était peu patient, et la fusillade l'avait encore surexcité ; en entrant dans une pièce de terre, à l'écart des routes battues, où l'on devait se cacher et attendre, cette bête fit un mouvement brusque ; M. de Bonrecueil, tombé de cheval, ne put y remonter ; il se traîna péniblement jusqu'au village de la Coratière. Hélas ! au lieu d'entrer chez de braves gens, il arriva épuisé au seuil d'un *pataud !* Cet homme le dépouilla et, le lendemain, alla le livrer. Amené à Rocheservière, on jugea nécessaire de pratiquer l'amputation ; M. de Bonrecueil succomba. » Je devais ces détails et ces pieux souvenirs à ce serviteur dévoué jusqu'à la mort.

M. de Charette ayant perdu l'espoir de retrouver M. de la Robrie, dut songer à la sûreté de ce qui lui restait de monde, et surtout à la sûreté de MADAME. Pour cela, il fallait s'éloigner le plus possible de la métairie qui lui donnait asile. Un moment, il songea à rejoindre, du côté de Machecoul et de la forêt de ce nom, le corps de M. de Cornulier, mais il apprit ce que nous savons déjà : la dispersion de cette bande. Que faire ? Il n'y avait plus d'espoir ; les hommes, un à un, s'en allaient chez eux, à mesure qu'on approchait de leur village. On arriva ainsi, à minuit, au Claudy ; là, dans la cour, M. de Charette fit former le cercle à ses derniers compagnons, tout au plus au nombre d'une centaine ; il les remercia en quelques mots de leur dévouement, que rien n'avait pu lasser, et leur posa cette question : Doit-on se licencier, ou faut-il continuer la lutte ? Il y avait là, parmi ces derniers tenants, MM. de Couëtus, de la Haye, Edouard de Kersabiec, A. de Biré et Convins. Ils prirent successivement la parole ; on discuta les moyens d'action : il n'y en avait plus. L'honneur étant sauf, il fut décidé qu'on se licencierait tout en conservant le désir et l'espoir de se retrouver en armes quand cela serait utile. A deux heures, il n'y avait plus personne au Claudy.

Mon père, suivi de mes deux oncles, Louis de Kersabiec et Adolphe de Biré, se dirigea immédiatement vers la Loire, qu'il voulait mettre entre lui et les troupes qui les pourraient poursuivre : ils la passèrent à Bouguenais, la nuit, au clair de lune, et gagnèrent ainsi le Bois-Raguenet en Orvault, en un pays qui n'avait pas pris part à l'insurrection; ils y arrivèrent le soir du jour de la Pentecôte. Ma mère fut heureuse de les y trouver à son retour de la Louinière, où elle était allée, le matin, recevoir mes oncles Amédée et Dunstan de Kersabiec, qui venaient s'y réfugier après le licenciement du corps de M. de la Rochemacé, auquel ils appartenaient.

XVII.

Après une marche pénible, M. de Charette arriva, le 7 juin, à la pointe du jour, à une ferme nommée la Petite-Vergne, en Saint-Jean-de-Corcoué. Là, s'étant séparé de ses derniers compagnons, il continua, guidé par M. Zacharie du Temple resté seul avec lui; enfin il put atteindre la Brosse et la Princesse au moment où celle-ci, ne sachant si elle le reverrait avant de quitter sa retraite pour une autre plus sûre, venait de lui écrire cette lettre, selon moi très caractéristique. Madame toute à ses amis, pense à eux d'abord, puis à elle, et à la cause qu'ensemble ils ont voulu servir, et elle résume ses angoisses et ses regrets en une suprême et confiante prière :

« Mon cher Charette, en grâce soignez-vous bien. Je suis inquiet de vous, de mes amis; car pour moi je ne le suis nullement. Nous partons ce soir pour arriver en deux jours chez mon cher Petit-Paul, qui est un vrai cadeau que vous m'avez fait.

» Dieu nous protègera! Je vais m'éclipser pour ne pas vous inquiéter. Je n'ai qu'un regret, c'est de ne m'être pas battu avec vous, hier. Si j'y avais été tué, j'aurais pu avoir l'assurance qu'on m'eût vengé, et je vous assure que je ne recule pas au danger.

» O mon Dieu, que c'est triste de quitter de si bons amis! Adieu; confiance en Dieu doit être notre devise.

» Adieu, soignez-vous pour moi, pour votre femme, pour l'enfant qu'elle porte; pensez à vos amis, vous me comptez du nombre!

Petit-Pierre.

» *P. S.* — Si vous voyez le père d'Hyacinthe, voulez-vous lui parler de la part que je prends à son chagrin. Pauvre homme ! son fils est admirable ! Quelle position que celle de nos amis ! Mon Dieu, je donnerais ma vie pour les délivrer ; je ne puis penser qu'à eux ! »

M. de Charette n'était pas, on le voit, le premier échappé du Chêne qui fût parvenu à la Brosse ; il y avait été précédé par M. Bruneau de la Souchais, qui, je l'ai dit, avait été blessé au poignet dans le combat. La Princesse apprit de lui les détails de l'affaire, puis, ne sachant comment lui témoigner sa reconnaissance pour le dévouement dont il avait fait preuve, elle voulut panser elle-même sa blessure. Elle était affreuse, d'autant plus que la marche et le manque des premiers soins avaient envenimé le mal : les chairs tuméfiées avaient un aspect repoussant. On coupe la manche de l'habit attaché au bras par un amas de sang coagulé et corrompu. MADAME avait trop présumé, non de son courage, mais de ses forces ; elle devint pâle et fut obligée de sortir précipitamment se sentant défaillir : « Le cœur me manque, dit-elle à M. de Mesnard ; j'ai été au moment de me trouver mal ; ils vont croire que je n'ai pas de courage, » et puisant dans son énergique volonté la force nécessaire, elle rentra dans cette chambre basse, humide et chaude, et elle assista au reste du pansement qui fut fait par Mlle de Kersabiec. Ma tante, ainsi que ses sœurs, était fort habile ; s'étant habituée dès l'enfance à soutenir la vue des souffrances humaines, elle avait appris à les soulager ; c'était là un des grands talents des femmes d'autrefois, nobles dames des humbles manoirs bretons et vendéens ; j'en sais plus d'un où ces traditions sont encore en usage ; j'ai vu plus d'une noble dame au service et aux genoux des pauvres.

Ce pansement venait d'être terminé, lorsque M. de Charette survint ; il n'eut que le temps de franchir le seuil, car au même instant parut un brave paysan, annonçant qu'il était suivi de soldats qui, sans nul doute, se dirigeaient vers la métairie. MADAME, Mlle de Kersabiec, MM. de Charette, de

Mesnard, de Brissac, de la Chevasnerie, Hyacinthe de la Robrie et Bruneau de la Souchais, le blessé, s'esquivent par une porte de derrière, traversent le jardin et deux champs qui y font suite, et vont se cacher dans un fossé assez profond, rempli d'herbes aquatiques, et que bordent d'un côté une haie touffue, et de l'autre d'épaisses broussailles. On s'y case du mieux que l'on peut : Madame place auprès d'elle son blessé qu'une fièvre ardente dévore, puis on attend. Cela dura six heures ! Six heures d'angoisses bien justifiées, car si les réfugiés eussent été découverts par les soldats « le premier avertissement qu'ils eussent reçu eût été des coups de fusils. » C'était l'ordre. Je ne fais ici que transcrire les propres assertions du général Dermoncourt. De temps en temps, les braves gens de la ferme s'échappaient, longeaient la haie protectrice, et murmuraient en passant les nouvelles. On eut un moment une vive alerte, les broussailles s'agitaient avec persistance sans qu'une voix amie vînt se joindre à ce bruit. Déjà, M. de la Robrie, le doigt sur la détente de ses pistolets, se préparait à faire feu, lorsqu'on s'aperçut qu'on avait à faire à deux vaches inoffensives. Le soir on apporta aux reclus de quoi manger : c'étaient les productions de la ferme ; le pain de méteil, du beurre et du lait. Madame déclara le tout parfait.

On partit enfin pour Tréjet, ferme située en la Chevrolière, au bord de la petite rivière d'Ognon, à l'endroit où elle tombe dans le lac de Grand-Lieu. Le fermier de Tréjet était un Jeanneau, cousin de ceux qui demeuraient à la Brosse ; ma tante le connaissait de longue date, il avait été à notre service et l'on comptait sur lui.

Au moment où l'on entrait à Tréjet, le 8 juin de grand matin, MM. de Charette, de la Robrie et de la Chevasnerie se séparèrent de Madame, que la présence de si nombreux compagnons aurait pu compromettre.

Le soir, assez tard, Madame, Mlle de Kersabiec en leur costume de jeunes garçons, MM. de Mesnard et de Brissac quittèrent Tréjet et arrivèrent à la Haute-Menantie, en Pont-Saint-Martin, hameau composé de deux fermes contigües. La Princesse, évitant le bourg, avait traversé la rivière, portée dans les bras de Georges Jeanneau, le guide.

Ma tante, sur ce sol du Pont-Saint-Martin, était partout chez elle; pas un chemin, pas un sentier qu'elle n'eût parcouru dans son enfance, pas une maison qu'elle n'eût visitée et où on ne l'aimât, pas un seuil qu'elle n'eût franchi, pas un foyer où elle ne se fût assise, elle, ses frères, ses sœurs, y apportant le bonjour le plus affectueux, quand ce n'étaient pas des secours ou des remèdes : on les y recevait avec cette familiarité douce qui vient du cœur et ne nuit pas au respect; on ne les y appelait que par leurs noms chrétiens, aussi, lorsqu'à une heure avancée de la nuit, on entendit sa voix demander asile, se hâta-t-on d'aller ouvrir à « Mam'zelle Eulalie. » Tout d'abord ma tante, répondant à cette confiance, annonça à la mère Pouvreau, la fermière et à ses enfants, qu'elle leur amenait MADAME la Duchesse de Berry. Ces bonnes gens ne furent point troublés et firent de leur mieux et très bien les honneurs de leur chaumière. Il y a chez nos paysans chrétiens une dignité de mœurs qui les élève de plain-pied, très naturellement, à la hauteur de toutes les circonstances. MADAME mourait de sommeil; elle entra de suite et sans plus de cérémonies dans le lit que la mère Pouvreau venait de quitter; ma tante l'y suivit. Pendant ce temps, Alexandre, le fils de la maison, le grand Alexandre comme on disait à la ferme, s'était échappé sans bruit; il allait effacer aux alentours la trace des petits pieds de la Princesse.

Le lendemain, samedi 9 juin, de bon matin, on fut sur pied. C'était jour de marché, circonstance favorable pour rentrer à Nantes. MADAME prit les vêtements de la mère Pouvreau, ma tante ceux de sa fille, et chacune, ayant au bras un panier contenant du beurre et des œufs, se disposa à partir, en compagnie de Sillette, la fille de la maison, et d'une voisine, Mariette Doré. A ce moment, M. de Mesnard parut vouloir les suivre ; Mlle de Kersabiec qui, ainsi qu'on l'a vu plus haut en lisant la lettre écrite par MADAME au baron de Charette, avait formé seule le plan de rentrée de Son Altesse Royale à Nantes, et qui, seule, s'était chargée de le mettre à exécution, déclara qu'elle ne pouvait plus longtemps mener ces messieurs à sa suite. A une grande douceur dans l'habitude de la vie, ma tante joignait à l'occasion beaucoup de fermeté et de décision. MM. de Mesnard et de Brissac, conduits par un guide qu'on leur procura, firent leur entrée séparée en passant la Loire aux Couëts et à Trentemoult.

Il y avait trois grandes lieues à faire pour gagner Nantes ; MADAME se mit en route ; elle causait et riait avec ses agrestes compagnes, lesquelles eurent bientôt perdu avec elle la timidité très naturelle qu'elles avaient montrée tout d'abord.

« — Ah! me dit Mariette Doré se rappelant avec moi ce voyage étrange, comme elle était aimable et bonne la Duchesse! Je la portais à mon cou, comme un enfant, pour passer les ruisseaux et les mares ; mais on ne pouvait la tenir longtemps, c'était comme un oiseau. — Ma petite Mariette, ajoutait-elle, vous avez un fils ; je raconterai ces aventures au mien, et il ne vous oubliera pas !... »

Cependant, MADAME dut bientôt ralentir sa marche ; les souliers qu'elle avait étaient ceux de la mère Pouvreau, souliers durs à ses pieds délicats et d'ailleurs beaucoup trop grands ; on avait dû les bourrer avec de la filasse afin de les raccourcir. La Princesse souffrit bientôt tellement, qu'elle fut obligée de les ôter et de continuer sa route pieds nus. Elle allait par les flaques d'eau et les ornières, voulant ternir la blancheur de sa peau. Aux abords de Nantes, MADAME, assise sur une borne, reprit ses bas de laine bleue à grosses côtes et ses lourdes chaussures. Arrivée à l'octroi, elle présenta son panier aux visiteurs; cela fut fait avec tant de naturel et de sang-froid, que tout alla bien. Seule, ma tante, en voyant la manche du juste-au-corps de la Princesse se relever jusqu'au coude, craignit que la délicatesse de sa peau n'attirât l'œil des employés du bureau. Il n'en fut rien. On s'engagea sur le pont de Pirmil; Madame causait toujours, et tant et tant, que ma tante dut la supplier de prendre plus de précautions. C'était urgent : on apercevait dans le lointain un détachement de troupes de ligne. L'officier qui le commandait sortait de la garde. Réalité ou illusion, Madame, qui le reconnut, crut que cet officier la regardait fixement en passant. « Il m'a reconnue, dit-elle, j'en suis sûre; eh bien! s'il m'arrive quelque chose d'heureux, il verra que Caroline de France se souvient des dettes de Caroline de Vendée. »

Ma tante se hâte. On arrive au Bouffay; sur la place se tient le marché. La Princesse, qui souffre, veut s'asseoir un instant. Soudain, elle se sent frappée à l'épaule, elle se retourne : ce n'est qu'une pauvre vieille femme fort embarrassée d'un panier de légumes et de pommes qu'elle a posé à terre et qu'elle ne peut soulever. — « Allons, les enfants, dit-elle à Son Altesse Royale et à ma tante, aidez-moi, vous aurez chacune une belle pomme pour la peine! » — Madame saisit une des anses du panier, Mlle de Kersabiec l'autre, et la vieille part, son fardeau sur la tête : elle oubliait la récompense promise. — « Eh! la mère, dit la Princesse, et ma pomme? » — La marchande s'exécuta.

Madame continua sa route en mordant à belles dents le fruit ainsi conquis. On passa devant le château; il y avait une grande affiche collée sur un des piliers de la grille d'entrée. Madame, oubliant son rôle de paysanne qui ne devait pas savoir lire, s'arrêta devant : c'était la copie de l'arrêté ministériel, qui mettait en état de siège les départements de la

Vendée, de Maine-et-Loire, de la Loire-Inférieure et des Deux-Sèvres.

Ma tante, tirant Son Altesse Royale par la manche, voulait l'entraîner : « Ma chère, lui répondit Madame, la chose me touche d'assez près pour que j'en prenne connaissance ; » et elle lut tout, d'un bout à l'autre. Enfin, on arriva rue Haute du Château, n° 8. Au portail, Sillette Pouvreau et Mariette Doré quittèrent leur illustre compagne, et allèrent dire pour elle un « Je vous salue, Marie, » et mettre un cierge à l'autel de Notre-Dame de Bon-Secours.

Il n'y avait dans l'appartement que la plus jeune de mes tantes, Mlle Mathilde de Kersabiec, le reste de la famille étant dispersé par suite des événements. Elle avait, pour la servir et pour lui tenir lieu d'appui, cette excellente femme que nous avons vue au début de ces récits, s'étant comme annexée en quelque sorte à notre famille, Henriette Monnier, fille et sœur de Vendéens tués dans la grande guerre, et qui nous apparaissait à nous, les enfants, si vieille que nous ne l'appelions que « la bonne femme Henriette. » A cette heure matinale, ma tante dormait ; Henriette, dans une chambre à côté, se levait. L'appartement avait deux escaliers, un sur le devant, éclairé sur la rue par où l'on montait habituellement ; l'autre s'ouvrant au fond de la cour, dans une remise, à l'usage des gens de service. Cet escalier, fort obscur, ne recevant aucun jour extérieur, aboutissait au premier étage, tout près de la chambre d'Henriette. Soudain, l'oreille exercée de cette bonne fille entend un léger bruit ; elle s'approche :

— Qui monte ici ?

— Tais-toi ! lui est-il répondu à voix basse.

— Tais-toi ! Je ne veux pas me taire ; qui est là ?

— C'est moi, Henriette ! Tais-toi donc !

— C'est moi ! c'est moi ! qui moi ? Je vais crier, appeler au secours...

Enfin, ma tante Eulalie parut, tirant après elle sa royale compagne, qui, à chaque marche de l'obscur escalier, allait trébuchant.

— C'est vous, mademoiselle ! dit la pauvre femme ébahie.

— Oui, c'est moi, et voilà Madame ! Te tairas-tu, maintenant ?...

Henriette n'eut que la force de se traîner vers la chambre de Mlle Mathilde :

— Mademoiselle, levez-vous !

— Pourquoi ?

— Levez-vous !

— Qu'y a-t-il ? Une visite domiciliaire ?

— Levez-vous !

A ces mots, ma tante Eulalie entra, suivie de Madame, qui toujours mangeait sa pomme.

La Princesse, s'approchant de Mlle de Kersabiec, lui prit la tête en l'entourant d'un de ses bras, et, s'adressant à ma tante Eulalie : « C'est Mathilde ? » lui dit-elle en l'interrogeant du regard ; puis, l'ayant embrassée, elle se laissa tomber sur une chaise en repoussant d'elle ses lourds souliers. Elle souffrait horriblement de cette longue marche faite en partie sans chaussures, en partie avec des chaussures trop courtes ou du moins bourrées de dures étoupes. Mlle Mathilde, prenant une serviette, essuya ces pieds endoloris ; la vieille Henriette suffoquait en un coin. Depuis, Son Altesse Royale Louise de France, Duchesse de Parme, a fait une aquarelle représentant cette scène, et l'a offerte à Mlle Mathilde.

Madame, rompant le silence, exprima tout d'abord le désir qu'elle avait de rester sous notre toit ; puis elle demanda des nouvelles de chacun. Elle et sa compagne ignoraient l'arrestation de mon grand-père.

L'ayant sue, Madame, de suite, s'oubliant elle-même, craignit d'aggraver encore cette situation : « Pauvre homme !

disait-elle avec cette accentuation italienne qui rendait si énergiquement ses sentiments d'affectueuse compatissance ; oh ! pauvre homme !! C'est bien assez ! c'est déjà trop, oui, c'est trop ! Où est Stylite ? — A la Petite-Maison, lui fut-il répondu. — Eh bien, allons la trouver ! » — Puis, revenant à sa première pensée, la Princesse ajouta avec une nuance de regret : « J'eusse pourtant été bien chez vous, Petit-Paul ! — Madame y peut rester si elle le désire, reprit Mlle Mathilde ; nous avons une cachette ; néanmoins, je dois prévenir Son Altesse Royale qu'il se passe peu de jours sans visites domiciliaires... — Vous avez raison ; allons rejoindre Stylite. »

Nous eussions été heureux de prolonger cette hospitalité, qui sera toujours pour notre famille un honneur envié et des plus enviables ; le devoir était de s'oublier. Ma tante Eulalie conduisit immédiatement Son Altesse Royale par le même petit escalier et par des cours intérieures jusqu'à la Petite-Maison. On appelait ainsi de petits appartements dépendant de la Psalette, situés au fond d'une cour, dans la rue Saint-Laurent ; ces appartements avaient deux issues, l'une sur cette rue, qui est une impasse, l'autre sur la ruelle qui longe la cathédrale. On s'était ménagé des intelligences avec les Michaud, gens de service de cette église ; en cas d'alerte, un panneau mobile de la boiserie, dans la chambre que la Princesse occupait, se déplaçant, aurait permis de gagner les caveaux de la cathédrale et de sortir, en passant sous l'édifice, dans la rue de l'Évêché, fort loin de la maison suspectée.

Son œuvre accomplie et la Princesse en lieu sûr, ma tante Eulalie revint dans l'appartement de la rue du Château, où sa présence était nécessaire, pendant l'absence de ses autres frères et sœurs, surtout pendant l'instruction du procès de son père. Madame le comprit et fit courageusement ce sacrifice ; je dis courageusement parce que c'est la vérité : la Princesse aimait extrêmement Petit-Paul, le seul de ses compagnons de

Vendée qui lui restât. Il est vrai qu'elle trouva à la Petite-Maison Mlle Stylite de Kersabiec, mais elle ne la connaissait encore que pour avoir entendu parler d'elle.

Tandis que ma tante Eulalie opérait la rentrée de MADAME à Nantes, la nouvelle de l'arrestation de mon grand-père parvenait au presbytère de Saint-Etienne-de-Corcoué. Mlle Céleste de Kersabiec, que nous y avons laissée, fit promptement ses préparatifs de départ; elle alla à Nantes dans la journée du 10 juin. Son premier soin fut de demander où était son père. On lui apprit qu'après avoir été jeté, à la suite de l'horrible émeute que nous savons, dans les cachots du château, où il avait passé la nuit sans pouvoir quitter ses vêtements trempés d'eau et de sang, on l'avait transporté à l'infirmerie de la prison. Ma tante sollicita aussitôt l'autorisation de l'aller voir. Ce devoir accompli, elle alla à la Petite-Maison, y rendre compte à la Princesse et à sa sœur Stylite de ce qu'elle avait vu et appris.

Avant d'entrer dans les détails de ce procès, j'ai hâte de conduire MADAME à sa définitive retraite.

Assurément la Petite-Maison offrait toutes les garanties de sécurité pour le séjour, toutes les facilités pour la fuite, en cas d'alerte; malheureusement M. le Curé de la cathédrale prit peur. Un matin que mes tantes s'applaudissaient d'avoir conduit la Princesse en cet asile, un messager de ce prêtre, d'ailleurs très pieux et dévoué, vint leur dire qu'elles eussent à prendre de nouvelles dispositions; que la police n'aurait qu'à apprendre la présence de réfugiés aux entours de la cathédrale; qu'il s'en pourrait suivre des visites domiciliaires; qu'on pourrait découvrir les passages secrets, et que dès lors il était difficile de prévoir ce qui adviendrait : il rappela le sac de l'archevêché de Paris, les scènes dont Saint-Germain-l'Auxerrois avait été le théâtre, et il conclut en annonçant que le lendemain, à six heures du matin, un maçon viendrait chez les Michaud, boucher par ses ordres la porte secrète. Il fut impossible de faire revenir le curé sur cette résolution. Le délai accordé était court ; comment trouver une nouvelle retraite et décider MADAME à quitter celle où elle se trouvait bien ? Comment lui faire accepter ce déboire ? Il le fallait cependant ; c'est alors que mes tantes songèrent à de bonnes amies, Mlles Pauline et Marie-Louise du Guini, dont l'hôtel, situé rue Haute du Château, n° 3, contenait une cachette, pratiquée au temps de la Terreur. Mlle Céleste de Kersabiec partit aussitôt pour l'hôtel du Guini et y raconta toute l'affaire.

Pauline, l'aînée de ces dames, lui fit alors cette réponse très simple et très belle : « Ma chère Céleste, nous n'allons pas au-devant du danger, mais quand il se présente, nous l'acceptons. Si MADAME veut bien venir sous notre toit, tout ici est à elle. »

Ma tante se rendit alors à la Petite-Maison, et là, on dut avouer à MADAME ce dont il était cas. La Princesse était vive ; on se rend facilement compte des sentiments qu'elle éprouva ; son cœur élevé souffrait de cette défaillance d'autrui qu'elle ne comprenait pas ; elle allait d'un bout à l'autre de son appartement, se promenant les mains derrière le dos, suivant son habitude et laissant voir la peine qu'elle ressentait. Pas d'illusions possibles à cette heure ; elle n'était plus Princesse et n'était même pas une pauvre femme dans les conditions de malheur ordinaire : on avait peur, on lui refusait asile, il fallait qu'elle partît !... ce spectacle fut douloureux. — Cependant, MADAME reprit promptement possession d'elle-même, et elle écrivit à Mlle Eulalie de Kersabiec ce billet, où l'on ne trouve qu'une très légère trace de ses impressions pénibles :

« Bonjour, mon Petit-Paul. Je viens vous demander les autres choses que vous avez à nous, car ce soir nous nous séparons grâce à la terreur du Curé.

» Avez-vous mes peignes, savon, brosses, etc. ?

» Le papa demande si vous avez ses chaussettes.

» Voulez-vous me faire acheter des boutons ? j'en avais parlé à la Sœur Grise.

» Une *Journée du chrétien.*

» Une *Imitation de Jésus-Christ.*

» Si vous pouvez me faire prêter les deux derniers romans de sir Walter Scott en français vous me ferez plaisir, ainsi que le *Saphir.*

» S'il est arrivé une de nos valises ce sera bien bon de l'avoir.

» Adieu mon Petit-Paul, au revoir.

» P.-P.

» *Petit-Paul.* »

Le Papa était M. de Mesnard : on sait que la Sœur Grise était Mlle Céleste de Kersabiec.

On a là tout Madame, dans ce billet écrit sans préoccupation assurément de publicité quelconque : simple, naturelle, vraie, elle arrange sa vie; chrétienne, elle se résigne et songe tout d'abord à la prière et à la méditation; réduite au dénûment, elle accepte le travail manuel dans ce qu'il y a de plus humble; intelligente et amie des choses de l'esprit, elle se crée des distractions permises; la lecture de quelques journaux, surtout les admirables études de Walter Scott, le chantre écossais des épopées jacobites qu'elle a voulu renouveler en Vendée. Nous y reviendrons.

Le soir, Madame conduite par Mlle Céleste de Kersabiec, descendit la rue Haute du Château, et alla prendre asile chez Mlles du Guini. La Princesse et sa compagne étaient costumées en soubrettes qui vont, leur petit paquet sous le bras, entrer en condition. Ma tante Stylite et M. de Mesnard, rejoignirent peu après Son Altesse Royale.

XVIII.

Une fois Madame en sûreté, on fut tout au procès de mon grand-père qui s'instruisait avec une rapidité et dans des conditions effrayantes. On avait créé, pour la circonstance, un conseil de guerre spécial, présidé et composé par des officiers, qui, ayant combattu ceux qu'ils devaient juger, plaçaient les accusés en une situation vraiment redoutable, dénuée de toute garantie d'impartialité, surtout si l'on se rappelle les excitations sanguinaires de la presse révolutionnaire nantaise et les émeutes de la rue. En face de ce déchaînement de fureurs, il n'y avait que trois jeunes filles : Mlles Eulalie, Céleste et Mathilde de Kersabiec, les autres membres de la famille étant empêchés, les uns, — les hommes, proscrits et dispersés par suite des événements, les autres, — ma mère et mes deux autres tantes, ou bien obligées de se soustraire aux recherches de la police, comme Mlle Stylite, ou bien retenues par d'impérieuses raisons de santé : leurs maris, d'ailleurs, étant sous le coup de la loi et des poursuites, leur présence n'eût fait qu'animer des fureurs déjà bien assez excitées.

Mlles de Kersabiec, obéissant aux conseils d'amis dévoués, demandèrent à M. Billault, jeune avocat de Nantes, déjà remarqué pour son talent, de prendre la défense de leur père ; il ne partageait en rien nos idées ni nos affections ; néanmoins il fut touché de cette confiance. La cause d'ailleurs était périlleuse et de nature à tenter l'ambition d'un homme plein d'ardeur et qui cherche à prendre essor. Il accepta, et je lui dois ce souvenir et cette reconnaissance, il se mit à l'œuvre non seulement avec entrain mais de tout cœur et j'ajouterai avec courage. Madame approuva ce choix. Mes tantes lui faisaient journellement rendre compte de ce qui se passait, car la Princesse avait fait de notre cause la sienne, et c'est pour avoir voulu en quelque sorte les disjoindre ou l'ignorer, que tant de gens curieux de savoir à quoi Madame occupa son temps de retraite à Nantes se sont trouvés réduits à ne contempler que les minuties d'une prudence d'ailleurs très légitime.

Tandis que M. Billault préparait la défense de mon grand-père, de M. Guilloré, son compagnon, ainsi, ne l'oublions pas, que du dévoué serviteur Denis Papin, qui avait été arrêté avec eux, Madame, toujours toute à ses amis, remuait les Cours de l'Europe pour les intéresser à leur sort.

« Mon cher P.-P., voilà ce que je reçois du 16, de M. Joseph :
» A... lui a fait l'accueil le plus satisfaisant; cet espoir n'a pas été trompé ; je n'ai pas eu besoin de l'émouvoir sur le sort de nos prisonniers. Aussitôt que je lui ai fait connaître l'affaire, il m'a promis de plaider leur cause avec toute la chaleur que d'aussi beaux dévouements devaient inspirer ; il s'est engagé à intéresser aussi pour eux la Rus. et la Prusse, et a ajouté qu'il s'occuperait sans retard de cette affaire. Du reste, il ne croit pas que le gouvernement agisse avec rigueur, mais, ne fît-il qu'une victime, notre cœur en serait déchiré. Ap. m'a témoigné le plus vif intérêt sur la position de Pierre.
» Les dispositions de la Hollande, on nous annonce l'attaque.
» La Rus. et la Sard. disent que les cartes vont se brouiller dans peu.
» Adieu, mon Petit-Paul, donnez-moi de vos nouvelles et de *Loulu*, à qui je renvoie son troisième volume et 2 mouchoirs.
» Adieu, au revoir.
» P.-P. »
» Ce lundi, 3 heures.

Il est inutile de dire que A. est le comte Apponyi, ambassadeur d'Autriche près Louis-Philippe ; Joseph doit être

M. Joseph Prévost, que Madame avait surnommé *Choléra* en Vendée ; Pierre doit être elle-même, à moins que ce ne soit le Vte de Kersabiec ; *Loulu* est Mme de Charette, Louise, qualifiée Mademoiselle de Vierzon lors de la mort du duc de Berry et de l'état-civil qui lui fut donné à cette époque. On sait, en effet, qu'elle et sa sœur Charlotte, Mademoiselle d'Issoudun, filles du prince assassiné et de Mme Brown, furent comme adoptées par la Princesse veuve et véritablement traitées par elle en enfants (1).

Cependant le procès et l'instruction allèrent bientôt de telle façon qu'il fut impossible de ne pas voir que toute illusion d'impartialité devait être écartée ; M. Billault, voulant forcer l'autorité militaire à déchirer elle-même tous les voiles, sollicita et obtint une audience du général Solignac. — « Mon Dieu, monsieur l'avocat, lui dit ce général, qui, dans son court passage à Nantes, ne sut inspirer confiance ni estime à personne, — j'en ai pour garant le livre du général Dermoncourt ; — mon Dieu, monsieur l'avocat, vous me parlez d'illégalité, de défense, de garanties, de juges et d'impartialité ; tout cela n'est pas mon affaire ; je fais ici l'office d'un boucher : je tâte les moutons ; une tête de soixante-quatre ans est bonne à jeter au peuple ; ça le contentera. » Paroles sauvages, qui paraîtraient incroyables si elles ne fussent restées bien gravées dans les souvenirs de ceux qu'elles menaçaient dans ce qu'ils avaient de plus cher ; paroles d'ailleurs concordantes aux ordres donnés : « Surtout, pas de prisonniers ! » et à cet aveu fait en face de la cour d'assises de Blois : « Nous avions ordre de faire main basse sur les chefs. »

Mes tantes étaient dévorées d'inquiétude. Un ancien garde

---

(1) Voir pour les détails la *Biographie de Marie-Caroline-Ferdinande-Louise de Bourbon, duchesse de Berry*, par Germain Sarrut et B. Saint-Edme, page 9. — Mme Amy Brown est morte le 7 mai 1876. Convertie par la baronne de Charette de protestante elle était devenue catholique.

du corps, M. Libault de la Chevasnerie, devenu dans ces derniers temps secrétaire des commandements de la Princesse et notre ami dévoué, voyant cette douleur filiale, proposa d'instruire Madame de cette situation particulièrement désespérée; peut-être avait-elle conservé des relations en mesure d'agir sur la reine des Français; n'avait-elle pas toujours continué de parler avec éloge de sa tante Marie-Amélie et des heureuses qualités de ses cousines Louise, Marie et Clémentine ? Mlles de Kersabiec se récrièrent devant la possibilité de semblables ouvertures, et M. de la Chevasnerie n'insista pas. Néanmoins, ayant vu la Princesse, il lui peignit vivement les angoisses de Mlles de Kersabiec, les craintes de M. Billault, et se laissa aller à parler de la pensée qu'il avait eue.

Madame, qui déjà avait écrit au comte Apponyi, comprit qu'il fallait brusquer les choses et, s'emparant de cette idée, se résolut à agir. En vain, Mlle Stylite lui fit-elle de respectueuses observations, Son Altesse Royale était si heureuse d'avoir trouvé ce moyen de prouver sa reconnaissance et son dévouement, qu'elle persista. Cependant, comment s'y prendre? La démarche la plus directe était une lettre émanant d'elle-même; mais à qui écrire? — Sa grande âme comprit que sa tante seule pouvait recevoir sa supplique; elle comprit aussi les difficultés de l'exécution; c'est sans doute ce qui lui aurait fait dire, le lendemain, au comte de Mesnard, si l'on en croit ses mémoires, reproduits récemment en détail : « Je n'ai pas bien dormi; il y a quelque chose qui me tourmente à un point extrême. On me demande une chose très pénible. Mlle Céleste de Kersabiec pense qu'en écrivant à ma tante Marie-Amélie je puis sauver la vie de son père et de plusieurs autres de nos malheureux amis. Je n'ai rien à refuser à une famille qui m'a donné tant de preuves de dévouement, et pourtant cela me coûte plus que vous ne pouvez vous le figurer ! Qu'en pensez-vous ? »

Le comte de Mesnard répondit : « Puisque MADAME me demande mon avis, j'ose lui dire que je suis désolé si elle a fait une telle promesse. La lettre de MADAME peut être repoussée ou mal accueillie, ce qui serait un grand désagrément qu'aucun avantage ne compenserait ; dans le cas contraire, la tante de Son Altesse Royale ne serait probablement pas libre d'accéder à sa demande sans y mettre des conditions que MADAME ne pourrait pas remplir, ce qui la placerait dans l'horrible situation d'avoir entre les mains la vie de ses amis et de ne pouvoir les sauver. »

Il y eut, à ce sujet, une conférence entre la Princesse, le comte de Mesnard et Mlles Stylite et Céleste de Kersabiec. Le comte dit aux deux sœurs : « Mon fils est dans les prisons de Niort. J'ignore jusqu'à quel point il peut être compromis, et j'ai presque autant à craindre pour lui que vous, mesdemoiselles, pour votre père ; cependant, je me tiendrais pour très coupable si j'engageais MADAME dans une démarche qui pourrait compromettre sa situation. »

Mlle Céleste, n'écoutant que sa tendresse filiale, rappelait en pleurant qu'elle avait la promesse de MADAME ; quant à Mlle Stylite, faisant céder toutes ses craintes, toutes ses affections à un devoir qu'elle regardait comme sacré, celui de ne pas compromettre la dignité de la Princesse, elle avait refusé de joindre ses prières à celles de sa sœur et gardait un silence stoïque.

MADAME finit par dire : « S'il arrivait malheur à un de nos amis, je ne me le pardonnerais jamais ; il faut écrire, quoi qu'il m'en coûte. »

Cet exposé est vrai et ne l'est pas. Il est vrai qu'une personne tierce, M. de la Chevasnerie, a parlé à la Princesse d'une démarche personnelle, c'est le *on ;* il peut être vrai que, dans sa conversation avec Mlles de Kersabiec, lorsqu'il leur fit part de son idée, Mlle Céleste ait pu dire que, sans doute, une semblable démarche pourrait avoir sa grande utilité, et qu'il l'ait répété, sans en être chargé, à Son Altesse Royale, mais il n'est pas vrai que Mlles de Kersabiec aient demandé ou fait demander à MADAME qu'elle écrivît à sa tante. Il peut être vrai que, pendant l'admonestation de M. de Mesnard, admonestation assez dure et non méritée, Mlle Céleste ait senti des larmes la gagner sans qu'elle ait réclamé autre chose que l'accomplissement d'une démarche promise, mais non spécifiée dans ses détails, se bornant à une intervention ; il lui était bien permis de ne négliger aucun moyen honorable de soustraire au bourreau la tête de son père déjà sous le couperet. Il n'est pas vrai non plus que Mlle Stylite ait refusé quoi que ce soit des bons offices de MADAME. Si elle s'est tue, ce n'est pas par un stoïcisme déplacé et dont ces messieurs se sont trouvés dans la suite un peu embarrassés, mais par confiance dans les résolutions de MADAME, qui, suivant son expression, « ne changeait jamais. » MADAME, d'ailleurs, a pu dire : « Il faut écrire, quoi qu'il m'en coûte, » mais non pas devant les sœurs, ce qui n'eût pas été généreux, et l'on sait si la grandeur et la générosité n'étaient pas les traits distinctifs de ce caractère vraiment royal.

La famille de Kersabiec n'avait pas conservé de rapports avec M. de Mesnard, aussi n'est-il pas étonnant qu'elle n'ait pas eu connaissance de ce récit et qu'elle n'ait fait aucune réclamation ; il n'en fut pas de même vis-à-vis du baron de Charette, qui, dans son *Journal militaire d'un Chef de l'Ouest*, a reproduit le fait avec encore plus d'inexactitude, toujours dans le but d'opposer les caractères des deux sœurs, inexactitude reproduite dans la *Biographie de S. A. R. la Duchesse de Berry*, par MM. Germain Sarrut et Saint-Edme, publiée en 1841. Aussi, Mlle Céleste de Kersabiec, devenue Mme de Bancenel, a-t-elle cru devoir rétablir les faits dans leur vérité en écrivant la lettre suivante au baron de Charette. Mlle Stylite était morte alors et ne pouvait réclamer :

« Nantes, 24 janvier 1842.

» Mon cher Athanase, votre brochure sous le titre de *Journal militaire*, que vous adressez à Eulalie, a fixé notre attention. Je vous remercie de la justice que vous y rendez à quelques membres de ma famille, mais je m'étonne d'y trouver un fait *complètement faux*. Je dois croire qu'il me suffira de vous le signaler, pour que, par la voix de la presse, vous le démentiez en rétablissant le fait tel qu'il est. Ce fait est la démarche de Madame la Duchesse de Berry près de sa tante, Marie-Amélie. Tout ce que vous en dites est inexact, excepté la lettre en elle-même, dont je n'ai jamais eu connaissance avant l'ouvrage de MM. Saint-Edme et Sarrut. Jusque-là, j'ai su seulement qu'il existait une lettre de S. A. R. à sa tante, touchant les intérêts de mon père ; il est donc inexact que mes sœurs Eulalie, Hélène, Mathilde et moi, ayons demandé *directement* ou *indirectement* à Madame cette démarche ; que j'aie été chargée de cette lettre, que je l'aie emportée, que je m'en sois servie ; elle *n'a donc pu être mon unique espérance*. Il est encore inexact que je sois partie avec M. de la Chevasnerie, mais bien avec M. Maurice Gilet.

» Maintenant, voulez-vous la vérité ? — Vous eussiez dû la demander plus tôt, — la voici : M. de la Chevasnerie a eu seul la pensée de cette démarche ; seul il en a parlé à Madame, seul il est parti pour Paris avec cette lettre. Il a essayé de la remettre à Marie-Amélie, alors à Saint-Cloud ; il ne l'a pu ; il n'y a vu que M. de Montalivet, qui prit la lettre, l'emporta et revint peu après la remettre à M. de la Chevasnerie qui, parti pour Nantes, y rendit compte à Madame de sa mission ; il arriva à Nantes le 23 juin au soir, et, ce jour-là même, j'étais partie de Nantes par la malle-poste, à deux heures après midi. Donc je n'étais pas avec M. de la Chevasnerie.

» Voilà la vérité ; quand on s'en est écarté, même involontairement, on doit y rentrer, et comme ce passage de votre brochure me regarde, puisque c'est moi, nominativement, que vous mettez en scène, c'est moi qui dois vous faire dire que vous avez été induit en erreur. J'attends votre réponse avec l'espérance d'y trouver justice, vérité et affection.

» Votre toujours amie,

» C. de B., née de K. »

Mlle Eulalie écrivit, de son côté, une réclamation dans les journaux : je crois que c'est la *Gazette de France*. Je ne l'ai pas retrouvée : les journaux sont feuilles volantes dont bien peu font collection ; les livres et les brochures demeurent, et c'est là que les chroniqueurs vont chercher leurs renseignements ; mais il résulte d'une lettre de M. le baron de Charette, que j'ai retrouvée dans nos archives (9 juin 1841), que la teneur de la réclamation de Mlle Eulalie ne lui plut pas, n'étant pas dans le sens d'un « article qu'il avait conseillé et préparé. » M. le baron de Charette était un homme excellent avec qui nous étions dans les termes de la plus étroite intimité, mais il avait de la volonté et mes tantes avaient la leur.

Quoi qu'il en soit, outre que MADAME ne pouvait compromettre sa dignité en montrant, ce qui est trop rare chez les princes, toute l'étendue du dévouement à ses amis dont son cœur était capable, le texte de cette lettre prouve que ces craintes étaient chimériques. Cette démarche en dehors des choses ordinaires et dont on ne trouverait pas un autre exemple dans l'histoire n'était-elle pas bien dans les allures de ce caractère, habitué à suivre de préférence les sentiers infréquentés du vulgaire ; par ailleurs, Mlles de Kersabiec n'avaient point à donner une direction à la Princesse, à juger si elle manquait ou non à sa dignité.

Voici cette lettre :

« Quelles que soient les conséquences qui peuvent résulter pour moi de la position où je me suis mise en remplissant mes devoirs de mère, je ne vous parlerai jamais de mon intérêt personnel, Madame, mais, des braves se sont compromis pour la cause de mon fils ; je ne saurais me refuser à tenter pour les sauver tout ce qui peut honorablement se faire. Je prie donc, ma tante, son bon cœur et sa religion me sont connus, d'employer tout son crédit pour intéresser en leur faveur. Le porteur de cette lettre donnera des détails sur leur situation; il dira en outre que les juges qu'on leur donne sont des hommes contre lesquels ils se sont battus.

» Malgré la différence actuelle de nos situations, un volcan est aussi sous vos pas. J'ai connu vos terreurs bien naturelles, à une époque où j'étais en sûreté et je n'y ai pas été insensible. Dieu seul connaît ce qu'il nous destine; et peut-être un jour me saurez-vous gré d'avoir pris confiance dans votre bonté et de vous avoir fourni l'occasion d'en faire usage envers mes amis malheureux. Croyez à ma reconnaissance.

» Je vous souhaite le bonheur, Madame, car j'ai trop bonne opinion de vous pour croire que vous soyez heureuse dans votre position. »

Tel fut ce noble et vigoureux rappel à la justice; il fait honneur au cœur qui l'a dicté, à la main qui l'a écrit; pour le fond comme pour la forme, il ne laisse rien à désirer, et Mlles de Kersabiec n'auraient point à se défendre de l'avoir inspiré, mais, je le répète, MADAME seule en a la glorieuse responsabilité, il suffit à « ses amis » d'en avoir fourni l'occasion : cette lettre est à nous ; nous en sommes fiers. D'ailleurs les prévisions de M. de Mesnard ne se réalisèrent pas. MADAME, satisfaite de ce qu'elle venait de faire, ne le fut tout à fait qu'alors qu'elle apprit le départ de M. de la Chevasnerie pour Paris. Quant à Mlles de Kersabiec, on a vu qu'elles ne surent qu'une chose, c'est que MADAME tentait une démarche en faveur de leur père, et M. le baron de Charette a commis une inexactitude en disant que Mlle Céleste partit « aussitôt emportant cette lettre son unique espérance. » Mlle de Kersabiec partit en effet pour Paris, mais plus tard, comme on va le voir.

XIX.

On était au 20 juin, et le Conseil de guerre s'assemblait le 23. — Personne à Nantes, ami ou ennemi, ne doutait de l'issue sanglante de cette affaire ; le général Solignac devançant le jugement l'avait annoncée à M. l'avocat Billault, il le répétait à qui le voulait entendre, dans ses salons, dans les cafés transformés en clubs. Mlle Céleste de Kersabiec, conseillée par M. Billault, sollicita et obtint une audience de ce général ; il la reçut avec une politesse affectée et ne lui laissa rien ignorer, se plaisant à détailler tout ce qui s'allait passer : « De deux choses l'une, dit-il, ou votre père est tout d'abord condamné à la peine de mort, ou je n'obtiens que la déportation : dans le premier cas, vous en appelez à un conseil de révision, et vous ferez bien, cela gagne toujours du temps ; j'en fais autant dans le second. On casse facilement un arrêt de mort ; un point, une virgule en trop ou en moins, cela suffit. Eh bien, mettons tout au mieux pour vous, vous obtenez un second jugement, je forme un nouveau conseil et devant lui j'aurai ma condamnation ; or, la condamnation, c'est l'exécution dans les vingt-quatre heures, et qui dit les vingt-quatre heures, ajouta Solignac en frappant avec intention sur la poche de son gilet comme pour dire que déjà il possédait des ordres — dit aussi bien la première que la dernière..... Il y en a encore deux, poursuivit-il après un moment de silence, qui y passeront : Guibourg et ce polisson de Puy-la-Roque. » Ces messieurs, en effet, avaient été arrêtés et se trouvaient dans les prisons de Nantes : M. Guibourg s'en étant évadé, à quelques jours de là, costumé en prêtre, se réfugia chez Mlles du Guini ; quant à M. de Puy-la-Roque, les circonstances le mirent à l'abri des souhaits que formait pour lui Solignac.

Devant les cyniques déclarations de cet homme, se délectant à lui nombrer le peu d'heures de vie qui restaient à son père, Mlle de Kersabiec ne faiblit pas ; elle se borna à demander un passeport pour Paris ; il le fallait, puisque le département était en état de siège. — « Volontiers, très volontiers, reprit Solignac avec une bonhomie féline ; vous avez bien raison, le temps presse ; je signerai tout ce que vous voudrez. »

Mlle Céleste de Kersabiec sortit, emportant son passeport, courut à l'infirmerie de la prison et fit part de ses projets à son père. M. de Kersabiec, avant de consentir à son départ, exigea la promesse de ne jamais demander grâce pour lui. Déjà, précédemment, il avait refusé de profiter de moyens d'évasion certains, dans la crainte que sa fuite ne fût cause d'émeutes et d'un surcroît de perquisitions pouvant compromettre la sûreté de MADAME. Mlle de Kersabiec assura qu'elle ne voulait faire qu'une chose conseillée par son avocat : protester contre l'illégalité des procédures et demander des juges.

Pendant cette conversation rapide entre le père et sa fille, conversation qui pouvait être la dernière, M. Berryer fit demander quelques moments d'entretien à la voyageuse ; cet homme célèbre, après avoir tergiversé, non par manque de cœur ou de dévouement, mais par suite de l'impressionnabilité de son caractère accessible à tous, n'avait pu se résigner à s'éloigner du théâtre où se jouait en définitive le grand acte de ses affections ; il avait été arrêté, et se trouvait heureux d'offrir à la cause royaliste le sacrifice momentané de sa liberté. Il témoigna à Mlle de Kersabiec le regret de ne pouvoir lui être aussi utile qu'il l'eût désiré, et il lui remit une lettre pressante pour M. Mandaroux-Vertamy, jurisconsulte distingué du parti.

Il restait bien peu de temps avant le départ de la malle-poste, seul moyen rapide de communication avec Paris qui existât alors ; néanmoins, Mlle de Kersabiec ne pouvait partir sans avoir vu Madame; elle se rendit donc en hâte chez Mlle du Guini. La Princesse, ouvrant les bras, se pendit à son cou et fondit en larmes : — « Oh ! Sœur Grise, Sœur Grise, lui dit-elle, sauvez votre père ! sauvez votre père ! » — Et comme Mlle Céleste, lui rendant compte de sa visite à la prison, lui disait que son père lui avait fait promettre de ne jamais demander grâce pour lui, Madame reprit avec entraînement : « N'en tenez compte ! Sauvez votre père, sauvez-le à tout prix ! »

Le temps pressait. Madame reconduisit Mlle de Kersabiec jusqu'à l'escalier et, tandis qu'elle le descendait, la Princesse, les bras étendus vers le ciel, s'écriait, avec toute sa véhémence italienne : « Que Dieu la bénisse ! Que Dieu la conduise ! Sœur Grise, sauvez votre père ! Sauvez-le à tout prix ! » — Mlle de Kersabiec partit enfin, accompagnée de M. Maurice Gilet, qui était parent de ses cousins germains.

A Angers, le soir, vers six heures, elle se croisa avec M. de la Chevasnerie, revenant de Paris, mais ce fut si rapide qu'elle put à peine l'entrevoir et ne put lui parler. Elle poursuivit son voyage l'âme pleine d'angoisses. M. de la Chevasnerie, de retour à Nantes, rendit compte de sa mission. Porteur de cette précieuse lettre, il avait fait en vain toutes les démarches imaginables pour trouver quelqu'un voulant bien la remettre à son adresse; en désespoir de cause, il était allé à Saint-Cloud et avait obtenu qu'on lui permît de s'asseoir au bas de l'escalier, attendant que quelque grand du jour vînt à passer. Quelqu'un, en effet, lui ayant demandé ce qu'il faisait là, il put, après bien des pourparlers, parvenir à voir M. de Montalivet. Celui-ci prit la lettre et la porta à Marie-Amélie, mais il revint peu après en disant que la Reine ne pouvait la recevoir. Cependant, il est permis de croire qu'on l'avait lue; tout ce qui venait de Madame et de la Vendée ne passait pas indifférent au château ; on avait tremblé lorsque, au commencement du mois, on avait appris ce soulèvement vendéen dont on faisait fi dans certaines demeures de la contrée, alors par trop obstinément prudentes et stoïques, et l'on s'était demandé si l'heure de la vengeance divine et de la peine du talion, qui ne devait sonner que seize ans plus tard, n'était pas déjà venue. D'ailleurs, on pouvait s'attendre, dans l'entourage, à tirer de cette lecture quelques indices qui pussent mettre les gens de police sur les traces : on n'y trouva rien qu'une leçon venue de très haut et dont on ne se devait pas vanter.

M. de la Chevasnerie, ayant pris congé de Madame, courut immédiatement à la malle-poste, et Mlle de Kersabiec, à peine à Paris, fut surprise et heureuse de voir près d'elle cet ami dévoué, dont la présence et l'appui devaient lui être si utiles.

En effet, la situation de cette jeune fille, ainsi transportée des retraites paternelles et de la paisible vie de province au milieu du grand tumulte parisien, n'était pas sans difficultés : de loin, mue par son ardent amour pour son père, elle s'était dit qu'elle romprait tous les obstacles ; vus de près, ces obstacles se dressaient insurmontables. — M. de la Chevasnerie avait à Paris de nombreuses relations ; il y avait surtout un parent en position de le bien diriger, Alphonse Bedeau, depuis le général si connu dans nos guerres africaines. M. Bedeau avait avec notre famille quelques liens de parenté fort éloignés, mais surtout M. de Kersabiec, alors qu'il était colonel de la Légion de l'Orne, avait rendu au frère de cet officier des services qu'on n'oublie pas : on alla le voir, et tout d'abord M. Bedeau, alors aide de camp du maréchal Clauzel, se mit avec le plus grand empressement à la disposition de Mlle de Kersabiec.

La question qu'il s'agissait de faire trancher était celle-ci : les Conseils de guerre n'étant pas légaux dans la circonstance, on doit les mettre à néant, et renvoyer les accusés devant leurs juges naturels, les jurés, siégeant en cour d'assises. — Les amis de Mlle de Kersabiec pensèrent qu'il lui fallait voir le Président du Conseil des Ministres, qui était alors le prince de Talleyrand ; elle y consentit : le vieux et rusé diplomate était malade ; Madame la duchesse de Dino le remplaça. Ce fut un accueil plein de grâces : Madame la Duchesse embrassa la jeune fille intimidée et mit tout en œuvre pour calmer ses inquiétudes. On conduisit de là Mlle de Kersabiec au Ministère de la guerre, chez le maréchal Soult : on y attendait cette visite que le télégraphe de Nantes avait annoncée. Le général Miot reçut immédiatement la visiteuse et n'épargna pas les bonnes paroles, mais Mlle de Kersabiec avait toujours devant les yeux Solignac frappant sur la poche de son gilet et paraissant sûr de « son arrêt de mort ; » elle insista pour voir le Maréchal : — « Que Mlle de Kersabiec se tranquillise, fit répondre Soult, tout arrêt est soumis à la sanction royale, cela résulte d'une circulaire aux généraux dont le texte est précis. » — Mlle de Kersabiec ne se tranquillisait pas : l'amour filial a des intuitions que ne peuvent aveugler les dissimulations les plus perfides. Comme elle regagnait en voiture la maison où elle recevait l'hospitalité, elle fut reconnue par un officier que son père avait eu sous ses ordres, le capitaine Boulé. Arrêtée par lui, elle lui confia ses angoisses. M. Boulé connaissait intimement le secrétaire particulier du Ministre ; il proposa de savoir par lui le fond des choses : ce fut accepté. M. Boulé revint bientôt la figure consternée : — « Oui, dit-il, il y a des ordres, écrits ou verbaux ? je ne sais, mais il y a des ordres : mon colonel sera condamné et exécuté. »

Ces pas, ces démarches, ces audiences avaient demandé un temps pendant lequel la procédure, à Nantes, avait marché. Le général Solignac, au jour dit, 23 juin, avait réuni le Conseil de guerre : la foule surexcitée encombrait les rues, on avait dû prendre contre elle les plus grandes précautions ; partout on entendait des cris sauvages, des hurlements sanguinaires. Le tribunal siégeait dans l'hôtel de Rosmadec, rue de la Commune, aujourd'hui occupé par les Frères des Écoles chrétiennes ; toutes les issues en furent gardées militairement ; un piquet d'infanterie stationnait dans la cour.

La séance s'ouvrit à onze heures : le colonel de gendarmerie Chousserie présidait, M. le capitaine O'Keef fut rapporteur. On lut l'acte d'accusation en l'absence des prévenus, car, outre M. de Kersabiec, il y avait encore sur ce banc M. Guilloré, qui avait été pris avec lui, et Denis Papin, son domestique, qui l'avait suivi au feu : un noble, un bourgeois, un enfant du peuple unis par les mêmes liens de fidélité au vieux droit français, menacés de mort pour l'avoir voulu soutenir. Mlles Eulalie et Mathilde de Kersabiec, qui, seules de la famille, se trouvaient en position de se montrer, retirées dans une pièce contigüe, dont la porte resta ouverte, furent spectatrices de ce drame : elles virent et entendirent tout ce qui fut fait et dit contre leur père. Ma mère et ma tante de Biré, dont les maris étaient sous le coup d'une accusation capitale, ne purent les accompagner, leur présence aurait pu exciter encore plus les passions sanguinaires.

Je n'entrerai pas dans le détail ; il se trouve dans la *Gazette des Tribunaux* du 27 juin 1832. Qu'il suffise de savoir que l'attitude pleine de calme et de politesse de M. de Kersabiec imposait à ses juges, et que plusieurs fois l'émotion en sa faveur se traduisit dans l'assistance par des signes certains. Est-ce le résultat d'un trouble qui aurait gagné le Président lui-même ? toujours est-il qu'il arriva ce fait étrange, qu'un témoin, dont la déposition était accablante, s'étant présenté, comme on lui demanda s'il reconnaîtrait bien celui qu'il accusait, ayant répondu affirmativement avec assurance, le Président s'adressant au principal prévenu, lui dit : « M. de

Kersabiec, levez-vous ! » C'était le désigner à son accusateur... or, celui-ci indiqua du doigt M. Guilloré ! L'hésitation de ce témoin suivie de sa méprise fit un effet prodigieux sur l'auditoire : M. Billault en prit acte immédiatement ; néanmoins le capitaine O'Keef soutint l'accusation avec « force, chaleur et conscience » c'est toujours la *Gazette des Tribunaux* qui le dit. Or, quelques jours auparavant, Mlle Céleste de Kersabiec était allée pour voir ce capitaine ; elle n'avait trouvé que sa vieille mère, laquelle lui avait dit : « Mon fils est un bon fils, fiez-vous en lui ! » Il paraît que les accusateurs publics sont sujets à des entraînements professionnels, et qu'il ne faut pas s'y fier.

Alors Billault se leva et déclara qu'il ne partageait nullement les opinions politiques de son client, puis abordant la question de compétence du Conseil, il la combattit avec énergie ; il s'attacha surtout à faire ressortir l'illégalité de l'ordonnance ministérielle, puis, arrivant aux faits, il les discuta et se tournant vers l'auditoire il s'écria : « Que veut-on donc, Messieurs, aujourd'hui ? Ce n'est pas la vengeance, car personne de nous n'en a soif..... Souvenons-nous que nous n'avons pas toujours été triomphants,.... Qu'on applique aux coupables des peines sévères : la déportation, la réclusion perpétuelle, mais du sang ? Non ! »

« Du sang ! le sang des condamnés fit-il jamais du bien au pays !... Est-ce par le sang versé que l'on pense faire rentrer dans nos rangs les enfants de ces hommes prévenus, égarés ? Au nom de la patrie, au nom de la liberté, au nom de notre devise sacrée : Liberté, Fraternité, je demande que le sang ne soit pas versé. Je demande l'économie du sang..... Je ne me dissimule pas que j'ai des passions à combattre, des préjugés à vaincre ; je sais qu'en réclamant si fortement la clémence, je me compromets moi-même aux yeux de mon parti ; mais j'en appelle à ces âmes généreuses qui ne se laissent pas aller aux impressions du moment ; j'en appelle à ces esprits élevés, qui savent lire dans l'histoire du passé comme dans celle de l'avenir ; ceux-là du moins me comprendront. »

La vengeance ! le sang ! c'était pourtant bien là ce que voulait la bête populaire amenée à cette porte ; on lui avait promis cette « tête de soixante-quatre ans bonne à jeter au peuple ; » elle l'attendait et, comme on semblait tarder, elle se mit à gronder, à hurler, à la réclamer avec emportement. Au moment où le tribunal devait délibérer, on fit retirer les accusés et, comme le bruit se répandit qu'ils étaient acquittés, l'émeute ignoble et sanguinaire se déploya dans toute son horreur. « Les cris : *A bas les chouans ! Mort aux brigands !* se font entendre. » On entoure la voiture qui transporte à la prison M. de Kersabiec et ses compagnons ; on lance une grêle de pierres, elle en est criblée, les gendarmes de l'escorte en sont atteints. « Nous gémissons, ajoute hypocritement l'*Ami de la Charte,* dont nous extrayons ces détails, nous gémissons en voyant de braves militaires, des citoyens bien dévoués à la Révolution de Juillet, et qui risquent tous les jours leur vie pour le maintien du drapeau tricolore ; nous gémissons en les voyant devenir victimes de la haine que les carlistes inspirent, eux (les gendarmes) qui poursuivent les brigands carlistes avec tant de zèle et sans presque prendre de repos. » Ah ! si les gendarmes eussent voulu comprendre les désirs de l'honnête journal ! comme les victimes eussent été mises en pièces avec entrain ! M. de Kersabiec, quelques jours auparavant, n'avait-il pas été désigné à ces fureurs dans un article infâme que Mlle Mathilde de Kersabiec avait dû relever avec indignation ?

Tandis qu'une partie de la foule suit cette voiture et l'accompagne de ses cris jusqu'à la prison, l'autre assiège les portes du Conseil et prétend, par ses vociférations, imposer un arrêt de mort à la conscience des juges. La *Marseillaise,* présentée depuis comme un hymne presque religieux, et qui demeure toujours le rugissement de l'anarchie internationale, hurlée par des milliers de voix, retentit autour de cette enceinte où se pesaient trois destinées, et réclame « le sang impur ! »

La décision qui intervint fut une sorte de transaction : après deux heures de délibération, M. de Kersabiec, déclaré coupable, vit, grâce à des circonstances atténuantes que quatre voix contre trois lui accordèrent, la peine de mort changée en celle de la déportation. « Dès que ce jugement fut connu, continue le journal révolutionnaire, dès que l'on a su que Kersabiec était condamné à la déportation et non à la mort, les chants ont cessé pour faire place aux plus horribles imprécations ; ce n'était pas du mécontentement, c'était de la fureur, de la rage, du désespoir !... Ce trouble s'est étendu dans plusieurs quartiers et n'a fini qu'après minuit. »

Mlles Eulalie et Mathilde de Kersabiec étaient demeurées enfermées à l'hôtel de Rosmadec ; comment en sortir ? Elles eussent été déchirées par ces furieux ; elles se retirèrent enfin par une porte dérobée, protégées par des gardes nationaux qui les reconduisirent chez elles. Le défenseur lui-même, quoique libéral, fut insulté ; force lui fut d'attendre, lui aussi, le moment favorable. Comme on lui proposait de revêtir au moins un habit de garde national, fort bien noté alors, il refusa : « Non, dit-il, si la robe de l'avocat doit lui être chère, c'est quand il la porte en des moments comme ceux-ci. » — Nos parents ont acquis à leur nom une certaine notoriété, mais assurément on ne peut dire qu'elle ne leur ait pas coûté.

Ainsi que l'avait annoncé Solignac, appel fut immédiatement fait de ce jugement : cet homme, oubliant toute dignité, ne craignit pas de se faire le valet de l'émeute : il se rendit dans les groupes et dans les cafés, promit et assura que le jugement serait cassé. M. Solignac dut être rapporté ce soir-là à son hôtel.

Ces détails étaient nécessaires pour bien comprendre l'état de Nantes en ces jours de folie révolutionnaire. Si l'on pouvait me soupçonner de charger les choses et les hommes, je rappellerais les emprunts que je viens de faire plus haut à l'*Ami de la Charte* et à la *Gazette des Tribunaux,* journaux de l'époque, et j'ajouterais cette simple citation, extraite du livre du général Dermoncourt, *la Vendée et* MADAME : « J'arrivai pour voir la fin de l'émeute, dans laquelle le général Solignac joua le rôle qui lui valut son rappel. »

MADAME, enfermée à l'hôtel du Guini, situé dans le quartier même d'où l'émeute partait et où elle revenait, assistait à ce spectacle, voyait les groupes enfiévrés passer et repasser sous ses fenêtres, entendait leurs vociférations et leurs propos sanguinaires. Elle avait près d'elle Mlle Stylite de Kersabiec, plongée dans une douleur profonde. Quelle nuit ce fut! Et pourtant telle avait été l'angoisse précédant ce jugement, que l'arrêt de déportation fut considéré comme un bonheur et que les visites de félicitations se succédèrent chez nous! Ah! certes, MADAME, de son côté, ne regrettait pas d'avoir tout tenté pour appeler, en vain malheureusement, l'intérêt de sa tante sur ses amis. Si son cœur était brisé, sa conscience était à l'aise.

Solignac ne devait pas lâcher si facilement sa proie. Ainsi qu'il l'avait annoncé, un conseil de révision fut immédiatement convoqué; le soir même, on écrivit à la main sur les billets destinés aux gardes nationaux : « Le jugement d'hier est cassé! » et on jeta cette bonne nouvelle au peuple; l'émeute rugit de nouveau et se reprit à espérer. M. de Kersabiec, du fond de l'infirmerie de la prison, entendait les murmures lointains de cette tempête humaine et les coups de pierres qui, de temps à autre, à défaut des bras retenus par les baïonnettes, s'abattaient sur les portes et les ébranlaient; il embrassa d'un coup d'œil ferme sa position et comprit le sort qui l'attendait; il reconnut qu'il n'avait plus qu'à choisir entre la mort sortie du sein d'un peloton ou la mort telle que le peuple sait la donner; dès lors, il ne songea plus qu'à s'y préparer et à préparer les siens à cette prochaine séparation. Il leur écrivit le 25 juin 1832, à trois heures et demie :

« D'après les détails qu'a bien voulu me donner le bon M. Billault, il paraît, mes chers enfants, que le mystère d'iniquité doit se consommer : ma tête paraît promise à la populace ameutée. Le général Solignac a rappelé ou fait rappeler de ma première condamnation et me voilà traduit devant un second conseil de guerre, où une condamnation à mort est inévitable, si la populace ne m'assassine pas avant d'y être arrivé. Voilà donc, mes bons amis, le résultat de tant de politesses affectées... Que la volonté de Dieu s'accomplisse !!!

» Priez et faites prier pour moi. J'aimerais et j'aurais bien de la peine à vous voir... Je vous bénis tous, mes bons amis, enfants et petits-enfants... J'ai l'espérance, avec la grâce et la miséricorde de Dieu, de rejoindre bientôt votre si bonne et tendre mère... Priez pour nous... Je vous bénis tous derechef et j'espère mourir sans crainte et sans reproche, heureux si mon sang suffit aux cannibales qui en demandent l'effusion et peut épargner celui de mes bons compagnons de captivité et d'infortune.

» Je vous embrasse comme je vous aime, de toutes les facultés d'un père et du meilleur ami. »

Triste coïncidence : ces amertumes se précipitaient dans ces jours mêmes où l'on aimait à célébrer en famille la Saint-Jean, fête patronale de ce bon père !

Cependant, de Paris, Mlle Céleste de Kersabiec tenait ses sœurs et, par elles, MADAME et M. Billault au courant des démarches qu'elle faisait, des bonnes paroles qu'on lui donnait... Elle avait reçu, notamment, de Mme la duchesse de Dino, ce billet, écrit dès qu'on sut, au ministère, la nouvelle du premier arrêt rendu :

« Mardi soir.

» Je suis heureuse de vous assurer, Mademoiselle, qu'il n'est nullement question de peine capitale pour Monsieur votre père ; il est condamné à la déportation, ce qui, dans notre législation actuelle, signifie réclusion perpétuelle. Peu de choses sont perpétuelles en ce monde, et ce dont il s'agit, bien moins encore ! La douceur de notre gouvernement, l'esprit et les mœurs du temps adouciront, au bout de quelques mois, ce que l'arrêt a de sévère maintenant. Voilà ce qui m'a été assuré, positivement assuré, par trois membres principaux du cabinet, et ce qui me paraît de nature à calmer la partie la plus cruelle de votre anxiété. Soyez persuadée que plus d'une voix s'élève en faveur de la clémence et qu'elle sera écoutée.

» Adieu, Mademoiselle, je vous remercie de m'avoir rendue le témoin de votre courageuse douleur et d'avoir compris qu'elle amenait au cœur une sincère et vive sympathie ; que le ciel bénisse et couronne vos efforts.

» Duch. DE DINO. »

N'est-ce pas qu'il est curieux ce billet diplomatique ? Il ne faut pas douter des bons sentiments qui l'ont dicté, mais qui sait ? Peut-être la Duchesse était-elle le jouet des habitudes de la maison ? Toujours est-il, qu'à Nantes, au milieu de ces cris de mort, de ces émeutes, et en présence de la faiblesse et de la connivence de l'autorité, on ne se pouvait tranquilliser, aussi M. Billault écrivit-il à Mlle de Kersabiec, le 29 juin :

« MADEMOISELLE,

» La lettre que vous avez écrite hier à Mlles vos sœurs, nous a un peu consolés du nouveau revers que nous avons éprouvé ici. Le conseil de révision s'est assemblé hier et il a annulé le jugement rendu contre M. votre père ; nous allons être soumis à de nouveaux débats : je vous avoue que je n'ai guère d'espérance et leur issue me semble trop facile à prévoir. C'est à Paris désormais qu'il faut concentrer nos efforts, c'est là qu'est maintenant toute notre espérance. Je pense comme vous, Mademoiselle, qu'à Paris l'on ne veut pas de sang, mais il ne faut pas qu'au Ministère on juge par Paris de la province ; ici l'exaspération est extrême et, la condamnation étant prononcée, je craindrais beaucoup qu'on ne cédât et que le jugement ne fût exécuté si des ordres formels n'étaient donnés à l'encontre. Je vous avoue que je désirerais avoir en main un ordre spécial pour M. votre père ; les instructions générales peuvent ne pas être assez fortes, et après avoir exécuté malgré elles, il y aurait toujours une excuse facile dans l'exaspération populaire, le besoin de prévenir une émeute, etc. Tâchez donc d'obtenir une défense spéciale d'exécution pour M. votre père, qu'elle soit adressée à l'autorité militaire, à Nantes, et que j'en aie, s'il est possible, un duplicata.

» Je ne pense pas que M. votre père soit rejugé avant le 5 ou le 6 du mois de juillet, mais mettons-nous en mesure ; comptez au surplus sur tout mon zèle, et veuillez agréer le respect avec lequel j'ai l'honneur d'être

» Votre obéissant serviteur,

» BILLAULT. »

Une remarque s'impose : le premier jugement est du 23 au 24, l'arrêt d'annulation est du 28 ; et dans l'intervalle, devançant cet arrêt non encore rendu, Solignac avait affirmé que le jugement du 24 était cassé ! mon grand-père avait raison lorsqu'il flétrissait ces tripotages sanguinaires du nom de « mystère d'iniquité. »

A la lecture de cette lettre de M. Billault, en présence des révélations faites par le capitaine Boulé et, déjà, du commencement d'exécution des plans détaillés par le général Solignac, Mlle de Kersabiec se trouvait dans un grand embarras. Que faire ? — « Ecrire à la Reine des Français, » dirent tout d'une voix ses amis. — « Je ne le puis, mon père m'a défendu de demander grâce, j'ai promis d'obéir. » — Par ailleurs, la voix, les ordres de Madame la Duchesse de Berry suppliant Sœur Grise, à son départ, de sauver son père, de le sauver à tout prix, retentissaient à son oreille... Mlle de Kersabiec se décida et écrivit non une supplique demandant grâce, mais seulement un sursis à l'exécution ; en se réduisant à cette démarche, ce ne fut pas la moindre des marques de dévouement filial qu'elle produisit. « C'est pour mon père, y disait-elle, âgé de soixante-quatre ans, que je viens solliciter un sursis d'exécution, quelle que soit la sentence que l'on portera contre lui. Mon père n'ayant pas été pris les armes à la main, n'ayant contre lui aucun fait prouvé, ne pourrait être sacrifié qu'à des exigences populaires. »

Pendant que Mlle de Kersabiec écrivait, Bedeau était allé chercher un messager sur qui il pût compter : ce fut le général de Berthois. Le dîner venait de finir à Saint-Cloud lorsque cette lettre fut remise à son adresse. On dit que la Reine des Français fut émue : toujours est-il que le lendemain, vers onze heures, M. Mandaroux-Vertamy vint voir Mlle de Kersabiec et lui apprit que, sur des ordres reçus, la Cour de cassation avait hâté ses décisions ; qu'elle s'était prononcée en un sens favorable et qu'on avait dû télégraphier à Nantes, pour que les choses restassent en l'état ; tout en maintenant les arrêts rendus, la Cour mettait à néant, pour l'avenir, les pouvoirs des Conseils de guerre spéciaux, et renvoyait les accusés non jugés devant le Jury en Cour d'assises. Par suite de l'appel précipité de Solignac et de l'annulation hâtivement prononcée du premier jugement, M. de Kersabiec se trouvait en ce cas : ainsi Dieu se joue des mauvais desseins des hommes. Le général Solignac ne pouvait plus rester à Nantes ; il fut rappelé et remplacé par le général Drouet comte d'Erlon.

Mlle de Kersabiec dut rester encore à Paris, retenue par les soins à donner à la nouvelle direction que prenait le procès de son père : elle obtint qu'il passât devant la Cour d'assises d'Orléans, siégeant à Blois : cette ville avait semblé calme et dans des conditions de nature à assurer l'impartialité des juges et la liberté de la défense. Elle ne fut de retour que le 16 octobre.

XX.

Ce fut au moment où les scènes révolutionnaires que je viens de raconter épouvantaient Nantes, que M. de Charette rentra dans cette ville, le 26 juin. Un calme relatif s'établit, pendant lequel néanmoins les visites domiciliaires se succédèrent dans les campagnes. Il y en eut deux à la Marionnière ; j'ai le souvenir de l'une d'elles. Détail assez caractéristique : les gens de la police envoyés pour saisir notre père, compromis et condamné à mort par contumace, ne se faisaient faute de nous interroger, nous, les enfants âgés de sept, de cinq et de trois ans, cherchant ainsi à nous rendre délateurs : ils trouvaient cela naturel ! Je me souviens très bien que Jean, mon plus jeune frère, mort depuis devant l'ennemi, répétait tout ce qu'on voulait lui faire dire : il assurait surtout la présence de caveaux qui n'avaient jamais existé que dans son imagination, ou dans celle de ses bonnes, alors qu'il fallait le faire taire quand il faisait le méchant ; et ces malheureux se donnaient une peine ridicule pour découvrir ce qui n'avait aucune réalité. Imitant ceux qui, au Temple, abusèrent de la simplicité du Dauphin, ils nous faisaient aussi crier : « Vive Louis-Philippe ! à bas les chouans ! » Je n'en fus pas, non par bravoure, mais en suite d'habitudes contraires : comme, tout fier de mon importance de sept ans, j'allais affairé de chez ma mère, retenue dans sa chambre, au rez-de-chaussée, on me dit : « Allons ! crie comme tes frères ? » — Eh bien, vivent les chouans ! — « Ah ! mauvais petit b.... ! » mais j'étais déjà remonté : à soixante-dix ans je ris de mes prouesses ! Ces gens de police étaient accompagnés d'un détachement du 32e et du 50e de ligne, qui pendant plusieurs jours tint garnison chez nous. Je dois ajouter que les officiers, peu satisfaits de ce rôle, ne parurent jamais devant ma mère, et prirent gîte, tout ce temps, au bourg du Pont-Saint-Martin.

A peine à Nantes, M. de Charette vint rendre compte à MADAME de ses derniers jours passés en Vendée ; pour le moment, il n'y avait évidemment aucune possibilité de recommencer la lutte, aussi, lui proposa-t-il de mettre sa personne à l'abri : on avait un vaisseau préparé pour l'emmener hors de France. MADAME ne put se résigner à cette extrémité : « J'ai compromis trop d'intérêts pour les abandonner jamais, » répondit-elle ; et, comme on lui représentait qu'en restant en Vendée elle attirerait plus de rigueurs sur les siens, elle ajouta après quelques moments d'hésitation : « Je ne puis mettre ma tête à couvert, quand celle de mes amis est sous la main du bourreau. Mon départ ne désarmerait pas le pouvoir. Si, au contraire, je suis arrêtée, alors je deviendrai pour lui un gage de sécurité et il cessera de les tourmenter. D'ailleurs j'ai écrit aux Souverains de l'Europe ; j'ai renoué ma correspondance sur plusieurs points de la France ; je ne puis m'éloigner, sans connaître préalablement l'opinion de ceux que j'ai consultés. » — Il n'y eut plus à insister pour le moment. — On était au plus fort du procès de mon grand-père.

Cette correspondance de MADAME entraînait un travail énorme. On pourra s'en faire une idée lorsqu'on saura que, rien que dans les papiers trouvés dans la cachette où Son Altesse Royale fut prise, on compta plus de neuf cents lettres écrites de sa main. Elle travaillait au moins six heures par jour, tant à déchiffrer qu'à écrire et transcrire ; et comme le plus souvent on se servait pour cela d'encre blanche appelée sympathique, ce travail devenait très fatigant. Quelquefois, lorsqu'il y avait des courriers qui devaient porter vingt ou

Marie-Catherine-Siméon-Stylite
SIOC'HAN DE KERSABIEC

trente lettres, la Princesse travaillait du matin au soir, ne prenant que le temps de manger. Il y avait vingt-quatre chiffres différents pour correspondre avec les diverses parties de la France. Deux personnes aidaient MADAME dans ce gigantesque travail : M. de Mesnard et Mlle Stylite de Kersabiec.

Je pourrais faire le portrait de ma tante; je préfère, comme toujours, laisser parler autrui. Voici ce qu'en dit M. de Charette : « Qu'il nous soit permis de consacrer quelques lignes à Mlle Stylite de Kersabiec, dont le dévouement sembla toujours grandir avec les difficultés. Quand les temps mauvais seront passés, quand la société elle-même aura fait justice des exagérations, qui sont inséparables du choc des passions, alors elle dira avec nous qu'elle eut des vertus qu'on rencontre rarement de nos jours. Avec de l'esprit et une grande facilité d'élocution, Mlle Stylite de Kersabiec possède de l'élévation dans la pensée, un esprit prompt à concevoir et à exécuter. Elle a le malheur d'être une femme politique. Les hommes qui ne savent plus l'être, disent cependant bien haut qu'elle usurpe leur place; la plupart des femmes ne veulent pas ou ne peuvent pas la comprendre (1). »

Que si l'on venait à dire que ce portrait tracé par une main amie est un éloge, je placerais auprès quelques lignes tombées d'une plume non suspecte : « Je ne connaissais point, dit M. de Mesnard dans ses *Mémoires*, Mlle Stylite de Kersabiec; c'est, selon M. de Charette, une personne de fort bon conseil et de grande énergie. Ce qu'il y a de très certain, c'est que, d'après mes observations, je la tiens pour une fille d'infiniment d'esprit, parlant avec une rare facilité et émettant des opinions qui me feraient penser, si je fermais les yeux, que j'entends plutôt parler un homme qu'une femme. Elle a pris sur MADAME un grand ascendant, mais je crois que les affections de Son

---

(1) *Journal militaire d'un Chef de l'Ouest.*

Altesse Royale sont toutes pour son cher Petit-Paul. » M. de Mesnard ajoute qu'il « n'a jamais beaucoup aimé » ma tante, qui « le lui rendait bien. » — Cependant, je dois faire une remarque : Mlle de Kersabiec n'eut jamais l'intention d'être et, en réalité, n'est pas une femme politique ; elle fut simplement une femme dévouée à l'œuvre qui lui fut présentée, qu'elle ne recherchait pas et qu'elle remplit à défaut d'autres. Au surplus, j'estime que, dans la patrie des Clotilde, des Jeanne d'Arc et de tant d'autres, on ne saurait, de prime abord, considérer comme un malheur d'avoir été femme politique ; elle a recueilli plus de déboires que d'encouragements : il est vrai que la postérité lui a rendu et lui rend justice. Il ne faudrait pas croire non plus que MADAME n'agréait que quasi contrainte ou forcée le dévouement de Mlle Stylite de Kersabiec ; ce dévouement, comme le caractère de celle qui l'offrait sans mesure, était sérieux et ne reculait pas au besoin devant des conseils désintéressés ou peu agréables, gravité qui ne conduit pas aux épanchements d'une tendresse féminine ; Petit-Paul, placé en des circonstances différentes, n'eut pas à se prononcer en des occurrences délicates. MADAME appréciait les hautes qualités de Mlle Stylite et lui conserva une affection réelle.

A ces portraits s'occupant surtout de rendre les traits de la femme censée politique, puisque le mot a été dit, ajoutons celui-ci peint par un prêtre sérieux qui vit Mlle de Kersabiec à Mende ; parlant de la prise de MADAME et de sa captivité, il s'exprime ainsi : « Cette circonstance solennelle était nécessaire pour trahir le secret de ses charités, et révéler cette fille généreuse, sans cela, l'on aurait peut-être à jamais ignoré ce haut caractère, cette vive piété, cette tendre compassion, ce zèle, ce courage d'une bienfaisance toute chrétienne ; l'amitié elle-même n'aurait peut-être pas osé, sans motif, divulguer ce qu'elle a vu ; elle se serait fait une loi de ne pas faire connaître à d'autres, les œuvres pieuses que Mlle de Kersabiec semblait vouloir se cacher à elle-même, et qu'elle ensevelissait avec tant de modestie et d'humilité; il a fallu qu'elle fût surprise dans une occasion si éclatante, il a fallu que la gloire de la très illustre prisonnière de Blaye rejaillît malgré elle sur sa modeste et courageuse compagne, et que la même trahison qui a livré la Princesse à ses ennemis, déchirât en quelque sorte le voile qui couvrait cette belle vie. »

Et ailleurs : « On l'a vue non légère et empressée dans les fêtes du monde, mais grave et assidue dans les prisons; on l'a vue, non briller, comme elle l'aurait pu, par ses grâces et son esprit, mais fuyant l'éclat et gardant pour un plus noble usage les dons que la nature lui avait prodigués (1). »

Les correspondances de MADAME n'avaient pas pour but, ainsi que l'a voulu faire croire Deutz et, depuis, ceux qui l'avaient soudoyé, soit la guerre étrangère et l'invasion, soit la guerre civile prolongée ; toutes les pièces saisies depuis, — et l'on a dit si elles sont nombreuses ! — démontrent le contraire. On était au plus fort des difficultés soulevées par la révolution de Belgique ; la France allait-elle être entraînée à faire la guerre ? En ce cas, quelles en seraient les suites ? On pouvait s'en inquiéter. MADAME redoutait une invasion; elle redoutait aussi pour sa race la possibilité de nouvelles calomnies. Si, par suite des chances de la guerre, son fils était appelé à remonter au trône, ne dirait-on pas qu'il y avait été ramené par les étrangers ? Elle avait tant souffert de cette accusation injuste et ingrate ! Elle voulait qu'on ne pût la répéter et, pour cela, sa présence était, pensait-elle, nécessaire en France, où elle pourrait, à un moment donné, grouper autour d'elle et de son fils le parti national. Quant à ses rapports avec l'intérieur, ils avaient un double but : expliquer ce plan de restauration monarchique par les seules forces françaises et faire prendre

---

(1) *L'Œuvre des prisons, quelques réflexions sur la vie de l'auteur,* par M. l'abbé J***, Lyon, chez M. P. Rusand, 1833.

patience à ses partisans, en calmant l'ardeur des uns, en soulageant la misère des autres.

Tandis que Madame parcourait ainsi l'Europe et la France en pensée et les occupait par ses actes, elle était, de fait, resserrée en une étroite prison. L'hôtel du Guini est une toute petite maison sans cour ni jardin : deux pièces au rez-de-chaussée, deux au premier étage, deux au second et des mansardes, — et quelles mansardes ! — Son Altesse Royale les occupait ; il le fallait : Si quelque chose eût été dérangé aux habitudes modestes de Mlles du Guini, ce qu'on voulait cacher eût été bientôt dévoilé. Madame souffrit beaucoup durant cet été, passé ainsi sous les toits par les grandes chaleurs et dans un temps où le choléra nous faisait ses premières visites, renouvelées depuis. La Princesse avait l'âme impressionnable. Une grande partie des enterrements, que le fléau multipliait, passait sous ses yeux ; elle en fut bientôt si frappée, qu'ayant eu un jour une indisposition, d'ailleurs assez sérieuse, elle se crut atteinte de cette cruelle maladie. Son sang-froid ne l'abandonna pas cependant, ni surtout le sens chrétien ; ce fut elle qui, ranimant le courage de ceux qui l'entouraient et dont la mortelle inquiétude se comprend, dirigea les secours. — « Comment sont mes pieds, mes mains ? disait Madame. Quand ils seront froids, frottez-les, mettez des briques brûlantes et envoyez chercher le prêtre et le médecin ; avant cela, il n'y a pas de risque. »

Ce fut une fausse alerte ; Madame revint à la santé et à la dure existence que les circonstances lui avaient faite : le travail incessant et la réclusion.

Depuis ces événements, on a souvent dit, et beaucoup de personnes, dans le peuple surtout, qui prennent leurs imaginations pour des réalités, ont répété qu'on avait vu, qu'elles avaient vu Madame se promener dans les rues de Nantes costumée en ouvrière ; c'est une erreur : la Princesse ne sortit de chez Mlles du Guini que pour aller prisonnière au château, situé en face. D'autre part, MADAME ne reçut que peu de visites ; cela devait être, néanmoins cela n'a pas toujours été compris. Il y a des gens, grands faiseurs de projets, volontiers grands sauveurs, à les en croire, des causes compromises, qui songent à placer leurs plans. Ils s'étonnent que les portes restent prudemment closes. On savait que Mlles de Kersabiec ne pouvaient ignorer la retraite de MADAME ; on eût voulu qu'elles eussent dévoilé ce secret qui n'était pas à elles ; on leur a fait quelquefois un grief de leur discrétion... Plût à Dieu que d'autres les eussent imitées ! Deutz ne serait pas parvenu jusqu'à sa victime.

MADAME, en sa réclusion, trouvait un grand soulagement dans cette pensée, qu'elle souffrait pour l'accomplissement de ses devoirs, devoirs de mère et devoirs de Française. « Ah ! disait-elle souvent, mon fils ne saura jamais ce qu'il me coûte ; les dangers que j'ai courus et auxquels je suis exposée, ne sont rien ; je voudrais encore être dans les forêts de la Vendée plutôt que faire ce métier ! Ah ! mon bon Henri ! ma chère Louise ! que font-ils maintenant ? Pensent-ils à moi ? on leur dit peut-être que leur mère est une extravagante ? qu'elle est malheureuse par sa faute !... *Oui, on est toujours coupable quand on ne réussit pas (1)* ! — Et c'était bien cela ! MADAME n'avait pas que des amis près de Charles X.

MADAME avait beaucoup de cœur ; sans cesse sa pensée se reportait vers ceux qu'elle aimait. Que de charmants détails, combien de naturel, d'abandon, de familiarité dans ses conversations ! La famille, cette famille de Naples, si unie, si affectueuse, si simple dans ses habitudes, que l'horreur de l'étiquette rendait d'autant plus chère que les sentiments s'y montraient plus vrais, était le sujet préféré de ses causeries ;

---

(1) *La Vendée et* MADAME, par le général Dermoncourt.

tout partait de là, tout y aboutissait. C'était l'enfance, et la Sicile, et Palerme avec ses dévotions, et sainte Rosalie, la grande patronne; c'étaient les campagnes de l'Etna, à demi sauvages avec leurs superstitions et leurs sorcières; c'était la gaie jeunesse, et Naples, et les bords de la mer si bleue, et le Vésuve, et Sorrente, et les beaux palais italiens; puis les souvenirs de l'Elysée-Bourbon, et Rosny, son cher Rosny..... MADAME passait rarement au-delà. Souvent les réflexions les plus inattendues interrompaient ou complétaient ces souvenirs. Vraiment heureuse de n'être plus princesse et de se sentir au milieu de vrais amis, MADAME s'épanouissait dans cette simplicité et cette liberté de vie; elle affectionnait son costume plus que modeste, elle cousait, ou reprisait, ou tricotait avec une ardeur dont elle riait elle-même; elle avait toujours autour d'elle je ne sais combien de bas commencés pour les pauvres; elle n'y était pas habile. « Allons, ma chère, disait-elle, à celle de Mlles de Kersabiec qui la venait voir, prenez mon ouvrage et avancez un peu. » Je doute, malgré ce zèle et cette bonne volonté, que jamais paire de bas ait été portée que la Princesse eût menée jusqu'au bout.

Et puis il y avait la correspondance avec Petit-Paul et les nombreuses commissions données et reçues : en parcourant ces billets on a l'aperçu le plus fidèle de cette existence de Princesse réduite à la réclusion : ils sont sans date, écrits au jour le jour, sans autre préoccupation que celle d'émettre l'idée qui se présente, et telle qu'elle vient :

Au crayon : — « Mon bon Petit-Paul, je vous renvoye les 2 volumes de Robroye et je vous prierai de m'envoyer en place Kenilworth par Walter-Scott; en même temps je vous assure que je n'ai pas peur de tout cela.

» Je vous préviens que je m'appelle Anne ou Bernardin indifféremment. Adieu mon petit *frère* Tout à vous B.

» *A Petit-Paul.* »

« Tout cela » dont parle Madame est sans doute l'annonce de nombreuses visites domiciliaires, dont il sera encore parlé.

« Ce lundi.

» Merci mon bon Petit-Paul des deux lettres de passe.

» Je suis charmée que le chapeau soit arrivé. Dieu veuille qu'il porte de bonnes nouvelles. Pauline viendra chez vous de temps en temps tantôt les uns tantôt les autres. Je suis charmé que le *husard* soit en sûreté. Dieu les protégera.

» Je vous prie bien des choses à Leclerc, sa lettre est très bien. M. Vachon se rappelle à votre bon souvenir.

» N'oubliez pas mes 18 serviettes comme celles de *Lulu* pour la grandeur mais de la toile de Bretagne *douce*.

» Voulez vous aussi m'abbonner à un Journal appellé *Bagatelle* qui coute pour les 18 numeros 6 fr., il est annoncé dans la *Quotidienne* d'aujourd'hui, faites le en votre nom et envoyez le moi.

» J'embrasse de tout mon cœur Petit-Paul.

» Bernardin. »

Le « chapeau » et « Leclerc » sont peut-être le même, M. le baron de Charette; on sait que Lulu est Mme de Charette; M. Vachon est M. de Mesnard; le « husard » M. Amédée de Kersabiec, frère de Petit-Paul, doublement compromis dans le complot de Saumur et dans les événements de la Vendée.

Autre billet au crayon.

« Mon cher P.-P.

» J'ai oublié hier de vous prier de faire remettre cette lettre à Martin à la Petite-Maison.

» Adieu, j'espère que la fièvre n'est pas arrivée.

» Voulez vous me faire acheter une carte de France par Départ. et de m'envoyer des échantillons pour me faire faire une autre robe plutot foncés ou couleurs *unies* en toile.

» Adieu je vous embrasse. » P.-P. »

Martin est encore le baron de Charette alors à la Petite Maison.

« Le Dimanche. »

« Bon jour mon Petit-Paul je vous remercie d'Edith Macdonald.

» Voulez vous dire à Le Clerc que j'ai remis sa lettre à Pylade et qu'il m'a répondu qu'il la gardait pour y répondre.

» M. Vachon vous dit bien des amitiés.

» Tout à vous,
» BERNARDIN.

» M. Vachon vous prie de lui faire mettre une lame à ce petit couteau, il y laisse l'autre que pour faire voir la forme qu'il faut donner à la neuve. »

Pylade était M. A. Guibourg.

« Je réponds mon Petit-Paul à votre billet M. d'Hannache était ecuyer de mains chez moi et capitaine du 5ᵉ de la Garde.

» Je suis charmée que vous puissiez ratrapper nos porte manteaux, paquets et les 3 petits pistolets qui étaient à la Mar. Il y avait aussi un petit sac où il y avait la clef et poire à poudre des pistolets.

» J'espère que vous avez reçu mon mot d'avant-hier pour les chemises etc.

» Adieu P.-P. n'oublie pas P.-P.

» Dès que les effets reviendront envoyez les moi. M. Vachon vous dit bien des choses. »

« Voici mon cher Petit-Paul 2 petits tapis à faire faire la frange autour et les doubler etc. le plus tôt possible.

» Milles choses à Le Clerc.

» J'embrasse Loulu.

» M. Vachon vous dit bien des choses.

» *Avez vous* pensé aux *chemises*.

» Pour Petit-Paul. »

« Ce vendredi,

» Mon bon Petit-Paul, je vous remercie de votre petit mot. M. Vachon vous remercie du savon et de sa belle chemise. Je viens encore vous ennuier de me faire des lettres de passe. Voilà *12* belles feuilles de papier bon pour écrire à la sympathique. J'espère que les 700 visites qui doivent se faire à Nantes se feront en l'air. Milles choses à Martin. Je vous renvoye le roman qui l'est bien faites le lire à Martin. Je trouve qu'on devrait faire mettre quelque chose dans un journal littéraire sur ces pauvres Hiacintes père, car dans ce roman il est bien maltraitte du reste il vaudrait mieux que tout cela ne feut pas mis en roman.

» Voilà la liste des lettres de passe les plus pressees sont les premières.

» Adieu je vous embrasse.

» BERNARDIN. »

« Samedi.

» Voulez vous dire a Martin que je lui ecrirai demain.
» 1º A une marchande de mode
» 2º A un negociant
» 3º A une lingere
» 4º A un vieux M. qui est tres instruit
» 5º A un M. de Marseille parler huile fruits secs etc.
» 6º Une demoiselle coquette
» 7º Un M. qui a une fille tres religieuse
» 8º A une dame qui voyage en Italie
» 9º A un M. qui est en Allemagne en voyage
» 10º A un jeune M. qui est nouvellement marié
» 11º A une D^{lle} *tres* devote
» 12º A une D^{lle} occupée de bonnes œuvres. »

Ainsi tout le monde dans la famille travaillait à la correspondance de MADAME.

On a vu en son lieu le billet relatif au père de Petit-Paul, le Vte de Kersabiec, et à ses compagnons, prisonniers à Nantes et déférés au Conseil de guerre; la Princesse y disait ses démarches près des diverses Cours de l'Europe, et ses efforts pour détourner le coup; on sait aussi la lettre qu'elle écrivit à sa tante Marie-Amélie et les craintes exagérées que M. de Mesnard crut devoir manifester. Le Vte de Kersabiec ayant été déféré à la Cour d'assises d'Orléans siégeant à Blois, demeura en prison; il y occupa ses loisirs à travailler à des ouvrages de tapisserie; ayant eu l'idée d'offrir un de ces ouvrages à Son Altesse Royale, celle-ci, à ce propos, en écrivit à Petit-Paul, qui le lui avait porté :

« J'ai été bien fâchée mon bon Petit-Paul de ne pas vous voir.
» Je viens vous demander plusieurs petites commissions.
» 1º Un peigne côté grand et côté fin,
» 2º Une brosse à ongle.
» Avez vous pensé au journal *Bagatelle* le 2ᵉ numéro a déjà paru. N'oubliez pas mon second fichu.
» Vous êtes accusée de garder les *Gazettes de France* et *Revenant* que vous pochetez et que nous ne voyons plus.
» Si vous voyez le Père remerciez le bien de son charmant ouvrage. Je ne lui écris qu'une ligne que pour que si on le fouille cela ne puisse pas le compromettre et en même temps ne donne aucun indice.
» Adieu bon petit Paul je vous embrasse de tout mon cœur.
» Le pot est il parti.
» M. Vachon vous dit milles amitiés.
» Je vous prie que votre bon père ne montre ni ne parle à personne *de mon mot car personne ici ne le sait.* »

Voici ce mot écrit à l'insu de son entourage, apparemment pour éviter le retour des conseils inopportuns.

« Monsieur de K. peut être bien sure de l'intérêt et l'amitié que je porte a lui et sa famille qui sont si devouees.
          » M.-C. R. »

Autre :
                « Ce lundi.

» Je vous remercie mon bon petit Paul du beau pot de reseda et du bouquet.
» Je pense que d'après ce que bonne maitresse vous a dit il faut un peu attendre pour lui faire une visite. Dès qu'elle croira la chose prudente qu'elle nous le fasse dire.....
» Adieu mon bon petit Paul je vous embrasse de tout mon cœur.   » BERNARDIN.
» M. Vachon vous fait bien des amitiés. »

Bonne Maîtresse, dont il est ici question, était Mme de la Ferronnays, supérieure des Dames de la Visitation, qui donnait asile au baron de Charette, dans les dépendances du monastère ; quant à la visite qui devait lui être faite, elle n'eut pas lieu ; on ne saurait dire s'il s'agit ici d'une visite de la Princesse, car il y a dans ce billet une lacune provenant d'un coup de canif qui a enlevé ces deux lignes, sans doute par prudence.

On a, je l'ai dit et on le voit, dans la suite de ces billets, toute la vie de MADAME à Nantes : son dénûment au début qui n'altère en rien son courage et sa bonne humeur ; elle distribue sa vie : — d'abord la prière, l'*Imitation de Jésus-Christ,* la *Journée du Chrétien,* dont elle fera sa lecture quotidienne, puis comme distraction bien nécessaire, les romans historiques de Walter Scott qui rappellent son existence à elle-même, et les journaux tantôt sérieux, tantôt légers et pétillants de l'esprit français ; elle organise ses correspondances tant à l'intérieur qu'à l'étranger, enfin elle travaille, soit à un humble trousseau, soit à quelque broderie destinée à l'amitié ou à des œuvres charitables, enfin elle épanche ses souvenirs en de douces conversations avec Mlles de Kersabiec, rares visiteuses, ou avec Mlles du Guini, surtout Pauline, l'aînée, qui plaisantait volontiers et se laissait gaîment plaisanter. Ces souvenirs la suivirent en exil et plus tard elle écrira de Brandeis, le 27 avril 1835 : « Voulez vous dire à Pauline que je lui ai écrit dernièrement et que je vais faire partir un grand fauteuil que j'ai brodé pour elle ; milles amitiés aussi à Marie-Louise et au bon frère, » et le 4 août suivant : « J'espère que Pauline aura reçu un fauteuil de ma façon pour la rendre encore plus paresseuse. » — C'est l'écho des plaisanteries et des jeux non oubliés. Mais ce qui occupa surtout la Princesse fut le sort de ses amis livrés aux fureurs de la rue ou du pouvoir.

Je l'ai dit, Mlle Céleste de Kersabiec revint de Paris le 16 octobre ; son premier soin fut d'aller à la prison, puis à l'hôtel du Guini, rendre compte à Madame, qui en était fort impatiente, de tout ce qu'elle avait fait et appris ; elle avait vu le duc de Clermont-Tonnerre, le général de la Boëssière et M. de Verneuil. Ces Messieurs avaient à proposer à Madame plusieurs projets de départ pour l'Angleterre ; il y en avait un par Saint-Malo, un autre par Dieppe ; les courriers étaient choisis, les étapes préparées. Ils demandèrent à Mlle de Kersabiec si, de retour à Nantes elle verrait la Princesse. Telle était la discrétion dont on s'entourait qu'elle crut ne devoir répondre que par un « peut-être. » Ces Messieurs avaient trop d'élévation dans l'esprit, trop de dévouement dans le cœur pour se choquer ou insister ; abordant immédiatement le fond, ils prièrent Mlle de Kersabiec de faire parvenir, de façon ou d'autre à Son Altesse Royale, les projets d'évasion dont je viens de parler. — Ma tante en effet s'en chargea, mais Madame rejeta absolument, quant à présent, ces propositions : « elle voulait, disait-elle, attendre l'ouverture des Chambres qui devait avoir lieu en décembre ; il pourrait à cette époque y avoir des mouvements républicains à Lyon et peut-être y aurait-il aussi lieu de recommencer en Vendée et d'opposer encore une fois la monarchie à la république. » Ce que Madame voulait, elle le voulait bien ; il n'y eut pas à insister. Néanmoins on se mit à préparer les vêtements nécessaires au voyage au cas où l'on s'y serait décidé.

Une autre raison de la persistance de Madame à ne pas s'éloigner était sa volonté d'assister, autant que possible, ses amis dans les nouvelles vicissitudes qui s'offraient devant eux, soumis qu'ils étaient aux chances du jury et des Cours d'assises ; elle voulait, en quelque sorte, présider au soin de leur défense.

L'époque de son renvoi devant la Cour d'assises, siégeant à Blois, ayant été fixée au mois de novembre, le Vte de Kersabiec écrivit à M. Billault pour lui proposer de le défendre devant cette nouvelle juridiction ; il le lui devait. M. Billault répondit que cela ne lui serait pas possible, et il lui parla de M. Janvier : « Il m'est bien supérieur en talent, disait-il ; il est aussi libéral ; j'ai appris par ma propre expérience ce que valait M. Janvier ; il a d'ailleurs déjà eu, dans l'affaire de Saumur, où figurait l'un de Messieurs vos fils, un succès assez éclatant pour lui garantir, dans les affaires de ce genre, la plus entière confiance, » et il terminait ainsi sa lettre : « Je me félicite, au surplus, Monsieur, et je garderai toujours un précieux souvenir des relations qui m'ont mis à même d'apprécier la noblesse de votre caractère et l'admirable dévouement de Mlles de Kersabiec, » appréciations et hommages venus d'un adversaire politique, qu'il faut conserver, tout à l'honneur des uns et des autres, et qui justifient tout ce qu'on a pu dire et penser en ce sens dans le cours de ces récits. Cette lettre, originale aux archives de notre famille, est du 30 septembre 1832.

La retraite de M. Billault ne fut qu'à moitié regrettée de la Princesse, qui faisait toujours de cette affaire sa grande préoccupation et voulait la diriger au sens de sa politique ; elle résolut de la remettre à un avocat de son choix, l'illustre Hennequin. Mlle Céleste de Kersabiec lui écrivit donc, entre autres choses, ces mots, qui résument la pensée de MADAME : « Mon père, lors du conseil de guerre, ne put être défendu que par un avocat libéral, en présence de la férocité des autorités d'alors et de la rage du peuple excité par les meneurs. On ne pouvait viser qu'à sauver sa tête, promise à l'avance. M. Billault se dévoua avec courage, mais il défendit l'homme et non le principe. Aujourd'hui, Monsieur, les circonstances ne sont plus les mêmes, et le procès de mon père ne peut plus être une affaire particulière, mais une de parti, et doit être portée à toute sa hauteur ; pour la traiter ainsi, il faut votre conviction, le libéralisme ne sent pas comme nous. »

M. Billault se mit de suite en relations avec M. Hennequin.

« Je sors de chez lui, écrivit-il le 19 octobre, après une heure et demie de séance. Je lui ai raconté l'affaire avec ses nombreux incidents; je lui ai promis de lui envoyer, dès mon retour à Nantes, toutes les pièces et tous les documents qui s'y rattachent. Je me suis en même temps mis tout entier à sa disposition... Je crois que vous avez fait un excellent choix; M. Hennequin, à l'avantage de sympathiser avec les opinions de Monsieur votre père, joint un bien beau talent oratoire; il plaidera avec toute la supériorité d'une grande réputation justement conquise. Je me félicite vivement de voir un procès, auquel je porte un si grand intérêt, remis en de telles mains. »

De son côté, M. Hennequin écrivait le 20 octobre :

« M. Billault, dont je ne puis trop dire de bien, m'a donné avec empressement tous les renseignements qu'il a trouvés dans sa mémoire, et, de Nantes, il m'enverra l'acte d'accusation et la copie des dépositions, car il n'y a pas, m'a-t-il dit, de pièces dans cette affaire, qui est née sur la grande route et dans un moment d'agitation où l'on voit mal, et où, malheureusement, on a quelquefois le projet de mal voir. »

Tout allait donc pour le mieux et l'on atteignit ainsi le mois de novembre, où M. de Kersabiec devait être transféré à Blois.

XXI.

Hélas ! Tandis que la fidélité, redoutant toujours une catastrophe, s'employait à l'éviter et, quoique rebutée, revenait sans cesse à la charge sans réussir, la trahison cheminait dans l'ombre. On se rappelle Deutz, prêtant dans je ne sais quelle « vallée plantée d'oliviers, » en Italie, un serment que déjà il ne tenait plus dans son cœur. Le premier soin de ce juif, envoyé par Madame près de ses sœurs, en Espagne, fut de se mettre en rapports avec l'ambassadeur de Louis-Philippe, à Madrid. « Je m'enfermai chez moi, dit-il, et j'écrivis à l'instant, 1er juin 1832, à M. de Montalivet, que je ne connaissais que par la haine que lui avaient vouée les carlistes. Par ma lettre, que je confiai à M. de Rayneval, notre ambassadeur à Madrid, je faisais connaître au ministre la mission que je tenais de Madame, et je lui disais qui j'étais. Je terminai en me mettant tout entier à la disposition du gouvernement. »

Ayant trahi la confiance de la Princesse en Espagne, et les secrets épanchements des sœurs entre elles, — et plaise à Dieu que Luisa Carlotta n'ait pas été de connivence ; on sait, en effet, qu'elle fut une adepte ardente des Loges et quel fut son rôle près du lit de mort de Ferdinand VII : c'est à son action qu'est due la chute de la légitimité en Espagne, — Deutz partit pour le Portugal. Là, il y avait aussi un roi légitime et chrétien à observer et à trahir : il se mit en relations avec Dom Miguel et son ministère, et il écrivit à M. de Montalivet une seconde lettre dans laquelle, dit-il, « je lui dévoilais les plans et les projets de Madame et de ses partisans. Il n'y a, lui disais-je, qu'un moyen de délivrer la France de l'anarchie et de la guerre civile : ce moyen, c'est l'arrestation de MADAME. Il n'y a qu'un homme capable d'y réussir : cet homme, c'est moi. Cette lettre, comme la première, fut remise à M. de Rayneval par M. L..., l'un de nos agents diplomatiques à Lisbonne. » Ne croit-on pas entendre Judas au conseil des Juifs, se proposant et concluant son marché infâme ? — M. de Rayneval ne fit point parvenir ces lettres à leur adresse ; sans doute que son esprit se refusait à croire, en présence de tant de cynisme, au bon sens du misérable. « Ne recevant point de réponse, continue Deutz, et ayant par devers moi quelques motifs de soupçonner une trahison (!), je me décidai à partir pour Paris. » Deutz soupçonnant une trahison est ce qu'on appelle, à notre époque, un comble qui fait tomber les bras de stupéfaction, et il faut qu'il écrive lui-même et signe ces choses pour qu'on y puisse ajouter foi : c'est le juif accompli !

A Paris, Deutz court au ministère de l'intérieur : le franc-maçon Montalivet l'accueille avec empressement. — « Je suis tout à fait d'accord avec vous, lui dit le ministre ; si MADAME n'est pas arrêtée, la guerre civile est imminente ; mais il ne suffit pas de voir le mal, il faut encore savoir le prévenir..... Êtes-vous homme à vous charger de cette arrestation ? »

Deutz répondit avec chaleur qu'il serait cet homme, et M. de Montalivet, satisfait, lui donna rendez-vous à quelques jours de là. Mais, le lendemain ou le surlendemain, il céda le portefeuille de l'intérieur à M. Thiers, et ce fut avec ce dernier que se continuèrent les relations entamées, autrement dit, que le marché fut conclu.

M. Thiers fut, dit-on, surtout un homme de bon sens. Je trouve qu'en cette occasion il en manqua : c'était surtout un adepte de la Franc-Maçonnerie, et l'on ne s'étonnera plus s'il sacrifia la morale et l'honneur du gouvernement qu'il disait servir, et d'une dynastie qu'en fin de compte il trahit dans la suite. Ces marchés sont lourds à porter devant les générations, et la Maison d'Orléans ne s'en est pas relevée.

« M. Thiers, prétend Deutz, qui seul a pu jusqu'ici nous révéler ce mystère, me présenta un matin, dans son cabinet, un homme dévoué comme moi, me dit-il, au gouvernement de Louis-Philippe, et qui avait déjà eu l'occasion de rendre à la nouvelle dynastie plus d'un service ; cet homme, qui portait le ruban rouge à sa boutonnière, s'exprimait avec facilité, avait de bonnes manières et l'usage du monde, était M. Joly, que je ne savais pas alors attaché à la police. C'était lui qui, sous la Restauration, avait arrêté l'assassin du duc de Berry ! »

Deutz, parti seul de Paris, sous le nom de Hyacinthe de Gonzague, avec un ancien passeport signé du cardinal Bernetti, retrouva à Angers l'homme de police Joly ; ils se parlèrent et se quittèrent pour se retrouver à Nantes, où ils arrivèrent, l'un, Joly, en poste, l'autre, Deutz, par le bateau à vapeur. La première personne que ce dernier trouva sur le quai, en débarquant, fut encore Joly, qui, ne le perdant pas de l'œil et le surveillant, le suivit jusqu'à l'hôtel de France. — « Vous êtes attendu ce soir même à la préfecture, lui dit-il, mais vous allez dès maintenant me remettre le paquet dont vous êtes chargé pour MADAME. » — « Je le lui remis, continue Deutz, historien de sa propre infamie ; il contenait vingt-six lettres, la plupart, me dit-on, du roi Charles X, des membres de sa famille, de plusieurs princes étrangers. »

En attendant l'heure du rendez-vous à la préfecture, Deutz alla voir une dame Proteau, parente de M. Jauge, le banquier de MADAME. S'étant vanté d'avoir des lettres à remettre à la Princesse, cette dame dit malheureusement qu'il serait peut-être possible de les lui faire parvenir.

L'heure étant enfin venue, Deutz se rendit chez le préfet. C'était M. Maurice Duval, homme actif, énergique, ayant dit-on du talent, assurément propre à l'œuvre pour laquelle on le destinait : Deutz en fait le plus grand cas.

M. Maurice Duval, ayant encore besoin de deux ou trois jours pour ordonner les dernières mesures jugées indispensables, engagea Deutz à visiter les environs : celui-ci partit pour Paimbœuf, mais, « assiégé par mille et mille pensées, tourmenté par l'inquiétude, fatigué de l'inaction, » il n'y put rester que deux jours, et il arriva de nouveau à Nantes, impatient de livrer.....

Cependant Deutz ne savait où était MADAME ni comment la découvrir. Son instinct de traître le conduisit à la cathédrale : il demanda à parler au curé. C'était précisément ce prêtre qui par un excès de prudence avait obligé la Princesse à se réfugier chez Mlles du Guini. Cette même prudence, bien inspirée cette fois, conduisit M. l'abbé Audrain à se défier de celui qui, avec un flot de paroles pieuses, venait vers lui pour le surprendre. Il le reçut fort mal, le traita d'envoyé du Gouvernement, et, « s'oublia, nous dit Deutz, jusqu'à m'injurier ; je crus que j'étais TRAHI, (!!) mais, sans me déconcerter, je fis tête à l'orage : à l'emportement j'opposai du sang-froid, aux injures, des raisons, et, si mes efforts, pendant cinq quarts d'heure, ne purent le ramener, du moins je le laissai dans le doute et l'incertitude, et je n'en voulais pas davantage. » Mme Proteau, chez laquelle Deutz alla ensuite, ne le reçut guère mieux, mais consentit néanmoins à se charger des lettres qui devaient être remises à la Princesse. Elle les porta à Mme de la Ferronnays sœur de l'ancien ministre, supérieure des Dames de la Visitation. Mme de la Ferronnays refusa tout d'abord le rôle d'intermédiaire qu'on lui offrait. Deutz, rebuté partout, et ignorant la présence de MADAME à Nantes même, se décida à reprendre la poste pour Paris ; M. Maurice Duval lui signa son passeport.

Cependant on n'avait pu ni dû cacher à MADAME les pas

et démarches d'un homme se disant porteur de lettres nombreuses à elle adressées; la Princesse voulut voir ces lettres.

Prêt à repartir pour Paris, Deutz se promenait de long en large sur la place Graslin, en face de l'hôtel de France, attendant que les chevaux fussent attelés à la voiture, lorsqu'il fut abordé par une dame qui, sans s'arrêter, lui dit en passant : « Je crois que c'est vous que je cherche : n'êtes-vous pas M. de Gonzague ? »

— « Oui, eh bien ? »

— « Béni soit Dieu ! Mme Proteau vous attend avec impatience; allez la voir de suite. »

« Quelques minutes après, continue Deutz, j'étais chez Mme Proteau. Elle s'excusa d'abord de sa méprise, puis me montra une lettre de Mme de la Ferronnays, dans laquelle cette dernière lui disait qu'elle était désolée de la réception que m'avait faite le parti carliste, et que, sur les rapports qui lui étaient parvenus, MADAME m'avait reconnu et avait témoigné le désir de me voir. Cette fois, Mme la Supérieure de la Visitation ne refusa plus de se charger de ma correspondance. Elle la transmit sans délai à MADAME et celle-ci m'adressa presque immédiatement un billet de sa main : c'était l'indication d'une audience pour le mercredi 28 octobre, à six heures du soir : « un homme auquel vous pouvez vous confier, ajoutait-elle, viendra vous prendre à cette heure et vous servira de guide auprès de moi. »

Hélas ! oui ! sans partager cette confiance que Deutz se vante d'avoir inspirée et qu'il n'inspira jamais à personne, sinon à MADAME, on fut obligé de l'introduire. MADAME ayant lu les lettres, avait voulu voir l'homme qui les avait apportées. A cette nouvelle l'alarme fut grande. En vain M. l'abbé Audrain d'une part, Mme de la Ferronnays de l'autre, pressèrent mes tantes pour que la Princesse ne donnât pas suite à son projet; en vain Mlles de Kersabiec prièrent MADAME de renoncer à cette entrevue, assurant que toutes les personnes qui avaient vu M. de Gonzague affirmaient que ce ne pouvait être, que ce n'était qu'un traître : on ne put rien obtenir. Ne sachant plus quoi faire et connaissant la réelle affection que Son Altesse Royale avait pour Petit-Paul, on tenta ce dernier moyen. Petit-Paul, toujours souffrant de la chute de cheval faite dans la forêt de Rocheservière, se traîna chez Mlles du Guini et supplia MADAME de céder à ses craintes, aux craintes de tous ses amis ; la Princesse fut inflexible et laissa voir qu'on semblait abuser de sa situation pour peser sur ses décisions ;... il ne restait plus qu'à obéir ; on obéit.

Deutz en possession de son billet d'audience, courut le montrer à M. Maurice Duval et à Joly. On se félicita, et l'on convint que l'homme de police, avec quelques agents appostés non loin de l'hôtel où Deutz était descendu, le suivraient à distance, et que six cents hommes consignés dans leur caserne se tiendraient prêts à marcher, au premier signal. Le 28 octobre arriva enfin.

Il était sept heures du soir lorsque l'homme annoncé par MADAME se présenta. Cet homme paraissait ivre ; Deutz en fut surpris ; néanmoins il ne s'agissait pas de faire le difficile ; se laissant donc prendre par le bras, il s'abandonna à son étrange conducteur. Cet homme ivre ne l'était pas : c'était M. Alexandre du Guini, le frère des hôtesses de MADAME, l'homme assurément le plus loyal et le plus dévoué à Dieu et aux hommes qui existât, et c'est lui qui devait ainsi conduire au but ce juif doublement traître, puisque Deutz, on le sait, après avoir abjuré le judaïsme, y était déjà revenu quoique faisant ostensiblement profession de catholicisme et de ferveur. M. du Guini, contraint d'obéir, jouait l'homme ivre, voulant, par suite de nombreux tours et détours dans les rues, les ruelles, les portes, les allées de la vieille ville mal éclairée, tellement embrouiller les souvenirs de M. de Gonzague, qu'une fois laissé seul, ce dernier ne pût retrouver dans sa mémoire les mille et un sentiers du labyrinthe. Il y réussit au-delà de ce qu'il souhaitait, car il dépista même les agents de police de Joly, dont il ne se savait pas suivi, et dont pas un ne put conserver ses traces.

Parvenu chez Mlles du Guini, Deutz n'aperçut d'abord que M. de Mesnard; il demanda la Princesse; on lui répondit qu'elle n'était pas encore arrivée, qu'on l'attendait d'un moment à l'autre. En effet, Son Altesse Royale entra quelques instants après, portant des souliers boueux et avec toute l'apparence d'une personne qui vient de faire une longue course. L'accueil que MADAME fit à Deutz fut si plein de bienveillance et de confiant abandon, que le misérable en fut bouleversé. — « Me voici, mon cher Deutz, « lui dit-elle. » A ces mots, continue celui-ci, je me sentis faiblir ; un nuage s'étendit sur mes yeux, et je me trouvai mal. Alors, avec cette bonté qui lui était naturelle, MADAME m'approcha elle-même une chaise en ajoutant : « Remettez-vous, mon ami. »

Mon ami! — C'est l'*Amice ad quid venisti* du jardin des Oliviers et les défaillances des séides de Judas! et c'est la gloire de la Royale Maison de France de reproduire en ses agonies toutes les circonstances de la passion du Sauveur : les sergents du Christ, roi des Francs, ont été traités comme leur Maître.

« Ce ton, cet accent, cette prévenance, poursuit Deutz, me pénétrèrent, et je me surpris un moment élevant des doutes sur la nécessité de son arrestation. » Réflexions faites, Deutz « retrouva toute sa fermeté, et MADAME eût été arrêtée sur l'heure, si M. Joly, au milieu de l'obscurité d'une nuit froide et pluvieuse n'eût perdu ses traces. »

Le conseil des ministres se réunissait presque tous les soirs, attendant avec anxiété des lettres de Nantes. Deutz, de retour à son hôtel, le 28 octobre à 10 heures du soir, écrivit à ces Excellences : « Je sors de chez MADAME. » On expédia en hâte, à Paris, un courrier porteur de cette grande nouvelle.

Cependant Deutz, quoique ayant vu Madame, ne savait où la retrouver pour la faire saisir; c'était un insuccès; il ne se découragea pas. Impatient d'en finir avant l'ouverture prochaine des Chambres, il sollicita une nouvelle audience : « En présence de tant de grandeur et d'infortune, écrivait-il, j'ai oublié de traiter avec Madame une question du plus haut intérêt. »

Les supplications se succédèrent alors près de la Princesse afin qu'elle refusât; ce fut peine perdue. Madame, persistant dans une confiance que rien, hélas! ne justifiait, fit savoir à Deutz, trois jours après cette demande, qu'en se présentant à l'hôtel du Guini, il y trouverait ses ordres et une direction.

Le billet, paraît-il, indiquait cinq heures. « Je me hâtai, poursuit Deutz, d'en informer MM. Duval et Joly. Nous décidâmes que l'on ferait prendre les armes à toute la garnison, et que, pour ne pas exciter de soupçon, on prierait le général, commandant la division militaire, d'ordonner pour le 6 une grande revue, de la prolonger jusqu'à cinq heures, puis de faire rentrer les troupes dans leur caserne et de les y consigner, dans l'attente de l'événement; que de mon côté, j'irais à quatre heures et demie au rendez-vous, et que si à cinq heures je n'avais point envoyé de contre-ordre, on investirait la maison des demoiselles du Guini. Toutes ces mesures, enveloppées du secret jusqu'au dernier moment, furent ponctuellement exécutées, et les autorités administratives et militaires rivalisèrent de zèle et de dévouement. »

La confiance absolue de Madame en Deutz, surtout le mépris qu'elle fit de toutes les craintes manifestées autour d'elle par ses amis les plus dévoués, ont cela de très particulier, qu'ils contrastent davantage avec un des traits spéciaux du caractère de la Princesse. Madame était très italienne, on a pu déjà le remarquer et je l'ai dit; elle avait de son pays la foi vive et aussi des superstitions; nombre de choses devenaient pour elle matière à pronostics : c'est ainsi qu'elle s'était mise à attacher une certaine importance à la possession d'une petite épingle dont elle se servait pour attacher je ne sais plus quelle pièce de son costume. « Si je la perdais, disait-elle, vous verriez qu'il m'arriverait quelque mésaventure. » Or Madame perdit son épingle dans ces jours mêmes. Deux jours avant le 6, Madame eut un rêve dont elle rendit compte à Mlle de Kersabiec : « Croiriez-vous, Stylite, lui dit-elle, que j'ai vu cette nuit un affreux singe qui m'a poursuivie? Enfin, j'ai pu l'éviter; mais rêver singe est bien mauvais signe. » — « Comment, lui répondit ma tante, Madame peut-elle attacher de l'importance à un rêve? » Le lendemain, même confidence : la Princesse avait revu le singe et l'avait encore évité : Mlle de Kersabiec fit la même réponse. Enfin, le 6 au matin, Madame, fort agitée, s'écria en s'éveillant : « C'est affreux, Stylite, ce singe m'a, comme les nuits précédentes, poursuivie, et cette fois, il m'a décoiffée ! — « Bah ! répondit ma tante, ce n'est après tout qu'un rêve ! »

La veille du jour où il se rendit chez Madame, Deutz passa chez Mme Proteau, qui avait reçu de M. Jauge, son parent, deux lettres sous enveloppe, avec cette suscription en anglais : *Donnez les lettres ci-jointes à notre ami.* La conscience de Deutz le fit se reconnaître en cet « ami; » il rompit le cachet de l'une d'elles; mais, « ne reconnaissant, assure-t-il, ni l'écriture, ni la signature, » il supposa que ces lettres étaient pour Madame.

Deutz, fidèle au rendez-vous, se trouva, le 6 novembre, à quatre heures et demie, chez Mlles du Guini. S'inclinant devant la Princesse, il lui présenta, en s'excusant de son indiscrétion, la lettre qu'il avait décachetée. « Oh ! lui dit Madame en l'interrompant, je n'ai pas de secrets pour vous; je vais lire cette lettre en votre présence. » En même temps, à l'aide d'un réactif, elle fit paraître les caractères, tracés en encre sympathique. L'une de ces lettres était de M. Jauge, qui la prévenait de se tenir sur ses gardes : « Je sais, lui disait-il, de source certaine, qu'un homme, possédant toute la confiance de Madame, l'a trahie et vendue à M. Thiers pour un million. » La Princesse jetant avec insouciance cette lettre sur la table placée près d'elle, regarda Deutz en souriant et lui dit : « Vous avez entendu, Monsieur Deutz; c'est peut-être vous ? » — et je lui répondis sur le même ton : « C'est possible ! »

A peine entré dans la maison, Deutz avait reconnu les lieux où, déjà une première fois, il avait été reçu; il ne douta plus dès lors que Madame n'y demeurât. Abusant de la bonté de sa victime, il lui débita, d'un ton pénétré, tout un roman sur les choses dont il avait oublié dans une première entrevue de lui rendre compte, saisi qu'il avait été à l'aspect d'une si grande infortune supportée avec tant de courage; il termina par les expressions les plus ardentes et les plus passionnées de son dévouement pour la cause que Madame était venue défendre, et il flatta longtemps et habilement la pauvre mère en lui parlant de son « cher Henri » et de sa « bonne Louise. »

Cette audience ayant duré une heure, Deutz se retira, non sans avoir demandé à la Princesse qu'elle voulût bien lui conférer le titre de baron. Son Altesse Royale répondit avec son inaltérable bienveillance qu'elle y songerait : ce baron juif manquerait à la collection, aussi en est-il. En descendant l'escalier, Deutz jeta un coup d'œil dans la salle à manger, dont la porte était demeurée ouverte ; il y compta sept couverts. Or, comme Mlles du Guini habitaient seules leur hôtel, il en conclut que Madame y devait dîner ; il courut d'un trait chez le préfet et lui fit part de son entrevue et de ses remarques, le priant de se hâter afin d'arriver au milieu du repas et de ne pas manquer la Princesse, au cas où celle-ci, ne demeurant pas là, se retirerait de suite après. Maurice Duval se rendit aussitôt chez le général comte d'Erlon, après avoir, au préalable, consigné Deutz dans son arrière-cabinet, où il le fit garder à vue par un homme de la police qui ne devait pas le quitter pendant tout le temps que l'on s'assurerait de la vérité de ses dénonciations. Le général d'Erlon envoya immédiatement des ordres au général Dermoncourt, et l'investissement de l'hôtel du Guini commença.

« Un assez grand déploiement de forces était nécessaire, pour deux raisons : la première, parce qu'il pouvait y avoir révolte parmi la population ; la seconde, parce qu'il fallait cerner un pâté tout entier de maisons; en conséquence, douze cents hommes environ furent mis sur pied ; depuis le matin, ils avaient l'ordre de se tenir prêts. »

« Les deux bataillons, continue le général Dermoncourt à qui j'emprunte ces renseignements précis, les deux bataillons se divisèrent en trois colonnes dont je pris le commandement, accompagné du comte d'Erlon et du préfet, qui dirigeait l'opération. La première, conduite par le commandant de la place, descendit le Cours, laissant des sentinelles jalonnées le long des murs du jardin de l'évêché et des maisons contiguës, longea les fossés du château et se trouva en face de la maison du Guini, où elle se déploya.

» La seconde et la troisième colonne, à la tête desquelles je m'étais mis, se dirigeant par la rue de l'Évêché, traversèrent la place Saint-Pierre et se divisèrent là : l'une, à la tête de laquelle j'étais, descendit la Grand'Rue, fit coude par celle des Carmélites et vint rejoindre, par la rue Basse du Château, la colonne commandée par le colonel Simon Lorière.

» La troisième, après que je l'eus quittée, descendit directement la rue Haute du Château et vint, sous la conduite du colonel Lafeuille, du 56e, et du commandant Viaris, rejoindre les deux autres et se réunir à elles, en face de la maison du Guini. Ainsi, l'investissement fut complet.

» Il était environ six heures du soir ; la nuit était belle. A travers les fenêtres de l'appartement où elle était, la Duchesse voyait, sur un ciel calme, la lune se lever et, sur sa lumière, se découper comme une silhouette brune, les tours massives, immobiles et silencieuses du vieux château. Il y a des moments où la nature nous semble si douce et si amie que l'on ne peut croire qu'au milieu de ce calme un danger veille et nous menace. »

MADAME, d'ailleurs, avait ce soir-là le cœur joyeux ; elle donnait à dîner, et c'était chose rare, si rare, que semblable aubaine était devenue une véritable fête pour la recluse. Mon grand-père devait être transporté vers ce temps à Blois, pour y être jugé ; Mlle Céleste de Kersabiec se disposait à l'y accompagner. La Princesse, qui avait pris et qui prenait toujours tant d'intérêt à cette affaire dont elle avait fait la sienne, voulut qu'avant de partir ma tante vînt causer et faire un dernier repas avec elle : « Sœur Grise, lui avait-elle dit, vous viendrez dîner avec moi le 4 novembre ; c'est la Saint-Charles, jour de ma fête : nous boirons à ma santé et aussi à votre père. Amenez Louise avec vous. » Louise : Mme la baronne de Charette. Ma tante fit observer que, précisément parce que le 4 novembre était la Saint-Charles, il faudrait prendre plus de précautions ce jour-là que les autres ; que le mieux serait peut-être de renoncer à cette fête. « Non, non, dit MADAME, seulement, au lieu du 4, venez le 6. » Voilà pourquoi Deutz, en s'en allant, put compter sept couverts dans la salle à manger.

Mlle de Kersabiec et Mme de Charette venaient de franchir le seuil de l'hôtel du Guini, et, en attendant le dîner, causaient gaiement près du feu avec la Princesse ; on riait surtout d'un fameux plum-pudding que ces dames avaient apporté, après l'avoir confectionné suivant toutes les règles et dont on se promettait de juger de la réussite et des qualités, plum-pudding, on le pense bien, resté légendaire dans la famille, lorsque M. Guibourg s'approchant de la fenêtre vit reluire les baïonnettes et s'avancer vers la maison la colonne conduite par le colonel Simon-Lorière. « — Sauvez-vous! sauvez-vous! Madame! s'écria-t-il à l'instant; sauvez-vous!! » — Madame se précipita sur l'escalier qui conduisait aux mansardes; Mlle Stylite de Kersabiec, MM. de Mesnard et Guibourg la suivirent; Mlles du Guini, Mlle Céleste de Kersabiec et Mme de Charette restèrent près du feu, calmes à l'extérieur, mais, au fond, le cœur plein d'angoisses.

C'était dans la mansarde qu'occupait Madame que se trouvait la cachette : la cheminée, au lieu de tenir au mur de la maison, était appuyée sur un mur de refend, élevé à peu de distance en avant du premier; l'espace vide entre eux présentait en largeur environ quatre pieds, en profondeur quatorze pouces, en hauteur cinq pieds deux ou trois pouces. Une plaque de cheminée mobile, de douze pouces sur dix, et montée sur des gonds, en fermait l'entrée. Ce n'était qu'en se traînant sur le foyer qu'on pouvait pénétrer dans le réduit. Comme la hauteur n'était pas la même partout, on ne s'y plaçait que par rang de taille, en commençant par M. de Mesnard.

Quand les fugitifs arrivèrent dans la mansarde, la cachette était heureusement ouverte : « — Allons! dit Madame, comme à la répétition! » — M. de Mesnard entra, M. Guibourg le suivit, Mlle de Kersabiec voulait que la Princesse, passant devant elle, se mît tout d'abord à l'abri; peu importait ce qui fût arrivé pour elle-même, ma tante avait alors son costume de paysanne, et elle pensait qu'il pouvait au premier moment faire illusion. Madame insista et lui dit en riant : — « En bonne stratégie, Stylite, lorsqu'on opère une retraite, le commandant doit marcher le dernier. » Ma tante obéit, et la porte de la cachette se referma au moment où celle de la rue s'ouvrait.

XXII.

Deutz ayant dit, en sortant, aux agents de police qui de loin l'avaient suivi de l'œil lorsqu'il était entré, que Madame était dans la maison, la porte de l'hôtel avait été l'objet d'une surveillance incessante. Or, comme cette porte ne s'était pas ouverte depuis, on était certain que la Princesse n'était pas partie. Joly arrivant donc avec toute la police, pensait opérer à coup sûr. Les commissaires venus de Paris, réunis à ceux de Nantes, entrèrent les premiers, le pistolet au poing, précédant la force armée. Je ne sais à quoi l'on pensait et sur quelle résistance on comptait pour faire un semblable étalage ; peut-être ces agents n'étaient-ils pas moins émus que les habitants de la maison, peut-être plus : l'un d'eux, en agitant maladroitement son arme dans cette cohue, se blessa à la main. Cependant, comme on n'eut devant soi que deux femmes de service, la cuisinière et la femme de chambre, on se remit, et la bande se précipitant dans l'escalier, se répandit comme un tourbillon dans les appartements, chacun espérant mettre la main sur une Altesse Royale, ce qui ne s'offre pas tous les jours. « Mon devoir, dit le général Dermoncourt, témoin et acteur, avait été de cerner la maison, je l'avais fait ; le devoir des policiers était de la fouiller, je les laissai faire. Deutz avait donné une description si exacte des lieux, que M. Joly parcourait toutes les pièces comme s'il eût été un des habitués de l'hôtel : il remarqua la salle à manger et les sept couverts mis. » Dubois, l'un de ses acolytes, pénétrant dans la chambre à coucher de Mlle Pauline du Guini, chambre qui servait de salon, et voyant près du feu des femmes assises, dont l'une était blonde, arriva sur elle en lui mettant le pistolet à la figure; il la prenait pour Madame : reconnaissant son erreur, il s'écria menaçant : « Où est votre Dame ? » — « Monsieur, lui répondit Mlle Céleste de Kersabiec, vous vous méprenez. » — « Encore une fois, où est votre Dame ? » — « Je n'en sais rien ; ce n'est pas moi qui ai l'honneur d'être près de Madame. » Joly, arrivant sur ces entrefaites, s'écria : « Je vous arrête ! »

S'étant ainsi assuré de Mlle de Kersabiec, de Mme de Charette et de Mlles du Guini, Joly monta le petit escalier de bois conduisant aux mansardes, et, allant droit à la chambre où Madame avait reçu Deutz : « Ah ! dit-il à haute voix en y entrant, voilà la salle d'audience ! » Ces paroles retentirent dans la cachette et la Princesse n'eut plus de doute sur la trahison de Deutz. « Du moins, murmura-t-elle tout bas à ses compagnons, ce malheureux n'est pas Français ! »

Le préfet, M. Maurice Duval, après avoir pris la précaution d'enfermer Deutz, arriva pour donner plus d'activité aux recherches. Des sentinelles furent posées dans tous les appartements ; la force armée fermait toutes les issues ; le peuple s'amassait autour des soldats : la ville entière était descendue dans les rues. A l'intérieur on ouvrait les meubles quand il y avait des clefs ; on les brisait quand on n'en trouvait pas ; les sapeurs, les maçons, sondaient planchers et murailles, à grands coups de haches et de pioches ; des architectes, amenés de chambre en chambre, examinaient les coins et recoins, découvrant les moindres placards. Dans l'un d'eux, on trouva des bijoux, de l'argenterie et du linge appartenant à Mlles du Guini et à diverses autres personnes ; on crut que ces objets appartenaient à la Princesse et l'on ne se fit pas scrupule de les garder, au moins en partie. Arrivés à la mansarde où était la cachette, les architectes affirmèrent que là, moins qu'ailleurs on n'avait pu en établir une. « Alors les recherches s'étendirent aux maisons voisines ; on fit venir des ouvriers qui se mirent à attaquer les murs, les planchers, les cheminées, à coup de haches, de mandrins, avec une violence telle, qu'on put croire un moment à la démolition de la maison de Mlles du Guini et de deux maisons contiguës. M. le préfet, dans un nuage de poussière, se faisait remarquer au milieu des travailleurs, des plâtres et des débris, donnant des ordres, animant les démolisseurs du geste et de la voix, et répondant aux observations des demoiselles du Guini : « Les ouvriers qui démoliront la maison seront chargés de la reconstruire. » Du fond de la cachette on entendait tout ce bruit, ainsi que les injures et les imprécations des soldats, fatigués et furieux de l'inutilité de leurs recherches. « Nous allons être mis en pièces, c'est fini !... Ah ! mes pauvres enfants ! » dit alors la Duchesse. Puis elle ajouta aussitôt en s'adressant à ses compagnons : « C'est cependant pour moi que vous vous trouvez dans cette affreuse position (1) ! »

Cependant, faisant comme on dit vulgairement contre mauvaise fortune bon cœur, Mlles du Guini avaient fait servir le dîner et s'étaient mises à table avec leurs deux compagnes, disant ne devoir plus attendre les autres convives, que sans doute l'envahissement de leur maison n'avait pas engagés à venir. Quoique gardées à vue et certes n'ayant point envie de manger, ces dames firent contenance.

Pendant que Charlotte Moreau, la femme de chambre, servait à table, on s'était emparé de Marie Bossis, la cuisinière, que l'on conduisit à la caserne de gendarmerie ; elle y fut soumise à tous les genres d'intimidation et de séduction : des sommes d'argent furent en vain étalées sous ses yeux ; on ne put rien obtenir d'elle sur le séjour de Mme la Duchesse de

---

(1) *La Vendée et* MADAME. — *Biographie de* MADAME.

Berry et de ses compagnons chez ses maîtresses. Deutz par ailleurs avait parlé du dévouement de Charlotte Moreau en termes tels, que la police n'osa guère s'aventurer près d'elle. Honneur à ces fidélités! je l'ai dit déjà, je le répète encore parce qu'on ne saurait assez rendre hommage à ces fortes vertus de plus en plus rares, sur lesquelles on comptait sans s'étonner. Il y en eut alors de nombreux et consolants exemples; je pourrais ajouter beaucoup de noms à ceux que j'ai déjà cités; je veux du moins rappeler celui de Mme Chauffard, une épicière, celui encore de cette brave femme de la halle aux poissons, la Brevet, si connue à Nantes sous le nom de la mère Bontemps, femmes courageuses, et vraiment nobles de cœur, qui se dévouaient obscurément à transmettre les correspondances et à cacher les proscrits, et le serrurier Perraud qui vint monter chez Mlles du Guini la presse clandestine, et Caroff qui imprimait, et le concierge Legros et sa femme qui eurent les honneurs de la Cour d'assises, et l'armurier Aubron, qui transformait en fusils à baïonnette les armes de chasse; combien d'autres! Que d'importants secrets ont passé par ces mains? Avec quels dédains tous repoussaient les avances et les insinuations de la police, bravaient et supportaient la prison! C'est une gloire, et non des moindres de l'ancienne monarchie, d'avoir poussé ces racines jusqu'au fond du sol, et d'avoir semé et fait croître en ces classes populaires ces fleurs et ces fruits d'honneur et de dignité.

Après le dîner, il avait fallu prendre une décision à l'endroit de Mlle Céleste de Kersabiec et de Mme de Charette, sa compagne. Ce fut une petite scène où le sang-froid ne manqua pas. Comment faire sortir Mme de Charette de cette maison sans la nommer, et comment la nommer sans compromettre MADAME et M. de Charette, objet lui-même de poursuites acharnées? Il fut convenu qu'elle passerait sous le nom d'une parente de Mlles du Guini, habitant ordinairement Rennes et partant inconnue à Nantes. Lors donc que M{ⁱˡᵉ} Céleste de Kersabiec eut obtenu de se retirer, elle s'adressa gravement à M{ᵐᵉ} de Charette et lui dit : « Madame, vous ne pouvez rester chez Mesdemoiselles vos cousines en l'état où est cette maison; voulez-vous me faire l'honneur de prendre gîte chez moi? » L'offre, naturellement, fut acceptée, et c'est ainsi qu'elles sortirent, donnant le bras à des fonctionnaires qui leur firent fendre la foule.

Ces recherches prolongées jusque fort avant dans la nuit, n'amenèrent aucun résultat ; les démolisseurs, rendus de fatigue, demandèrent du repos ; le préfet le leur accorda et se retira lui-même, promettant de revenir le lendemain de bonne heure. On laissa un nombre d'hommes suffisant pour occuper toutes les pièces et garder toutes les issues, j'allais dire toutes les positions, car il semble qu'on assiste au siège d'une place forte ; les commissaires de police s'établirent au rez-de-chaussée, et une partie de la troupe fut remplacée par la garde nationale pour continuer l'investissement de la maison et de tout le quartier environnant.

Deux gendarmes se trouvèrent placés dans la mansarde où était la cachette. Un silence perfide avait succédé au bruit ; les reclus, sous peine de se trahir, durent se condamner à l'immobilité. Si l'on songe qu'ils étaient quatre pressés en cet étroit espace, on juge que cette fatigue se changea promptement en un supplice réel. Par ailleurs, la nuit était devenue brumeuse ; l'humidité, filtrant à travers les ardoises, enveloppait les prisonniers d'une atmosphère glacée ; aucun d'eux, néanmoins, ne pensa à se plaindre, car MADAME, impassible, ne se plaignait pas.

Le froid se faisant sentir dans la mansarde, trouva les gendarmes moins stoïques : l'un d'eux descendit et remonta les mains pleines de tourbes séchées ; dix minutes après, un feu superbe brillait dans la cheminée. Ce feu, réchauffant les prisonniers derrière la plaque, fut accueilli par eux comme un bienfait, et l'on se félicita tout bas de cette bonne inspiration; mais bientôt il fallut changer de note; le mur, brûlant à n'y pas tenir la main, et la plaque quasi incandescente, communiquèrent à la petite retraite une chaleur qui allait toujours en augmentant. Le bien-être devint insensiblement un insoutenable malaise. En même temps, on entendait résonner aux alentours les coups des ouvriers attardés qui, avec des barres de fer ou leurs madriers, ébranlaient les murailles des maisons voisines, de telle sorte que MADAME put, à diverses reprises, se demander si elle allait mourir étouffée dans ce réduit, ou périr écrasée sous les décombres. Néanmoins, elle ne perdait rien de son courage, je dirais presque de sa gaîté. « Plusieurs fois, c'est le général Dermoncourt qui affirme tenir ce détail de la Princesse elle-même, elle ne put s'empêcher de rire des propos gaillards et militaires de ses gardiens. »

Toute conversation a une fin; la verve des gendarmes tarit peu à peu, et, à mesure qu'ils se laissèrent aller au sommeil, le feu se ralentit et s'éteignit. Dans l'intérieur, M. de Mesnard, dont la tête touchait aux chevrons, parvint à déranger quelques ardoises du toit: l'air extérieur renouvelant celui de la cachette, rendit la vie aux prisonniers; on put croire le danger passé. Mais il y avait treize heures que l'on était resserré, debout, immobile, passant du froid pénétrant à la chaleur suffocante! M. de Mesnard, ne se soutenant plus, dit à ses compagnons : « Les jambes me manquent; je me sens défaillir. Si je me trouvais mal, je ferais du bruit. Tâchez de vous arranger pour me laisser m'asseoir : on se mettra sur moi comme on pourra. » Ce qui fut exécuté avec le moins de bruit possible.

Malheureusement, la faim se fit sentir : on était entré dans la cachette au moment de se mettre à table; on n'avait donc rien mangé depuis la veille au matin, il y avait tout à l'heure vingt-quatre heures! M. de Mesnard découvrit, dans un sac près de lui, quelques morceaux de sucre et les offrit à la Princesse ; Madame, quoiqu'il y en eût très peu, voulut partager ce pauvre repas avec ses trois compagnons, puis, chose extraordinaire, Madame, dominant la fortune, s'endormit assez longtemps et assez profondément pour donner des inquiétudes à ses compagnons, qui, ne l'entendant plus respirer, la crurent évanouie ; on eut, bien innocemment sans doute, la cruauté de l'éveiller.

Un des gendarmes gardiens s'éveilla lui aussi, et s'éveilla gelé par le froid matinal. A peine eut-il les yeux ouverts, qu'il chercha à droite, à gauche, de quoi ranimer le feu engourdi. L'idée lui vint d'ouvrir un placard qui était à sa gauche ; il le trouva plein de *Quotidiennes*, assemblées en paquets. Ce malheureux jette ces journaux sur les cendres ; la flamme emplit la cheminée, la fumée pénètre par les fissures dans la cachette ; la plaque, qui n'était pas encore refroidie, redevient brûlante ; pour respirer, Madame et ses compagnons doivent, à tour de rôle, appliquer leur bouche contre les ardoises. La Princesse était, de tous, celle qui souffrait le plus, car, entrée la dernière, elle se trouvait appuyée contre la plaque ; chacun lui offrit, à plusieurs reprises, d'échanger sa place avec elle ; elle n'y voulut jamais consentir.

Cependant, le gendarme prenant plaisir au beau feu qu'il faisait, jetait dans la cheminée journaux sur journaux. Au danger d'être asphyxiés, se joignit pour les reclus celui d'être brûlés vifs, car la plaque était rouge, et, deux fois déjà, le bas de la robe de la Princesse avait pris feu ; elle l'avait étouffé à pleines mains au prix de deux brûlures. La position devenait intenable ; chaque minute raréfiait l'air intérieur que les trous pratiqués dans le toit ne suffisaient pas à renouveler ; les poitrines étaient haletantes ; rester plus longtemps dans cette fournaise c'était vouer Son Altesse Royale à une mort certaine ; chacun la suppliait de sortir ; néanmoins tous, fidèles, on peut le dire, jusqu'à la mort, attendaient que MADAME décidât. MADAME ne voulait pas ; ses yeux laissaient échapper de grosses larmes de colère, qu'un souffle ardent séchait sur ses joues. Le feu prit encore une fois à sa robe ; une fois encore elle l'éteignit ; mais dans le mouvement qu'elle fit pour se relever, elle souleva la gâchette de la plaque qui s'entr'ouvrit un peu ; Mlle de Kersabiec y porta aussitôt la main pour la rentrer dans le pène et se brûla violemment.

Le mouvement de la plaque avait dérangé le beau feu du gendarme ; cendres et journaux, en roulant, attirèrent son attention ; quittant la lecture, assez peu assidue d'ailleurs, qu'il faisait d'une *Quotidienne*, il se mit à réfléchir sur cet incident, et, entendant le bruit produit dans l'intérieur de la cheminée par les tentatives de Mlle de Kersabiec pour refermer la cachette, il eut la singulière idée de croire que ce mouvement et ces bruits étaient produits par des rats que la chaleur allait forcer à sortir ; la perspective d'une chasse traversant son esprit, il réveille son compagnon, et tous deux dégaînant, se postent de façon à ne pas manquer leur coup.

Il n'y avait plus moyen de tenir ; MADAME donna l'ordre de se rendre ; M. Guibourg frappant du pied la plaque chercha à l'ouvrir ; elle résistait, tant par suite de la chaleur qui l'avait rendue moins mobile sur ses gonds, qu'à cause de l'échafaudage de cendres et de journaux qui encombrait le foyer. Heureusement un des gendarmes entendit le coup distinctement, et abandonnant l'idée des rats, se hasarda à demander : « Qui est là ? » Mlle Stylite de Kersabiec alors, toujours d'après l'ordre de MADAME, répondit : « Nous nous rendons ; nous allons ouvrir ; ôtez le feu. » — Un second coup de pied fit tomber la plaque. Les gendarmes s'élancent sur le feu qu'ils dispersent : MADAME, précédée de Mlle de Kersabiec, sort, en se traînant avec peine sur le foyer brûlant ; ses compagnons la suivent.

Un des gendarmes avait vu jadis MADAME, à Dieppe, affable

Arrestation de S. A. R. MADAME

pour tous, chérie de tous, entourée de vœux et d'hommages. La retrouvant en cet état, il ne put contenir son émotion : « Quoi ! s'écria-t-il, c'est vous, Madame la Duchesse ! » et il tremblait. La Princesse, touchée de cet accent loyal, lui répondit en se relevant : « Vous êtes Français et militaires : je me fie à votre honneur. » Puis elle donna l'ordre d'appeler le général.

Il était neuf heures du matin ; il y avait seize heures que le siège de cette cachette durait, et que Madame et ses compagnons tenaient en échec toutes les forces de l'homme et de la nature : généraux et préfet, soldats et gardes nationaux, démolisseurs et gens de la police, le froid, l'implacable faim et la flamme.

Le général Dermoncourt était alors dans l'hôtel du Guini ; un des gendarmes descendit le chercher, au rez-de-chaussée, où il se tenait de préférence, ne voulant pas par sa présence pouvoir être confondu un instant avec les gens de la police. Lorsque, se rendant aux désirs de la Princesse, le général fut arrivé aux mansardes, Madame avait quitté la chambre où était la cachette, et se trouvait dans celle où Deutz avait été reçu, et que Joly avait appelée « la chambre d'audience. » Elle s'y était enfermée afin de se soustraire aux regards des curieux. Sur l'avis de sa venue, donné par Mlle de Kersabiec, Madame s'avança vivement et dit : « Général, je me rends à vous et me remets à votre loyauté. » « Madame, répondit le général, Votre Altesse est sous la sauvegarde de l'honneur français. »

« Je conduisis alors son Altesse, continue le général Dermoncourt, vers une chaise ; elle avait le visage pâle, la tête nue, les cheveux hérissés sur son front comme ceux d'un homme, elle portait une robe de *napolitaine*, simple et de couleur brune, sillonnée en bas par plusieurs brûlures, et ses pieds étaient chaussés de petites pantoufles de lisière. En s'asseyant, elle me dit en me serrant fortement le bras :

« Général, je n'ai rien à me reprocher ; j'ai rempli les devoirs d'une mère pour reconquérir l'héritage de son fils. » Sa voix était brève et accentuée.

» A peine assise, elle chercha des yeux les autres prisonniers. Elle les aperçut, à l'exception de M. Guibourg, qu'elle fit demander. « Général, dit-elle, je désire ne point être séparée de mes compagnons d'infortune. » Je le lui promis, au nom du comte d'Erlon ; car j'étais bien sûr qu'il ferait honneur à ma parole.

« MADAME paraissait très altérée, et, quoique pâle, elle était animée comme si elle avait eu la fièvre. Je lui fis apporter un verre d'eau, dans lequel elle trempa ses doigts : la fraîcheur la calma un peu. Je lui proposai d'en boire un autre ; elle accepta, et ce ne fut pas chose facile que de trouver de suite un second verre d'eau, dans cette maison bouleversée. Enfin, on en apporta un ; mais elle aurait été obligée de le boire sans sucre, si je n'avais avisé M. de Mesnard dans un coin. L'idée me vint qu'il était homme à avoir du sucre sur lui ; je lui en demandai donc, comme une chose que j'étais sûr qu'il allait me donner : en effet, en se fouillant, il en trouva deux morceaux dans ses poches. La Duchesse les fit fondre dans le verre, les tournant avec un couteau à couper du papier, car il aurait fallu trop longtemps pour trouver une cuillère, et il ne fallait même pas y songer. Lorsque la Princesse eut bu, elle me fit arriver près d'elle.

» Pendant ce temps, mon secrétaire et mon aide-de-camp s'étaient rendus, l'un chez le comte d'Erlon, l'autre chez M. Maurice Duval, pour les prévenir de ce qui venait de se passer. M. Maurice Duval arriva le premier. Il entre dans la chambre où nous étions, le chapeau sur la tête, comme s'il n'y avait pas eu là une femme prisonnière, qui, par son rang et ses malheurs, méritait plus d'égards qu'on ne lui en avait jamais rendus. Il s'approcha de la Duchesse, la regarda en portant cavalièrement la main à son chapeau et, le soulevant à peine de son front, il dit : « Ah ! oui ! c'est bien elle ! » et il sortit pour donner des ordres.

— » Qui est cet homme ? me demanda la Princesse.

— » Madame ne devine pas ? » lui répondis-je.

— » Le Préfet ? dit-elle, avec un léger sourire, et, après une pose : Est-ce que cet homme a servi sous la Restauration ?

— » Non, Madame.

— » J'en suis bien aise pour la Restauration. » (1)

Ce fut toute la vengeance de Madame.

M. Maurice Duval rentra et demanda à la Princesse ses papiers. Madame dit de chercher dans la cachette, et qu'on y trouverait un portefeuille blanc qui y était resté ; M. Guibourg et M. Baudot, substitut du procureur du Roi, y allèrent et le rapportèrent. « M. le Préfet, dit Madame avec dignité, les choses renfermées dans ce portefeuille sont de peu d'importance, mais je tiens à vous les donner moi-même, afin que je vous désigne leur destination. » — A ces mots, elle l'ouvrit. — « Voilà ma correspondance. Ceci, ajouta-t-elle, en tirant une petite image peinte, est un *Saint Clément,* auquel j'ai une dévotion toute particulière... Elle est plus que jamais de circonstance. »

Le comte d'Erlon se fit annoncer : « Vous ne me quitterez pas ? » dit la Princesse au général Dermoncourt. Celui-ci le lui promit. Alors, Madame, se levant, alla vivement à la rencontre du nouvel arrivant : « Monsieur le Comte, lui dit-elle, je me suis confiée au général Dermoncourt, je vous prierai de me l'accorder pour rester près de moi : je lui ai demandé de n'être point séparée de mes malheureux compagnons, et il me l'a promis en votre nom ; vous ferez honneur à sa parole ? »

Le général comte d'Erlon ratifia toutes les promesses faites,

---

(1) Dermoncourt : *La Vendée et* Madame.

et cela en des termes d'une courtoisie et d'un respect profonds; puis, comme il se mit à parler à voix basse au général Dermoncourt, Madame se retourna vers Mlle de Kersabiec et M. de Mesnard.

Il fut décidé entre les généraux que la Princesse serait immédiatement transportée au château, où l'autorité militaire, d'accord avec le préfet, avait fait faire en hâte tous les préparatifs pour la recevoir. Le général Dermoncourt proposa donc à Son Altesse Royale de quitter la maison.

— « Et pour aller où ? dit-elle en le regardant fixement.

— » Au château, Madame.

— » Ah! bien! et de là à Blaye, sans doute? »

Mlle de Kersabiec s'avança alors vers les deux interlocuteurs, et, s'adressant au général, lui dit : « Général, Son Altesse Royale ne peut aller à pied ; cela n'est pas convenable. — Mademoiselle, reprit le général, une voiture ne ferait que nous encombrer ; le trajet est très court, Madame peut aller à pied en jetant un manteau sur ses épaules et un chapeau sur sa tête. »

M. Maurice Duval, se piquant de galanterie, se hâta de descendre au second et rapporta trois chapeaux, qui appartenaient sans doute aux demoiselles du Guini ; il y en avait un noir ; Madame le choisit en disant : « Il convient à la circonstance. » Puis, prenant le bras du général et se tournant vers ma tante et MM. de Mesnard et Guibourg, elle ajouta : « Allons, mes amis, partons! »

On passa devant la mansarde et la cachette qui était demeurée ouverte : « Ah! général, dit Madame en y jetant un regard, si vous ne m'aviez pas fait une guerre à la *Saint Laurent*, ce qui, par parenthèse, ajouta-t-elle en riant, est au-dessous de la générosité militaire, vous ne me tiendriez pas sous votre bras à cette heure. »

Lorsqu'on sortit de l'hôtel pour gagner le château, M. Guibourg, escorté du préfet et de M. Baudot, ouvrit la marche. Ma tante suivait, accompagnée du général comte d'Erlon, et enfin venait Madame, appuyée sur le bras du général Dermoncourt; derrière étaient M. de Mesnard, les officiers d'état-major et les aides-de-camp. Il était midi ; la troupe de ligne et la garde nationale formaient la haie, contenant une foule énorme, entassée et se haussant sur les pieds pour mieux voir par-dessus les baïonnettes. — Le cortège ayant traversé le pont-levis, Madame fut dirigée, au fond de la cour d'honneur, vers les appartements occupés par le colonel d'artillerie ; en montant les longs escaliers, elle faillit s'évanouir par suite de la faim qu'elle endurait. « J'allais me mettre à table lorsque vous m'avez dérangée, dit-elle, et il y a trente-six heures que je n'ai rien pris. »

Enfin, le repas arriva. Comme elle s'y rendait, Madame, toujours affable, se tournant vers le général qui lui avait offert son bras, lui dit : « Si je ne craignais que l'on ne dît que je cherche à vous séduire, général, je vous proposerais de partager mon repas. — Et moi, Madame, si j'osais, j'accepterais volontiers, car je n'ai rien pris depuis hier, à onze heures du matin. — Ah! bien, général, en ce cas, nous sommes quittes! »

« Pendant qu'on était à table, continue le général Dermoncourt, M. le Préfet entra. Comme la première fois, il ne se fit pas annoncer; comme la première fois, il souleva son chapeau à peine. Il paraît que, ce jour-là, M. Maurice Duval était comme Madame la Duchesse de Berry et moi : il avait faim ; il alla droit au buffet, où l'on venait de porter des perdreaux desservis de la table de la Duchesse. Il se fit donner une fourchette et un couteau, et se mit à manger, tournant le dos à la Princesse.

» Madame le regarda avec une expression que je n'oublierai jamais, et reportant les yeux sur moi : — « Général, me dit-elle, savez-vous ce que je regrette dans le rang que j'occupais?

— » Non, Madame.

— » Deux huissiers pour me faire raison de Monsieur... »

L'impartialité me fait un devoir de dire que M. Maurice Duval a tenté, depuis la chute de Louis-Philippe, de démentir ces étranges façons d'agir, mais il ne parut pas trouver mauvais qu'on les lui imputât durant ce règne. Deutz, lui aussi, dans un livre auquel j'ai fait plus d'un emprunt, a prétendu n'avoir trahi que par honneur et pour l'honneur; il n'aurait jamais reçu d'argent. Je l'ignore et n'ai point de goût à creuser ces honteux mystères. Toutefois on ne s'expliquerait pas pourquoi Deutz fut enfermé par M. Maurice Duval à la préfecture, pendant les perquisitions faites sur les indications données par lui : pourquoi s'assurer de sa personne si quelque monnaie ne lui avait été déjà glissée dans la main et si l'on ne s'était engagé à lui en donner d'autre? Pourquoi s'enfuir, sinon par hâte de toucher le prix convenu, par peur qu'on ne lui tînt pas parole? La porte du cabinet où l'on avait enfermé Deutz était à deux battants; mais on n'avait pas eu la précaution de remarquer que celui des deux, sur lequel venait s'engager le pêne de la serrure, pouvait s'ouvrir en dedans, sans effort et sans effraction. Deutz en profita. Une chaise de poste, dans laquelle il devait partir aussitôt la prise de Madame effectuée, afin d'en porter la nouvelle à Paris, se trouvant là, il la prit et, sans attendre le résultat, il partit; si bien que M. Maurice Duval, de retour à la préfecture, dans la nuit qui précéda l'arrestation de la Princesse, fatigué de recherches inutiles jusque-là, trouva par surcroît son complice évadé.

On a dit depuis que Deutz, pour toucher l'argent, aurait dû subir l'humiliation de ne le recevoir qu'au bout de pincettes; je ne le crois pas. C'eût été, de la part du Gouvernement et de ses hommes, puéril et déplacé : assurément c'était de l'argent fort sale, mais la main qui l'avait amassé pour la trahison ne s'y était-elle pas surabondamment souillée?

N'est-ce pas encore ici le cas de se rappeler les Pharisiens de l'Evangile, le prix du Sang et le *quid ad nos?* Deutz aura été bon prince de ne pas exiger la poignée de main en sus.

Tandis que MM. Maurice Duval et Deutz se montraient embarrassés et de mauvaise humeur, eux pourtant dont les plans réussissaient, Madame, au contraire, était toujours calme, pleine d'affabilité, d'entrain et d'une simplicité vraiment charmante, qui subjuguait les cœurs les moins prévenus en sa faveur.

« Arrivée dans ce château, dit M. Guibourg, la Princesse y fut comme aux Tuileries; il semble qu'elle n'avait que des gardes d'honneur empressés à lui obéir. Elle a reçu de tous, les hommages de respect que sa naissance et ses malheurs plus grands encore commandaient impérieusement. Tous étaient émus de sa bonté, de sa simplicité : « Quelle femme! s'écriait le général Dermoncourt, c'est une héroïne ! »

Ceci n'est pas exagéré; qu'on lise ces lignes tracées par ce général :

« C'était la première fois que je voyais la Duchesse de Berry, et j'avoue que son air de franchise et de bonté fit une vive impression sur moi.

» Marie-Caroline, comme toutes les jeunes filles napolitaines quel que soit le rang dans lequel elles sont nées, n'a reçu qu'une éducation peu soignée : chez elle tout est nature et instinct; les exigences de l'étiquette lui sont insupportables, et les formes du monde pour ainsi dire presque inconnues. Elle se laisse entraîner sans essayer de se retenir et se livre avec un abandon naïf, aussitôt qu'on lui a inspiré quelque confiance. Capable de supporter toutes les fatigues et tous les dangers, avec la patience et le courage d'un soldat, la moindre contradiction l'exaspère; alors sa figure, naturellement pâle, s'anime, elle crie, elle bondit et menace, puis, aussitôt qu'on a l'air de faire ce qu'elle veut, elle sourit, s'apaise, et vous tend la main.

Contre la nature des princes, elle est reconnaissante et n'en rougit pas ; du reste, aucune haine, aucun fiel dans l'âme, même contre ceux qui lui ont fait le plus de mal. Qui l'a vue une heure connaît son caractère ; qui l'a vue un jour connaît son cœur. »

Une foule d'exemples prouveraient au besoin la vérité de ces observations quant au cœur de MADAME : « Il est plus malheureux que moi, » dit-elle avec pitié, mais sans colère, en parlant de Deutz, et ce fut toute sa vengeance, elle n'y revint plus.

Son cœur songeait à tout. — A peine arrivée au château, Mlle Stylite ayant pris la première feuille de papier venue et un crayon, avait écrit un mot hâtif à ses sœurs : « Bonjour, mes petites, je me porte très-bien ; MADAME a supporté tout avec le courage que vous savez. Vous nous verrez un de ces jours, le général Dermoncourt me l'a promis, adressez-vous à lui. Je vous embrasse. » MADAME, sur la même feuille, voulut ajouter : « Bonjour Eulalie, du calme et du courage, remontez nos amis. J'ai fait mon devoir et je ne m'en plains pas. » Au verso, et toujours avec le même crayon, M. Guibourg écrivit : « Nous sommes arrivés au château sans encombre. MADAME la Duchesse de Berry a été traitée avec tous les égards dus à son rang, à ses malheurs et à ses vertus sublimes. Nous avons beaucoup à nous louer aussi des bons et loyaux procédés de ces messieurs. MADAME recommande beaucoup à Mlle Eulalie et à ses amis de ne pas se monter la tête, nous sommes très bien tous et pas plus tristes que de coutume.

» A. G. »

Après ses amis, MADAME songea à ses parents : — « Je veux, dit-elle, écrire à mon frère le roi de Naples et à ma sœur la reine d'Espagne ; je n'ai à leur faire part que de ma mauvaise aventure ; mais j'ai peur qu'ils ne soient inquiets de ma santé, et que, vu l'éloignement où nous sommes les uns des autres, des rapports faux ne leur soient faits. A propos, ajouta-t-elle en se tournant vers le général Dermoncourt, que pensez-vous de la conduite de ma sœur d'Espagne ? — « Mais, Madame, je crois qu'elle suit la bonne route. » — « Tant mieux, reprit Madame en soupirant, pourvu qu'elle arrive à bien ! Louis XVI a commencé comme elle. »

Madame on le voit n'était adepte ni du libéralisme ni de la Franc-Maçonnerie, auxquels sa sœur Marie-Christine se laissait aller ; les événements ont donné raison à ses soupirs et à son incrédulité.

Ces lettres écrites, Madame demanda des journaux. — Lesquels ? reprit son interlocuteur.

— « Voyons ? mais d'abord, l'*Echo*, *La Quotidienne* et..... *Le Constitutionnel*.

— » *Le Constitutionnel*, vous, Madame !

— » Pourquoi pas ?

— » Seriez-vous prête à abjurer votre politique ?

— » Croyez-vous que cette lecture pourrait me convertir ?

— » C'est un journal très serré de raisonnement et très entraînant de convictions ! !...

— » C'est égal, je me risque, reprit Madame avec une légère pointe de malicieuse ironie ;... Je voudrais aussi le *Courrier français*.

— » *Le Courrier !* Madame n'y pense pas ! Elle va devenir *ultralibérale !*

— » Général, j'aime tout ce qui est franc et loyal, et *Le Courrier* est franc et loyal. Je désire aussi *l'Ami de la Charte*.

— » Oh ! pour le coup ! !...

— » Ah ! celui-là, c'est pour un autre motif ; celui-là m'appelle toujours Caroline, tout court, et c'est mon nom de jeune fille, et je le regrette, car mon nom de femme ne m'a pas porté bonheur.....

Le général Dermoncourt avait affaire, sans s'en apercevoir à forte partie : d'ailleurs il était subjugué, et cela ne fut pas utile à son avancement ; il dut payer par une retraite anticipée les entraînements de sa loyauté.

» Général ! lui dit soudainement la Princesse, me connaissiez-vous avant les événements de juillet ?

— » Non, Madame.

— » Vous n'êtes donc jamais venu à Paris ?

— » Pardon, Madame, j'y suis allé deux fois pendant la Restauration.

— » Comment, vous êtes allé deux fois à Paris et vous ne m'avez pas vue !

— » Pour une bonne raison.

— » Expliquez-moi donc cela.

— » C'est que, quand je voyais Madame venir d'un côté, je m'en allais bien vite d'un autre.

— » C'est peu galant, Monsieur, mais enfin pourquoi ?

— » Pourquoi, Madame ? pardonnez ma franchise, elle est un peu *crue*, je l'avoue ; c'est que je n'aimais pas la Restauration.

» La Duchesse, ajoute le général, me regardant avec bonté, — et moi je crois que c'était aussi avec une pointe de douce malice, — dit à Mlle de Kersabiec : « N'est-ce pas, Stylite, qu'il est bon enfant ?

— » Avez-vous vu mon fils, général, continua-t-elle.

— » Je n'ai pas eu cet honneur.

— » C'est un bien bon enfant, bien vif, mais bien Français, comme moi.

— » Vous l'aimez beaucoup ?

— » Autant qu'une mère peut aimer son fils.

— » Eh bien, reprit le général, s'élevant encore un peu imprudemment vers des sommets vraiment au-dessus de son vol, que Madame me permette de lui dire que je ne comprends pas comment, lorsque tout a été fini dans la Vendée, elle n'a pas eu l'idée de retourner aussitôt vers ce fils qu'elle aime tant !

— » Général, c'est vous qui avez saisi ma correspondance, je crois ? — Vous avez lu mes lettres ?

— » J'ai eu cette indiscrétion.

— » Eh bien, vous avez dû voir que, du moment où j'étais venue me mettre à la tête de mes braves Vendéens, j'étais résolue à subir toutes les conséquences de l'insurrection. Comment ! c'est pour moi qu'ils se sont levés, qu'ils ont compromis leur tête, et je les aurais abandonnés !..... Non, général, leur sort sera le mien ; je leur ai tenu parole. D'ailleurs il y a longtemps que je me serais rendue, pour faire tout finir, si je n'avais eu une crainte.

— » Laquelle ? »

Alors Madame, avec ce coup d'œil vraiment royal qu'elle possédait, et comme mue d'un esprit quasi prophétique, se mit à développer, — il y a de cela soixante-trois ans — ce plan d'invasion et d'abaissement que nous voyons si malheureusement se poursuivre sous nos yeux. — L'Europe jalouse cherche des prétextes pour s'allier contre nous ; la Révolution a surexcité les craintes et le mauvais vouloir des uns, paralysé la bonne volonté des autres ; Madame ne veut pas être le point de départ d'une guerre qu'elle redoute. — Je pouvais craindre, dit-elle, qu'à peine prisonnière, je serais réclamée par l'Espagne, la Prusse et la Russie. Le Gouvernement français, de son côté, voudrait me faire juger, et c'est tout naturel ; mais, comme la Sainte-Alliance ne permettrait pas que je comparusse devant une Cour d'assises, — car la dignité de toutes les têtes couronnées de l'Europe y est intéressée, — de ce conflit d'intérêts à un refroidissement, et d'un refroidissement à une guerre, il n'y a qu'un pas ; et, je vous l'ai déjà dit, je ne voulais pas être le prétexte d'une guerre d'invasion. *Tout pour la France et par la France*, c'était la devise que j'avais adoptée et dont je ne voulais pas me départir. D'ailleurs qui pouvait m'assurer que la France une fois envahie ne serait point partagée? Je la veux tout entière, moi ! »

Le général préoccupé d'idées moins hautes se mit à sourire :

— « Pourquoi riez-vous ? lui dit MADAME avec vivacité.

Le général s'inclina sans répondre.

— » Voyons, pourquoi riez-vous ? je veux le savoir.

— » Je ris de voir à Votre Altessse toutes ces craintes d'une guerre étrangère.....

— » Et si peu d'une guerre civile, n'est-ce pas ?

— » Je prie MADAME de remarquer qu'elle achève ma pensée et non point ma phrase.

— » Oh ! cela ne peut me blesser. Quand je vins en France, je croyais qu'elle se soulèverait, que l'armée passerait de mon côté ; d'autant plus que j'ai été invitée à rentrer en France plus par mes ennemis que par mes amis... Au reste, ils sont plus embarrassés que moi, général. »

Là-dessus la Princesse se leva et se mit à se promener comme un homme, les mains derrière le dos.

Hélas ! aujourd'hui, que doit-on penser des prévisions et des craintes de MADAME ? Nous avons subi la guerre étrangère suivie d'invasion et de démembrement, conséquences des guerres civiles dont l'étendard fut levé par les hommes de 1830. Quelques envieux, surtout quelques cupides, désireux d'exploiter la fortune publique à leur profit, se mirent à attaquer un pouvoir scrupuleux d'honnêteté, pur dans son origine, bienfaisant dans son exercice, probe et désintéressé, qui, ayant trouvé tout détruit, rétablit tout : industrie, commerce, finances, la liberté sage à l'intérieur en même temps que l'autorité dans la conduite des affaires au-dedans et au-dehors. Par leurs appels à l'émeute du haut de la tribune et dans les journaux, par les complots ténébreux, les assassinats et les soulèvements dans la rue en pleine paix, ils parvinrent à le renverser, et alors, l'œil mouillé et la bouche pleine de phrases hypocrites, ils s'en allèrent dire à tous venants : « Pas de complots, pas de guerre civile ! » alors que c'étaient eux qui l'avaient faite ! La révolte de 1830 fut un crime de lèse-nation, la plus ignoble des révolutions, car elle n'a aucun prétexte honnête ou avouable à mettre en avant, seulement le sordide intérêt personnel. De révoltes en émeutes et d'émeutes en révolutions, nous en sommes à l'état présent : les partis innombrables, les haines, les dissensions, la confusion et la désunion à l'intérieur ; l'irrésolution et la dissolution en face de l'invasion étrangère, l'anarchie morale et matérielle, l'écrasement de la religion : ni Dieu, ni maître, ni patrie !!

MADAME, interrompant sa promenade, se rapprocha du général Dermoncourt : — « Si je suis en prison, dit-elle, j'espère du moins que je ne suis pas au secret et que M. Guibourg pourra dîner avec moi ? »

— « Je n'y vois pas d'inconvénient, répondit le général, d'autant plus, je pense, que c'est la dernière fois qu'il aura cet honneur. »

MADAME se mit à table à neuf heures ; à dix heures et demie, M. Guibourg, qui venait de se retirer, fut averti qu'une voiture l'attendait pour le conduire à la prison ; il y monta, et cette disparition fut cause, le lendemain, d'une vive explication entre la Princesse et le général Dermoncourt :

— « Ah ! c'est comme cela, monsieur ! lui dit-elle ; je ne l'aurais jamais cru ; vous m'avez trompée : Guibourg a été enlevé cette nuit et conduit en prison, malgré la promesse que vous m'aviez faite que je ne serais pas séparée de mes compagnons d'infortune. »

Le général s'excusa sur ce que M. Guibourg avait été revendiqué par l'autorité judiciaire, à laquelle ni le comte d'Erlon ni lui-même n'avaient pu résister. Il fallut que Mlle de Kersabiec intervînt pour calmer la Princesse.

Peu après, Madame reçut en cadeau, de la part des Dames de la Halle revendiquant leurs antiques privilèges d'offrir la bienvenue aux princes de la maison royale, un beau panier d'oranges; elle en fut très touchée. Elle reçut aussi la visite de Mlles Eulalie, Céleste et Mathilde de Kersabiec, celle de leur sœur Mme Adolphe de Biré, et de M. Louis de Kersabiec, le plus jeune de mes oncles. Mme la baronne de Charette les accompagnait. Ces dames furent introduites par le général d'Erlon, qui avait pris l'initiative de les aller chercher, et qui fut, en toutes ces circonstances, d'une délicatesse et d'un tact parfaits. Ce général ne voulut jamais paraître devant Madame revêtu de son uniforme, et, pendant cette visite dernière, il voulut, nonobstant les prétentions de l'agent de police Joly, de tenir les portes ouvertes afin de ne rien perdre de vue, qu'elles fussent fermées, et il se plaça de sa personne de façon à assurer la liberté des adieux.

Ma mère était alors avec nous à la campagne, et je la vois encore rougissante et troublée, quand un exprès vint lui apprendre que Madame venait d'être arrêtée : Madame ne disait rien à ma pensée d'enfant, mais, lorsqu'on ajouta qu'avec elle ma tante aussi était prisonnière, je compris et fus ému à mon tour.

Si Mlles du Guini ne furent point là, c'est qu'elles avaient été conduites en prison; inintelligente mesure assurément; pouvait-on, en effet, espérer qu'on pût faire un crime ou un simple délit d'une hospitalité qui fut et restera toujours un honneur envié? Elles furent en effet relâchées, non sans avoir versé une forte somme pour caution. Elles écrivirent de leur prison, au général d'Erlon, cette lettre que je dois reproduire :

« Nous vous supplions de nous accorder la grâce la plus précieuse pour nous : c'est la permission de passer une journée aux pieds de Son Altesse Royale; notre devoir et surtout notre cœur, nous commandent de remercier Madame de la confiance qu'elle nous a témoignée, du bonheur qu'elle nous a donné, en venant prendre asile dans notre maison. »

La fidèle Charlotte Moreau avait ajouté en post-scriptum : — « Je ne suis qu'une femme de chambre ; mais si MADAME ne m'en trouve pas indigne, je sollicite la même grâce que mes maîtresses. » Etrange licence si l'on veut, qui montre bien la bonté de cette Princesse, abaissant ainsi les barrières et permettant à la confiance d'une humble fille du peuple de monter vers elle sans fausse honte comme sans forfanterie.

Ainsi, MADAME, au château, recevait les hommages de tous ; généraux et fonctionnaires ne pouvaient s'empêcher de se presser autour de leur prisonnière ; on admirait cette bonne grâce constante, ce courage, cette simplicité, cette grandeur, et l'on admirait tout haut ; il fallait en finir.

XXIII.

Le 8 novembre, à quatre heures du soir, les autorités se réunirent afin de se concerter sur les mesures à prendre. On décida d'exécuter, sans plus de retard, les ordres du gouvernement, qui prescrivaient d'envoyer Son Altesse Royale à Blaye. Il fut alors proposé, mais en vain, de conduire la Princesse par terre à sa prison; M. Maurice Duval s'y opposa et insista pour la voie de mer, voie périlleuse en cette saison et certainement fatigante : il l'emporta.

Les personnes désignées pour accompagner MADAME furent : MM. Polo, adjoint au maire de Nantes; Robineau de Bougon, colonel de la garde nationale; Rocher, porte-étendard de l'escadron d'artillerie de cette garde; Chousserie, colonel de gendarmerie; Ferdinand Petit-Pierre, adjudant de la place de Nantes, et Joly, l'inévitable commissaire de police. Un bateau à vapeur fut préparé pour recevoir la Princesse et la conduire à Saint-Nazaire, à bord du brick stationnaire *la Capricieuse,* commandant Mollien, capitaine Le Blanc.

Le 9, à minuit, MADAME, Mlle Stylite de Kersabiec et M. de Mesnard furent réveillés; à trois heures du matin, les principales autorités se trouvant réunies au château, les prisonniers descendirent : deux voitures attendaient à la porte; la Princesse monta dans l'une avec Mlle de Kersabiec et M. de Mesnard. Le comte d'Erlon, M. Ferdinand Favre, maire de Nantes, et M. Maurice Duval, le préfet, occupèrent l'autre. La Duchesse et ses amis partaient dans un dénûment complet; tous les effets de la Princesse tenaient dans un mouchoir de poche, et aucun de ses compagnons n'était mieux nanti. On se dirigea vers le port de la Fosse, où se trouvait le bateau à vapeur. Madame, en arrivant, remarqua tout d'abord l'absence de M. Guibourg; elle demanda immédiatement du papier et de l'encre et, séance tenante, elle lui écrivit ce billet :

« J'ai réclamé mon ancien prisonnier, et on va écrire pour cela; Dieu nous aidera, et nous nous reverrons. Amitiés à tous nos amis; Dieu les garde ! Courage et confiance en lui ! Sainte Anne est notre patronne à nous autres Bretons ! »

Confié aux mains de M. le maire de Nantes, ce billet fut remis fidèlement à son adresse.

Le général comte d'Erlon, MM. Maurice Duval, Ferdinand Favre et Louis Vallet, adjoint, suivirent Madame jusqu'à Saint-Nazaire.

On partit de Nantes à quatre heures du matin. A huit heures, Madame fut reçue à bord de *la Capricieuse*, qui attendait sous voiles à l'embouchure de la Loire; elle était sous la garde du colonel Chousserie et de son aide de camp, qui devaient la conduire à Blaye.

La Capricieuse était un petit brick de guerre nullement aménagé pour la destination qu'on lui donnait inopinément : l'équipage était novice et mal exercé; le commandant ne cachait pas qu'avec le mauvais temps qu'il faisait et les conditions défectueuses où il se trouvait, il était peu satisfait de la responsabilité qui lui incombait; il eût semblé plus simple et plus humain de transporter la Princesse par terre, mais la peur fait taire toutes les considérations. Madame fut fort malade, souffrant à la fois du mal de mer, de la poitrine, du bruit effroyable que faisait l'équipage, mal instruit dans les manœuvres, par un temps qui exigeait à chaque instant qu'on virât de bord, et aussi du manque absolu des soins les plus nécessaires, car on avait oublié cruellement d'attacher à son service une femme habituée à ces maux, et Mlle de

Kersabiec, fort souffrante elle-même, ne pouvait être, malgré son dévouement, que d'un très faible secours. Au surplus, voici ce que Mlle de Kersabiec écrivit à ses sœurs :

« Samedi.

« Nous n'avons pu encore sortir de la rivière : le temps n'a pas été beau cette nuit. MADAME a été fatiguée, elle a vomi ; ce matin, elle est bien. M. de Mesnard va mieux ; moi, je n'ai pas encore le mal de mer, mais la tête me tourne : on dit que c'est le prélude. Il est probable qu'un bateau remorqueur nous fera sortir de la rivière, et, si les vents sont bons, nous serons bientôt rendus. MADAME est toujours calme et courageuse ; elle me charge pour vous, les dames du Guini et M. Guibourg, de son souvenir, ainsi qu'à tous nos amis. Ne m'oubliez pas non plus près d'eux tous, mon pauvre père en particulier. Nous sommes à bord de *la Capricieuse;* le commandant et les officiers sont pleins d'égards pour MADAME et pour nous. Je vous embrasse tous, ainsi que tous ceux que j'aime. Au revoir, mes petites, priez pour nous. Je vous aime bien.

» STYLITE.

» *P.-S.* — Avez-vous écrit à M. Hennequin, de la part de MADAME, pour elle et M. Guibourg (1), que ce dernier, de concert avec M. Hennequin, voie à venir rejoindre MADAME le plus tôt qu'il pourra, pourvu toutefois que cela n'aggrave pas sa position ? »

Cette navigation devint fatigante et laborieuse au-delà de

---

(1) Mlle Céleste de Kersabiec, se rendant aux désirs de la Princesse, écrivit, en effet, à M. Hennequin. Ceci résulte de cette lettre de M. Guibourg à l'illustre avocat et prouve, en même temps, ce qu'on a dit de l'intervention de MADAME dans le choix du défenseur du vicomte de Kersabiec, et dans la direction des débats :

« Prison de Nantes, le 12 novembre 1832.

» Monsieur et honoré Confrère,

» Vous avez dû recevoir une lettre de Mlle Céleste de Kersabiec, autorisée par S. A. R. MADAME, Duchesse de Berry, vous priant de vouloir bien vous charger de ma défense. Si j'avais connu un royaliste et un avocat plus digne de défendre une cause qui ne sera peut-être pas sans intérêt, j'aurais prié MADAME de me recommander à lui. J'ose donc espérer, Monsieur, que vous ne refuserez pas de partager vos soins entre M. de Kersabiec et moi. »

ce qu'on avait supposé ; un moment, on se demanda si l'on ne serait pas forcé de gagner la haute mer ; elle dura sept longs jours, au bout desquels on parvint enfin à l'entrée de la rivière de Bordeaux ; mais, pour gagner Blaye, il fallut quitter *la Capricieuse* et passer sur le bateau à vapeur *le Bordelais*, transbordement qui ne s'exécuta pas sans dangers sérieux. On mit à la mer le canot de *la Capricieuse*; Madame la Duchesse de Berry y descendit avec Mlle de Kersabiec, M. de Mesnard, le colonel Chousserie et les autres. Les signaux du capitaine Le Blanc n'ayant pas été compris au *Bordelais*, la distance qui le séparait du canot s'accrut considérablement ; en même temps, la mer, qui était assez belle, changea et devint houleuse ; un grain se leva, de grosses vagues commencèrent à rouler sur la frêle embarcation, qu'elles semblaient vouloir engloutir, et inondèrent les passagers. Le capitaine, en proie à la plus vive inquiétude, était agité comme le temps. Madame, au contraire, suivait, impassible, tous ses mouvements, et se taisait. A un moment, Mlle de Kersabiec, toute aux dangers que courait la Princesse, ne put s'empêcher de manifester vivement ses craintes : « Mademoiselle, calmez-vous ; prenez exemple sur Son Altesse Royale ! » s'écria le capitaine, rendant ainsi, jusqu'au dernier moment, hommage à la grandeur d'âme de celle qu'il conduisait prisonnière.

Les craintes de ma tante étaient légitimes cependant, car, bien que le vent faiblît, les vagues étaient si furieuses, que le passage du canot au navire fut à la fois difficile et dangereux. Tantôt l'esquif était porté jusqu'au niveau du pont du *Bordelais*, tantôt il redescendait violemment au bas de l'échelle du bord ; on risquait d'être submergé ou écrasé. Enfin, le capitaine Le Blanc, qui tenait la Princesse par la taille put saisir un mouvement d'ascension et la jeter dans les bras de ceux qui étaient à bord du navire à vapeur, en criant : « Sauvez la Princesse ! » Les autres passagers arrivèrent aussi sains et

Trajet de S. A. R. MADAME

saufs, et l'on cingla sur le champ vers Blaye : le pinceau de Ferdinand Perrot a reproduit cette page héroïque des travaux de MADAME.

« Ce fut sur la plage, au-dessous de la citadelle, que la Duchesse prit terre. Cette citadelle est à proprement parler l'ancienne ville de Blaye, fortifiée par Vauban; il s'y trouve un assez grand nombre de maisons, même de rues. Une maison isolée et assez grande, qu'occupait le commandant, avait été préparée pour recevoir la Duchesse. Si les fenêtres n'en eussent été garnies de barres de fer, elle n'eût pas offert l'aspect d'une prison. Derrière cette maison se trouve un jardin assez grand pour qu'on puisse y prendre de l'exercice. On mit à la disposition de la prisonnière un salon, dans lequel donnaient deux chambres à coucher; la Princesse prit la plus commode; Mlle de Kersabiec occupa l'autre : l'appartement était complété par une petite salle à manger placée au bout d'un corridor et donnant sur la mer. M. de Mesnard fut placé dans un autre corps de logis.

» Pendant le jour la circulation demeurait libre pour les prisonniers. Au coucher du soleil, on fermait le salon, et il ne restait de communication qu'entre les deux chambres à coucher. Tant que M. Chousserie fut gouverneur de la citadelle, le séjour de la prison fut tolérable, quoiqu'il dût exécuter mille ordres vexatoires, qui lui arrivaient à chaque instant de la part du Gouvernement. — On s'était établi aussi bien que possible; on fit venir de Blaye, pour le service de la Princesse qui n'avait pas une personne auprès d'elle, un homme et une femme qui durent renoncer à leur liberté. Mlle de Kersabiec remplit tout à la fois les fonctions d'honneur et de service, jusqu'au moment où, sur la demande de la Duchesse, Mme Hansler, l'une de ses femmes, lui fut envoyée de Paris (1). »

(1) *Biographie de* MADAME, par Saint-Edme et Germain Sarrut.

A peine à Blaye, Mlle Stylite de Kersabiec écrivit à ses sœurs :

« De la citadelle de Blaye, ce 16 novembre 1832.

» Je n'ai que le temps de vous écrire un mot, mes chères amies, pour vous dire que nous sommes arrivées hier en bonne santé à six heures et demie du soir, après la traversée la plus pénible et la plus périlleuse. Je vous en donnerai tous les détails demain. Je ne sais quand vous recevrez cette lettre, car toutes celles que nous écrirons doivent être envoyées à Paris avant de vous être rendues. — J'attends avec impatience de vos nouvelles à tous ; écrivez-moi avec détails, parlez-moi de nos amis, et rappelez-nous à leur souvenir. Vous adresserez vos lettres sous le couvert du colonel Chousserie, commandant la citadelle : il a été très-bien pour MADAME et pour nous. MADAME est bien aujourd'hui ; son courage et la force de son âme la soutiennent et la rendent admirable aux yeux de tous ceux de ces MM. qui sont venus nous conduire ; ils doivent vous voir et vous donner des détails sur notre voyage.

» Le logement que nous habitons est aussi bien que peut l'être une prison d'Etat, et même mieux que vous ne vous le figurez peut-être. Jusqu'à présent nous ne pouvons voir personne du dehors. Nous sommes gardés par un bataillon du 48e. N'ayant eu de l'encre et du papier que fort tard, et ne voulant pas perdre la poste, je ne puis vous écrire plus longuement.

» Au revoir, mes chères amies, je vous embrasse de tout mon cœur ; embrassez bien pour moi le cher père ; encore une fois ne nous oubliez pas auprès de tous nos amis, ne vous affligez pas trop, il faut du courage jusqu'à la fin. Votre amie bien affectionnée et bien occupée de vous tous,

» STYLITE.

» *P.-S.* — Parlez-moi de Louise, des D^{lles} du Guini et de M. Guibourg ; parlez-leur de nous aussi, nous en sommes bien occupés ; au revoir encore, amitiés à tous. Je suis inquiète de la santé de papa ; est-il parti pour Blois ? »

La lettre de détails annoncée, ou ne fut pas écrite ou n'arriva pas.

Mlle Stylite de Kersabiec ne devait pas faire un long séjour à Blaye : M. Thiers, l'homme qui avait traité avec Deutz de la vente de la Princesse, eut peur de son dévouement, aussi écrivit-il le 18 décembre, au colonel Chousserie, chargé de la garde de la prisonnière, ces lignes caractéristiques toutes à l'honneur de ma tante : « L'enlèvement de la Duchesse ne semble point à craindre, mais on doit supposer que de nombreux projets d'évasion seront formés. Deux personnes seront placées auprès d'elle : M. de Mesnard, serviteur dévoué, mais âgé et peu propre à l'intrigue ; Mlle de Kersabiec non moins dévouée, mais active, entreprenante, habituée à une vie aventureuse ; elle serait nécessairement l'intermédiaire de toutes les entreprises. » On devait donc saisir la première occasion qui se présenterait pour l'éloigner : un prétexte vint fort à point. On se rappela qu'un mandat d'amener avait été lancé par le parquet de Nantes, le 13 août précédent, contre Mlle de Kersabiec et avait été signifié le 14. M. le Procureur du roi la réclama, ce qui permit d'éluder pour elle, comme précédemment pour M. Guibourg, la promesse faite de ne pas séparer MADAME de ses compagnons. Quelle urgence y avait-il, puisque ma tante était en prison ? Mlle de Kersabiec quitta donc Blaye escortée par la gendarmerie et, arrivée à Nantes, fut mise en liberté, non sans avoir dû payer les frais du voyage et de l'escorte : il semble que son innocence reconnue aurait dû lui éviter cette mesquine tracasserie. Son premier soin fut d'offrir à la Princesse de retourner près d'elle reprendre sa part de captivité mais on sait que justement tel n'était pas le désir des geôliers qui allaient entreprendre la honteuse campagne dont le général Bugeaud fut le héros.

A son arrivée à Nantes, Mlle Stylite de Kersabiec n'y trouva ni son père, ni sa sœur Mlle Céleste, l'un et l'autre à Blois où mon grand-père comparaissait devant la Cour d'assises. Il était parti le 15 novembre à six heures du matin, voyageant en chaise de poste ; le 12 décembre s'ouvrirent les débats qui se terminèrent le lendemain 13 par un acquittement, après une admirable plaidoirie de l'illustre Hennequin ; cet acquittement fut un triomphe pour le père et la fille. On lit dans le compte-rendu de ces audiences : « Cette plaidoirie de M. Hennequin, prononcée avec l'accent de la conviction, a fait une vive impression sur l'auditoire. De nombreuses marques d'approbation se font entendre dans les diverses parties de la salle. M. Hennequin reçoit les témoignages non équivoques de félicitations des membres du barreau et des nombreux spectateurs qu'avaient attirés l'importance du procès et la réputation du défenseur. »

Quelques jours après, M. Guibourg comparut à son tour, fut aussi, suivant les volontés de Madame, défendu par M. Hennequin et acquitté : j'ai rencontré depuis dans le cours de ma vie des fils des jurés de Blois ; ils comptaient comme un honneur d'avoir siégé à ces Assises et rendu hommage à ces dévouements.

L'occasion se présente et je dois la saisir : par toute la France, le barreau se montra à la hauteur de sa véritable mission : proclamer le droit, demander justice. A Nantes, comme à Orléans et à Blois, on le vit faire retentir les échos du palais des doctrines les plus sûres, des enseignements les plus graves. Près des noms d'Hennequin et de Billault, je veux rappeler à Orléans celui d'Auguste Johanet, qui défendit mes oncles, les cousins germains de mon père, Charles et Auguste de Kersabiec, condamnés à mort par contumace, et à Blois ceux de MM. Besnard La Giraudais et Baron, de Nantes, Ménard, de Savenay ; Eugène Janvier, d'Angers ; de Fougères, Jullien, de Saint-Vincent et Vallon, de la Touraine et du Blaisois. Le banc des accusés d'alors fut des plus enviables. Je dois aussi un souvenir à M. Demangeat, alors procureur du roi à Nantes : il eut une mission pénible qu'il remplit de façon à empêcher bien du mal ; il est vrai qu'il n'avait à poursuivre que d'honnêtes gens !

Au milieu de ses épreuves de Blaye, MADAME la Duchesse de Berry ne cessait de penser à ses amis et se faisait un besoin de se tenir au courant de ce qui pouvait leur arriver : toutes les fois qu'elle le put, elle leur donna des marques touchantes de son bon souvenir, saisissant toutes les occasions pour tromper ceux qui l'observaient et leur écrire. C'est ainsi que n'ayant plus de nouvelles, elle leur fit dire par M. de Mesnard, s'adressant à Mme Adolphe de Biré, sœur, on le sait, de Mlles Stylite, Eulalie, Céleste et Mathilde de Kersabiec, son impatience.

« Château de Blaye, 5 janvier 1833.

» Madame,

» MADAME la Duchesse de Berry, dont je partage l'inquiétude, en ne recevant pas de nouvelles de votre famille, me charge de vous dire qu'elle vient d'être informée d'une chose que nous espérons en être l'unique cause. M. le colonel Chousserie, recevant un grand nombre de lettres et paquets à son adresse, destinés pour MADAME, mais dont la plus grande partie était de peu d'importance, et d'autres de nature à ce que son devoir ne lui permît pas de les remettre, a pris le parti de renvoyer tout ce qui ne serait pas affranchi. Veuillez vous y conformer bien vite, pour nous donner de vos nouvelles et de celles de votre famille. MADAME et moi, avons écrit pour vous faire compliment sur l'acquittement de votre père ; nous espérons apprendre bientôt que votre sœur et Henriette sont dans le même cas.

» MADAME me charge de ses amitiés pour tous les vôtres. Veuillez bien aussi leur parler de moi, ainsi qu'à Mathilde et la bonne Louise.

» N'oubliez pas Mlles du Guini et leur frère.

» J'ai écrit à la bonne Eulalie le 12 décembre, et MADAME depuis.

» MADAME espère que Céleste continue avec succès ses

œuvres de charité. Donnez-lui des nouvelles de Charlotte.

» Agréez, Madame, l'hommage de mon bien respectueux dévouement,

» Le comte DE MESNARD. »

Cette lettre de MADAME, dont parle M. de Mesnard, est du 21 décembre; la voici, elle est toute entière de la main de la Princesse :

« De la citadelle de Blaye, ce 21 décembre 1832.

» J'ai voulu attendre pour vous répondre, ma chère Eulalie, que l'affaire de votre père fut finie. Je vous en fais mon sincère compliment. J'ai reçu vos deux lettres et une de ma bonne Louise, remerciez la bien de ma part. Je ne lui écris pas, vous chargeant de tout ce que je pourrais lui dire, mais je l'embrasse de tout mon cœur. J'espère qu'elle se porte bien ainsi que son gros garçon. C'est une grande consolation pour moi d'avoir des nouvelles de mes amis. Le colonel Chousserie est toujours rempli de soins pour moi, je voudrais que ceux dont il reçoit des ordres fussent aussi bien. Vous verrez par les journaux que j'ai été un peu souffrante de mon rhumatisme, un très bon médecin de Bordeaux le docteur Gintrac, est venu me voir, je suis son régime qui me fait du bien.

» Remerciez la bonne Stylite de m'avoir donné de ses nouvelles; j'espère que son affaire va finir, ainsi que celle de M. Guibourg. J'ai reçu le petit panier et je vous en remercie.

» Vous devez penser que je serais bien heureuse de vous avoir près de moi, mais, hélas! fait-on ce que l'on désire? Ne m'oubliez pas auprès de vos sœurs et de ces excellentes Mlles Duguiny. Remerciez la bonne Henriette de son souvenir, il me portera bonheur. Si vous voyez ces braves filles Charlotte et Marie, dites leur que je ne les oublie pas. J'espère que Mathilde va bien et que nos petites écoles ne se perdent pas. Leur avez-vous donné mon ouvrage pour leur bazar.

» Adieu ma chère Eulalie, je vous embrasse de tout mon cœur

» M.-C. »

Ainsi, MADAME, nous le voyons, n'oubliait personne, ni

mon grand-père, ni ma tante Stylite, ni ses sœurs, ni Mme de Charette, qui venait de mettre au monde son premier enfant, le futur lieutenant-colonel des zouaves pontificaux ; ni Mlles du Guini, ni la vieille Henriette Monnier, la Vendéenne ; ni Charlotte Moreau et Marie Bossis, ni les petites écoles de charité pour lesquelles elle travaillait de ses mains. Tous étaient présents à sa pensée et à son cœur.

A la suite, le comte de Mesnard écrivit :

« Madame me permet de vous faire, dans sa lettre, mon bien sincère compliment sur l'issue de l'affaire de votre père ; puissent celles de Stylite et de M. Guibourg se terminer ainsi ! Veuillez parler de moi à toute votre famille, ainsi qu'aux bonnes demoiselles Duguigny et à leur frère. Ne m'oubliez pas aussi près de Louise et de Mathilde.

» On me parle toujours de l'arrivée très prochaine de M. de Brissac et de mon départ, Dieu sait pour où, car je n'ai aucun mandat ni avis direct ; il faut se résigner à tout, mais je serai bien malheureux de quitter Madame.

» Adieu, Mademoiselle, si vous voyez Petit-Paul, dites-lui que je l'aime bien.

» Votre bien dévoué,
        » Le Cte de Mesnard. »

M. de Brissac fut en effet envoyé peu après à Blaye, remplacer, près de la Princesse, M. de Mesnard réclamé à son tour par le tribunal de Montbrison ; déjà Mme la comtesse d'Hautefort avait pris la place de Mlle de Kersabiec : la honteuse campagne dont j'ai parlé commençait : on isolait Madame.

Le jeudi 7 février 1833, Mlle Stylite reçut, par l'intermédiaire d'un porteur venu de Blaye, cette lettre de Mme d'Hautefort qui ne peut laisser ignorer les vexations dont la Princesse était l'objet :

« Citadelle de Blaye, 5 février.

» Je me trouve vraiment heureuse, Mademoiselle, d'être l'interprète de S. A. R. pour vous exprimer les sentiments dont son cœur est rempli pour vous. MADAME eût sans doute préféré vous les exprimer elle-même, mais elle ne peut écrire qu'à ses enfants, et S. A. R. éprouve de vifs regrets de renoncer même à répondre à votre lettre du 27 et à celle de Mlle Eulalie du 24. C'est avec sensibilité que MADAME a reçu, dans ces lettres, les expressions d'attachement et de souvenir de toutes vos sœurs. Elle espère que la santé de Mlle Mathilde sera meilleure et admire sa patience. Céleste doit avoir reçu tout ce qu'il lui faut pour sa broderie. Quant à Eugénie, MADAME regrette qu'elle donne quelques sujets de mécontentement dans sa pension. MADAME s'afflige de savoir Henriette souffrante et se rappelle au souvenir de tout le monde, et particulièrement à celui de ces bonnes Mlles Duguigny. MADAME embrasse la grosse Louise et son fanfan, ainsi que le Petit-Paul ; S. A. R. sera charmée de savoir Mme de Biré guérie.

» Le changement du gouverneur de Blaye a causé une vive peine à S. A. R. qui n'avait eu qu'à se louer des égards et des procédés de M. le colonel Chousserie. MADAME n'ayant aucune communication avec son successeur, vous demande, Mademoiselle, de ne rien envoyer ici pour elle, craignant tout ce qui pourrait donner lieu à interprétations.

» C'est avec un véritable chagrin que S. A. R. vous demande aussi, ainsi qu'à Eulalie, de rester à soigner votre famille, son tendre attachement pour vous en souffre, mais elle l'exige absolument.

» Dans quelles tristes circonstances faut-il, Mademoiselle, que je commence avec vous des relations qui ne peuvent même m'offrir la consolation d'être suivies ! car depuis quelques jours il nous a été positivement défendu, à M. de Brissac et à moi, d'avoir aucune autre correspondance que celle de nos mari et femme. Croyez donc à tous mes regrets et aux sentiments avec lesquels j'ai l'honneur d'être, Mademoiselle, votre très-humble et très-obéissante servante.

» MAILLÉ Ctesse D'HAUTEFORT. »

« J'ai reçu l'aimable lettre de Louise, seriez-vous assez bonne pour vous charger de le lui dire, et pour recevoir, encore une fois l'expression de tous mes sentiments. Je me trouverais bien heureuse de pouvoir vous les exprimer de vive voix, mais cet espoir m'est tout à fait refusé.

» J'ai à peine un moment pour écrire cette lettre, veuillez pardonner à son désordre.

» Mme Hansler se rappelle à votre souvenir. »

Cette lettre, qu'il est facile de reconnaître avoir été dictée pour la plus grande partie par Son Altesse Royale elle-même, et qui contient plusieurs sous-entendus que, je l'avoue, je ne puis éclaircir, tous les témoins d'alors étant morts, était accompagnée de cette note : « Le porteur de cette lettre, arrivant ce matin de Blaye, a l'honneur d'offrir ses salutations respectueuses à Mademoiselle Stylite de Kersabiec; il s'est d'autant plus volontiers chargé de lui faire remettre la lettre de Mme d'Hautefort, qu'il a voulu donner en cette occasion à Mlle Stylite une marque du bon souvenir qu'il a conservé de son caractère élevé ; elle comprendra que dans la circonstance actuelle, quels que soient les sentiments qu'elle puisse éprouver, *rien ne pouvait être dit ou écrit* sur le contenu de cette lettre qui pût en laisser deviner l'auteur et l'intermédiaire, sans blesser la prudence et la délicatesse.

» Nantes, ce jeudi 7 février.

» M. Ch. »

Ces initiales sont celles du colonel Chousserie qui après avoir présidé le Conseil de guerre où mon grand-père fut condamné à la déportation, et avoir été choisi pour être le geôlier de MADAME, avait été, comme tous ceux qui l'approchèrent, saisi par ses grandes qualités et aussi par le caractère de nos parents : MADAME était au secret; livrée à M. Bugeaud ; on n'avait plus à attendre de ses nouvelles.

Néanmoins, avant de terminer pour le moment cette correspondance princière, je dois transcrire cette lettre qui, bien que sans date, a été écrite en ces temps, a rapport aux événements que je viens de relater et prouve que MADAME, non seulement était reconnaissante à notre famille, mais inspirait ses sentiments, au moins à ses enfants.

« Je suis bien contente d'avoir l'occasion de vous dire combien j'affectionne tous ceux qui aiment ma chère Anne, et qui plus que vous en a donné des preuves !

» Et vous qui avez voyagé avec elle que de fois sans vous connaître je vous ai enviées. — J'ai compris le chagrin que vous avez éprouvé en la quittant. Oh ! quel beau jour pour moi que celui où je reverrais cette chère amie. Si vous la revoyiez que je jouirais de votre bonheur. J'unis mes prières aux vôtres dans ce but.

» L.

» P. S. — Je désirerais bien que vos amies sachent combien je pense à elles.

» J'ai bien participé au bonheur qui vous est arrivé, — et j'ai été bien sensible à tous les soins de la Sœur Grise. »

L'enveloppe porte cette adresse, écrite d'une main plus faite et plus exercée :

« *Mesdemoiselles de Kersabiec,*

» *Nantes.* »

La plume de Mlle Céleste de Kersabiec a mis sur cette enveloppe l'indication suivante : « La lettre ci-incluse est de MADEMOISELLE sœur de Henri V. Anne c'est MADAME, Duchesse de Berry, captive à Blaye en ce moment, accompagnée de Mlle Stylite de Kersabiec. La Sœur Grise est Mlle Céleste de Kersabiec qui avait un costume de sœur hospitalière pour aller en Vendée au moment de la prise d'armes en 1832. »

Ajoutons que le « bonheur » auquel la jeune Princesse fait allusion et a pris part, est l'acquittement du vicomte de Kersabiec en Cour d'assises à Blois; « les soins de la Sœur Grise » qui ont excité la sensibilité de MADEMOISELLE sont ceux dont Mlle Céleste avait entouré son vieux père en cette circonstance comme précédemment. A cette lettre était joint un petit paquet contenant quelques cheveux d'un blond d'or pâle et soyeux, avec ce simple mot : « Henry. »

Au moment de quitter Blaye, Mlle de Kersabiec reçut des mains de la Princesse cette pièce importante au point de vue des responsabilités financières :

« M. Clémenceau est autorisé à remettre à Mademoiselle de Kersabiec les fonds qu'elle lui demandera, jusqu'à la concurrence de la somme que j'ai fait déposer en vos *[sic]* mains.

» MARIE-CAROLINE.

« Ce 4 décembre 1832. »

Le 8 janvier 1836, MADAME adressa à M. Achille Guibourg cette décharge dont il a conservé l'original, mais dont la copie est aux archives de la famille :

« Je soussigné Duchesse de Berry, reconnais que M. Guibourg et Mlle Stylite de Kersabiec ont fidèlement employé pour la cause de mon fils Henry V les fonds et dons volontaires qui ont été versés entre leurs mains.

» Gratz, ce 8 janvier 1836.

» MARIE-CAROLINE. »

Je n'insisterai pas sur ce qui se passa à Blaye : scènes d'oppressions rappelant les brutalités de lord Ruthwen envers Marie Stuart et qui font songer à ces paroles de la Reine captive : « Mylord, vous m'avez fait mal. »

Quelques services qu'il ait rendus depuis, quelques louanges qu'on lui ait prodiguées, ni les uns ni les autres n'ont effacé, pour le maréchal Bugeaud, sa campagne de Blaye. Cette honte a rejailli aussi, indélébile, au front du roi révolutionnaire : il en a senti le poids. — Un jour, en effet, le docteur Manière envoyé par le gouvernement à Blaye, est mandé à Paris ; Louis-Philippe le reçoit aux Tuileries, l'entraîne dans une embrasure de fenêtre et là déploie toutes les séductions de sa faconde bourgeoise : « Je sais, lui dit-il, que ma nièce a eu beaucoup à se louer de vos soins, continuez d'agir comme vous l'avez fait, la reine et moi nous vous en serons très reconnaissants. Ma nièce, qui n'est pas bête (!), sait beaucoup de choses, mais ne se fait pas encore une idée de ce qu'est un roi constitutionnel; il sera donc très utile de lui expliquer les nécessités qui dominent cette royauté nouvelle. Un ministère qui veut conserver à la fois et sa majorité et sa popularité, dicte des lois au chef de l'Etat, arrache son consentement à des mesures qu'il réprouve. — Dites à la Duchesse de Berry, et ce sera la vérité, que le roi a complètement ignoré l'infamie de Deutz, que l'arrestation de Nantes n'a été soumise au cabinet que quand elle a été consommée : j'ai eu la main forcée; il a fallu résister aux prières de la Reine, faire taire la voix du sang, l'intérêt de la parenté, et tout cela, parce qu'un ministre l'a voulu. »

Je n'invente pas, je copie : quels aveux! c'est le remords sans loyauté, sans franchise et sans réparation.

« Dites-lui que j'ai des droits à son indulgence; vous direz à ma nièce que, par le temps qui court, la position d'un roi constitutionnel est à peine tenable, et qu'en vérité je serais parfois tenté de mettre la clef sous la porte. » — On dirait Pilate se lavant les mains, et menaçant de se suicider! — Le suicide aura lieu le 24 février 1848.

« En résumé, dit l'auteur à qui j'emprunte ces citations, devant le modeste médecin, l'attitude du roi avait un peu ressemblé à celle d'un accusé en face de son juge » : moi, je dis : tout à fait. Louis-Philippe redoutait de voir son nom accolé dans l'histoire à ceux de Thiers, son ministre, de Bugeaud le geôlier de Blaye, de Deutz le traître; il y demeure attaché; il y a plus, en 1848, Thiers et Bugeaud sont encore appelés en ce même cabinet, par le roi qu'ils ont fait, et avec qui ils ont collaboré à « l'infamie de Deutz; » ils sont impuissants à le défendre : il abdique, et le juif Crémieux, qui a patronné Deutz disparu, se trouve là pour le mettre en voiture partant pour l'exil : cette campagne de Blaye a été et est fatale à la maison d'Orléans. — Depuis nous avons vu Thiers et les autres arrivés au pouvoir, obligés d'abdiquer à leur tour : on ne touche pas impunément à la couronne du roi de France, lieutenant du Christ : on le nie mais les faits sont là.

Le 26 février 1833, le *Moniteur* contenait cette déclaration :

« Pressée par les circonstances et par les mesures ordonnées par le Gouvernement, quoique j'eusse *les motifs les plus graves* pour tenir mon mariage secret, je crois devoir à moi-même, ainsi qu'à mes enfants, de déclarer m'être mariée secrètement pendant mon séjour en Italie. »

« La femme politique avait disparu, — continuent les biographes de MADAME, deux républicains bien connus, à qui j'ai emprunté beaucoup dans le cours de ces récits et que l'on peut consulter si l'on veut plus de détails sur cette déclaration de mariage et ses suites, — la femme politique avait disparu : Marie-Caroline, par cet acte, avait renoncé à tout jamais à ses droits à la régence, aussi le gouvernement le rendit-il public ; » il alla même plus loin, et l'on chercherait encore en vain dans l'histoire un second monument de pareille indignité..... Ce fut, dit la *Gazette de France* d'alors, un abus du pouvoir et de la force. Prisonnière d'Etat, MADAME la Duchesse de Berry devait croire que sa déclaration serait un secret d'Etat ; il n'en fut rien, on en abusa, sans respect, sans humanité, sans pudeur.

« MADAME accepta la position nouvelle que les circonstances, les mesures prises par le gouvernement et sa trop loyale confiance lui créaient, avec un courage et une résignation, avec une abnégation de soi-même que l'esprit de parti défigura, et que les légitimistes ne remarquèrent pas assez. Tout entière aux devoirs que cette position lui dictait, elle proclama elle-même le nom de son époux, le comte Luchesi-Palli, fils du prince de Campo-Franco, descendant d'une maison souveraine d'Italie (1). »

C'était un ami d'enfance. Or, en se rappelant le caractère de MADAME, si ennemi de toute étiquette et si frondeur des habitudes reçues et des conventions, ainsi que cette phrase qui, au château de Nantes, lui échappait à propos de *l'Ami de la Charte :* « Celui-là m'appelle Caroline, tout court, et c'est là mon nom de jeune fille, et je le regrette, car mon nom de femme ne m'a pas porté bonheur, » on s'étonnera moins peut-être que la Princesse ait voulu reprendre la vie simple et les habitudes plus libres de sa jeunesse.

MADAME, sortie de prison, fut reçue en Italie avec tous les honneurs dus à son rang. Le roi Ferdinand, des Deux-Siciles, lui fit préparer à Naples un délicieux palais au bord de la mer, et vint le premier la voir ; et comme la Princesse se hâtait de s'habiller pour aller rendre ses devoirs à la reine, il l'interrompit en disant : « Non, ma sœur, la reine va venir chez vous la première ; je veux que cela soit ainsi. » A Rome, le pape Grégoire XVI l'envoya complimenter par le cardinal-ministre, qui lui dit, de la part de Sa Sainteté, que si elle voulait venir le voir, elle eût à lui obéir ; qu'à sa dernière visite, le Saint-Père avait consenti à recevoir la *comtesse de Sagana,* mais que, cette fois, ce serait à Son Altesse Royale MADAME la Duchesse de Berry qu'il voulait rendre ce qui lui était dû.

En conséquence, le grand-maître des cérémonies de Sa Sainteté vint faire à MADAME une invitation à laquelle Son Altesse Royale se rendit, accompagnée de l'ambassadeur de Naples, des personnes de sa suite, du prince et de la princesse de Beauffremont, etc. Le Saint-Père reçut MADAME, non comme la première fois, dans une chambre du Musée, mais dans la

---

(1) *Biographie de* MADAME, par Saint-Edme et Germain Sarrut.

salle du Trône, où Son Altesse Royale parvint, après avoir traversé un grand nombre de salons remplis de gardes et de dignitaires civils et ecclésiastiques.

Le Saint-Père vint au-devant d'elle, la fit asseoir près de lui et l'entretint longuement; après quoi, Sa Sainteté Grégoire XVI reconduisit elle-même la Princesse jusqu'à la porte de cette première salle, et ses grands officiers l'accompagnèrent ensuite jusqu'à sa voiture. Le surlendemain, le grand maître des cérémonies vint, de la part du Pape, rendre à Madame sa visite et lui porta des présents. Son Altesse Royale reçut ensuite les cardinaux, les ambassadeurs et les principaux de Rome. Madame, dans l'abandon des conversations intimes, disait, en parlant de ce saint et énergique Pontife : « C'est mon Pape ! » On voit qu'en effet elle avait raison de compter sur son approbation et sur sa très particulière affection. — A Florence, ce furent les mêmes honneurs et les mêmes hommages de la part du grand-duc et de la grande-duchesse.

Tandis que le Souverain-Pontife, les rois et les princes accueillaient ainsi la prisonnière de Blaye, en France les salons légitimistes se montraient, pour la plupart, sévères, plus que sévères. Au faubourg Saint-Germain, on plaisantait vertement la comtesse Auguste de La Rochejacquelein sur ses enthousiasmes légitimistes et ses velléités guerrières : la raison en est simple; je la dirai telle qu'elle se découvre à l'œil non prévenu : Madame, venant en Vendée, avait mis en demeure de se produire les dévouements qui l'appelaient en France; abondants en paroles, ils se produisirent rares en effets. Est-ce qu'on pouvait *chouanner*? Madame ne ménagea pas ces défaillances : elle eut des mots cruels. On ne ménagea pas Madame. L'histoire se met au-dessus de ces rancunes, et, après avoir regretté le second mariage de la Princesse, elle ajoute que cette faute n'infirme en rien ni son héroïque courage, ni sa vaste et sûre intelligence des choses politiques, ni son dévouement, ni la sincérité de ses sentiments. L'histoire dit qu'un jour, une femme, une mère, tenta de rendre le trône à son fils injustement dépouillé, et que, si ses efforts échouèrent en apparence, elle eut un triomphe néanmoins réel : le duc de Bordeaux a été reconnu et proclamé roi, sans compromis révolutionnaire, sur le territoire français, par des Français qui lui ont donné plus que des paroles : l'affirmation suprême, la protestation, le témoignage du sang offert et versé; or c'est là le vrai. Cette page héroïque, nul ne peut la déchirer, et cette page, c'est MADAME et ses amis qui l'ont écrite : MADAME a, d'une main virile, gravé pour toujours le nom de son fils au catalogue des rois, et c'est avec justice que l'illustre chef actuel de la Maison de France, autorisé, par sa naissance, ses droits et sa fidélité aux traditions et au drapeau de la France chrétienne, à parler des Princes de sa race, a pu écrire d'elle : « Ce grand homme de ma famille, Marie-Caroline de Bourbon (1). »

Des monnaies ont été frappées à l'effigie de Henri V, ont circulé et circulent encore, recherchées qu'elles sont des collectionneurs ; elles le seront de plus en plus et, monuments impérissables, elles porteront d'âge en âge les souvenirs de cette royauté, des revendications et des travaux de la mère courageuse.

(1) Lettre de don Carlos; Venise 3 octobre 1890.

XXIV.

A la suite de son acquittement et des divers événements que nous venons de relater, pour donner aux esprits le temps de se calmer, M. de Kersabiec crut devoir faire un séjour à l'étranger. Il partit donc avec deux de ses fils, Amédée et Louis, et quatre de ses filles, Mlles Stylite, Eulalie, Céleste et Mathilde. Il emportait avec lui une lettre du vénérable évêque de Nantes d'alors, Mgr Micolon de Guérines, dont il n'eut pas besoin de se servir, et qui, restée dans nos archives, est une preuve de plus, à ajouter à toutes celles déjà données, de la haute considération qui s'attachait à lui et à ses enfants :

ÉVÊCHÉ DE NANTES.
—
« Nantes, le 16 juillet 1833.

» MONSEIGNEUR,

» Une famille distinguée de mon diocèse, ayant éprouvé toute sorte d'affliction par suite de la dernière révolution de France, a pris la détermination d'aller chercher un azile dans une terre étrangère : elle espère le trouver dans votre diocèse. Le nom de cette famille ne vous sera pas inconnu, si vous avez suivi, dans les feuilles publiques, les événements qui se sont passés dans les départements de l'Ouest de la France. M. de Kersabiec, ancien colonel ; Mlle Stylite de Kersabiec, sa fille, compagne de MADAME pendant sa captivité, ainsi que d'autres personnes de la même famille, ne se sont pas seulement fait connaître par leur courageuse fidélité, mais, en outre, ont toujours donné l'exemple des vertus qui honorent la religion : piété sincère, zèle pour toutes les œuvres de charité. Je ne crains pas de féliciter le diocèse où cette famille fixera sa résidence, et j'ai l'honneur de la recommander à l'intérêt et à la sollicitude du premier pasteur.

» Je suis avec respect,

» Monseigneur,

» Votre très humble et très obéissant serviteur.

» † JOS., *évêque de Nantes.* »

De nombreuses lettres, des adresses, des vers furent alors envoyés, d'un peu partout, à M. de Kersabiec et à Mlle Stylite, qu'on pourrait ajouter ici : à leur passage à Lyon, des montagnes du Périgord, etc. On y fut sensible, on en garda quelques-uns, mais tout passe ! Un bon souvenir seul en est demeuré et demeure (1). A Lyon, à Turin, à Gênes, à Chambéry, Genève, Lausanne, partout la petite caravane vendéenne trouva l'accueil le plus empressé et les plus hautes relations. On doit particulièrement noter celles qui, à Gênes, s'établirent entre elle et le célèbre P. Bresciani, de la Compagnie de Jésus, l'auteur de plusieurs études sur les sociétés secrètes contemporaines. Ce moraliste distingué fut, comme tant d'autres, vivement frappé du grand caractère et des hautes vertus du père et de ses filles, et il a consigné ses sentiments de bien longues années après, dans ses romans si universellement lus et appréciés : *le Juif de Vérone* et *le Zouave pontifical*. Ce fut aussi vers ce temps qu'une main amie fit, à l'insu de l'auteur,

---

(1) Je veux seulement citer ceux-ci, lus à Lyon :

Réjouis-toi, noble Vendée !
De ton sein, une fille est née
Qui soutint, consola la mère de ton Roi ;
Et dans la fatale journée,
De sbires, de flammes entourée,
Au milieu des Judas, l'assura de ta foi.
Gloire à vous ! Gloire à vous !
Avec un saint orgueil, nous le répétons tous.
Votre nom, porté d'âge en âge,
Ira redire à nos derniers neveux
Que les femmes ont un mâle courage
Sur la terre des preux.

imprimer et circuler les *Réflexions sur l'Œuvre des Prisons*, que Mlle Stylite avait consenti jadis à mettre par écrit pour complaire à des amis de ses œuvres.

Quoique retirés du combat, on ne se désintéressait pas des choses politiques : la grande préoccupation du moment était de savoir comment se passerait l'entrevue ménagée entre Madame la Duchesse de Berry et le vieux roi Charles X ; on le savait bon, mais on savait aussi que des conseils sévères lui étaient donnés. M. de Châteaubriand a raconté longuement et d'une façon intéressante les négociations préliminaires à l'entrevue de Léoben auxquelles il prit part. Cet écrivain illustre avait fait assez de mal au gouvernement royal pour devoir tenter de le réparer dans la mesure s'offrant à lui. Toute reconnaissante qu'elle fût de sa bonne volonté, Madame n'en conservait pas moins ses appréciations : tous les jours en rendant justice au bon vouloir et aux efforts, on peut garder des convictions raisonnées. Voici, à ce sujet, une lettre du baron de Charette à Mlle Stylite de Kersabiec :

« Venise, le 6 septembre 1833.

» L'homme propose et Dieu dispose ; me voilà encore une seconde fois séparé de mes compagnes de voyage, ou du moins prêt à m'en séparer (1).

» Rolland m'oblige ou plutôt me fait un devoir de retourner à Prague avec lui. Vous devez penser que cela me contrarie beaucoup d'être obligé de laisser seules mes deux compagnes, mais j'ai dû céder au désir de Rolland qui m'a parlé en ces termes :

« Obligé par les circonstances de m'appuyer sur M. de Cha... je ne veux ni ne dois subir de lois. Il est vrai qu'il ne m'en fait aucunes, mais je puis redouter l'avenir. Je veux donc que la France sache, ainsi que l'Europe, que si j'ai accepté M. de Cha... je n'ai point abandonné mes amis, mes véritables amis. D'ailleurs, a-t-elle ajouté, montrez leur que

(1) Mme la baronne de Charette et Mlle Mathilde de Kersabiec.

les véritables royalistes sont plus généreux qu'eux, qu'ils savent faire triompher le principe aux dépens de l'esprit de faction; prouvez leur que vous n'étiez point une faction lorsque vous me serviez les armes à la main, mais bien des royalistes qui n'avaient en vue que ma plus grande gloire et celle de mon fils. Vous savez que les plus beaux discours ne me séduisent pas. Vous me connaissez assez pour savoir que je ne me laisse pas prendre au langage doré. » — Ce n'est point tout cela qui m'a déterminé à accompagner MADAME, mais j'ai pensé qu'en me mettant de côté, je perdais l'occasion d'être utile à nos amis; et que peut-être je pourrais donner quelques bons conseils à MADAME. Le vicomte de Saint-Priest représentant en quelque sorte les intérêts du Midi a agi comme moi.....

» MADAME, comme vous le jugerez par sa lettre, a été bien pour vous, elle a été charmante pour Petit-Paul. J'ai une lettre pour Pylade qui contient l'autorisation qu'il demandait, je la lui enverrai par occasion de Prague; j'en ai une autre pour Fergus et encore une autre pour bonne maîtresse. Je crois qu'il est préférable de les envoyer par occasion plutôt que par la voie de la poste, même sur le sol étranger.

» Croyez que MADAME a été bien pour vous; je suis sûr qu'elle sera mieux encore par la suite : Lustus lui avait monté sans doute la tête contre vous; du moins c'est probable car elle ne m'a pas montré qu'elle fut indisposée. En tout pour votre famille je l'ai trouvée bien; mais il faut vous persuader que votre dévouement vous a fait bien des ennemis : on jalouse ce qu'on ne peut imiter, on aime peu, aussi ses rivaux. Adieu, je vous écris bien en courant, j'espère que vous pourrez me lire : que le bon père, que toute la famille trouve ici l'expression de mes plus tendres sentiments pour elle. Je vous embrasse.

» LEGRAND. »

« Que fait Mlle Céleste, il y a un siècle que je n'ai eu de ses nouvelles?

» Mlle Mathilde était incertaine si elle resterait avec nous cet hiver, mais Louise restant seule, elle désire rester avec elle; Louise et moi le lui demandons; elle est bien bonne pour nous et fera ce nouveau sacrifice pour ses amis qui l'aiment bien.

» L'interdit qui empêche MADAME de se rendre à Prague n'est pas encore levé, aussitôt qu'il le sera je vous le manderai de Laibach où je me rends. »

Qui était Lustus? peut-être me serait-il facile de le dire, mais à quoi bon? Pylade ici était M. Edouard de Monti de Rezé qui avait demandé à MADAME et obtint d'elle l'autorisation d'entrer dans la maison du duc de Bordeaux. — Quant aux factieux, c'étaient probablement ceux qui, prenant au sérieux l'abdication de Charles X, avaient proclamé Henri V roi et s'étaient battus pour lui! Pauvres prodigues de votre sang! d'autres plus réservés, les sages de la politique, profiteront de vos labeurs; vous serez des conspirateurs antiroyalistes en 1820, des factieux avec la mère du roi en 1832, des fâcheux, des gêneurs toujours : Vendéens, on ne devra prononcer votre nom ni à Saint-Cloud, ni à Rambouillet, ni à Prague. L'échec de MADAME fut pour les habiles une satisfaction, son second mariage, un prétexte à briser son influence : nous avons eu depuis à la tribune de beaux discours et de belles déclarations, *Verba et voces prætereaque nihil*. Et ce fut en vain que, cinquante ans durant, la France attendit le roi à cheval dont elle a besoin!

« Il faut savoir être généreux; » on ne le fut pas pour MADAME et Prague lui demeura interdit; on ne le fut guère pour les combattants de la Vendée; ils surent être généreux et s'oublier; Charles X seul vint au-devant de sa belle-fille; on lui laissa ses enfants quelques jours, puis elle finit par acheter une terre en Styrie, Brunsée, où elle s'établit. — Mlle Mathilde de Kersabiec, ayant accompagné en ce voyage M. et Mme de Charette, eut l'honneur de voir à Bustchirad Mgr le duc de Bordeaux et sa sœur : l'un et l'autre lui firent bon accueil et elle reçut de leurs mains en souvenir deux aquarelles, l'une du Prince, représentant un Vendéen drapeau blanc déployé, destinée au vicomte de Kersabiec, l'autre de MADEMOISELLE, la scène de l'entrée de Son Altesse Royale rue du Château. Puis, la maison du Prince fut changée; La Vilatte, dont on supportait mal la rude franchise, et ses autres professeurs, furent remplacés : MADAME dut subir cette loi. Je crois que l'avenir a pu le regretter.

De Gratz, MADAME écrivit donc le 11 février 1834 à Mlle Stylite, alors à Gênes :

« Je vous remercie, ma chère Stylite, de votre bon souvenir et de vos deux lettres du 23 novembre et du 26 décembre ; je m'empresse d'y répondre par Charette, il vous dira tous mes sentiments pour vous et les vôtres, pour le bon père un souvenir tout particulier. J'ai écrit aux deux restantes pour engager les deux maris à ne pas prolonger inutilement leur séjour. Je serai heureuse de les voir comme vous tous. Je n'oublierai jamais mes amis, mes sentiments ne changent jamais ! Adieu, croyez à mon amitié.

» M.-C. »

Les deux « restantes » étaient Mme Edouard de Kersabiec, ma mère, et Mme Adolphe de Biré, ma tante, dont les maris étaient sous le coup d'une condamnation à mort par contumace : Voici la lettre de la Princesse.

« 9 février 1834,

» C'est avec bien de la peine que j'ai appris, mes chères amies, les condamnations de vos maris ; assurément si le dévouement aux intérêts de mon fils méritait la haine du parti de l'usurpation, Julien et Victor n'avaient rien négligé pour cela. Je n'en souffre pas moins de leur misère et de leurs tourments ; s'ils sont en France, engagez les à la quitter, s'ils sont en pays étranger, dites-leur que je serai heureuse de retrouver en tous lieux mes amis.

» M.-C. »

Julien c'était mon père, Victor, mon oncle de Biré : ni l'un ni l'autre ne voulurent quitter la France et s'éloigner de leur famille. — M. de Kersabiec erra plusieurs mois en diverses retraites, puis il alla en Carentoir, chez un parent, dans un pays sauvage, alors couvert de landes et de bois, pays qui, n'ayant pas pris part à la dernière insurrection, était tranquille. Il y demeura de longs mois, dissimulé sous le nom de Briant, mais il supportait difficilement cet exil en son propre pays, loin de son foyer et de ses enfants qui devenaient en âge de commencer sérieusement leurs études et demandaient sa paternelle direction. Homme de devoir avant tout, il prit la résolution de se constituer prisonnier et de soumettre sa conduite à l'appréciation, non du gouvernement qu'il avait combattu, mais de ses pairs, les jurés, siégeant en Cour d'assises : d'autres préférèrent attendre une amnistie, c'est-à-dire une grâce. M. de Kersabiec subit donc la prison, puis, traduit devant la Cour assemblée au Bouffay, il y fut défendu par Me Besnard La Giraudais et acquitté le 7 juin 1836. Son frère Amédée, et son beau-frère M. de Biré, suivirent son exemple et furent acquittés eux aussi.

MADAME écrivit encore de Brandeis « le 25 novembre 1834 » à Mlle Stylite de Kersabiec :

« Je viens vous remercier, ma chère Stylite, des vœux que vous exprimez dans votre lettre du 20 octobre ; la chose qui m'a fait le plus plaisir dans votre lettre est de savoir mon Petit-Paul mieux, puisse-t-elle guérir entièrement.

» Je suis charmée que le housard soit bien placé.

» Croyez bien, ma chère Stylite, que je serai très heureuse de tout ce qui peut arriver d'heureux à votre famille, et attendons de meilleurs jours, où tous les dévouements, comme ceux de votre famille, auront une récompense ; en attendant, croyez à mon amitié.

» M.-C. »

Mais la correspondance la plus suivie fut celle qui s'établit entre la Princesse et Mlle Eulalie; c'est aussi la plus caractéristique :

« Gratz, 11 février 1834.

» Vous êtes donc toujours souffrante, mon cher petit frère; cependant, j'espérais que l'air de l'Italie vous ferait du bien ; j'espérais que vous seriez bientôt en état de revenir près de moi. Etre séparé de Petit-Paul après avoir subi ensemble tant de vicissitudes n'est pas dans l'ordre. Croyez bien que vous retrouverez le cœur de Petit-Pierre tel que vous l'avez connu ; il ne changera jamais !

» J'embrasse de tout mon cœur mon bon Petit-Paul ; qu'il soye toujours sure de ma tendre amitié. » Petit-Pierre.

» J'ai reçu votre lettre du 26 décembre, et je vous en remercie. »

« Le 27 août 1834.

» Votre lettre du 30 juillet m'a fait une grande peine, mon cher Petit-Paul, voyant que votre santé était si mauvaise qu'elle ne vous permettait pas de venir rester près de votre frère. Ha ! j'espère bien que l'air natal vous remettra tout-à-fait et que vous pourrez revenir près de moi, où je serai si heureuse de vous avoir.

» Donnez-moi souvent de vos nouvelles. Adressez à Mme Ferrari, sous le couvert de MM. Arnstein et Eskeles, banquiers à Vienne (Autriche); elles me parviendront de suite. Puissé-je avoir des nouvelles satisfaisantes.

» Bien des choses à votre famille. Pour vous, mon cher petit frère, je vous embrasse de tout mon âme, jusqu'à ce que je le fasse en personne. » Petit-Pierre. »

Cette lettre est écrite à l'encre sympathique entre les lignes d'une citation de Delille. Mlle Eulalie de Kersabiec avait quitté Gênes et avait été ramenée mourante en France, à Nantes, près du médecin accoutumé à lui donner ses soins. Elle reçut de Brandeis la lettre suivante :

« Brandeis, le 8 octobre 1834.

» J'ai reçu par Charlotte, mon cher Petit-Paul, votre lettre du 1er juillet, et je viens vous assurer de tout le chagrin que j'ai éprouvé en ne vous voyant pas. Mais j'espère que l'air natal vous remettra, et que mon Petit-Paul me rejoindra au printemps. Qu'il se soigne bien pour moi et pour elle, et croyez bien à toute mon affection.

» Petit-Pierre.

» Mille choses à votre famille et aux bons Duguigny. »

« Brandeis, 27 avril 1835.

» Mon cher Petit-Paul, je profite du départ de Charlotte pour vous faire parvenir ce petit mot avec sûreté ; elle le remettra à Athanase, qui vous le fera passer. Il y a quelque temps que je ne reçois pas de vos nouvelles, et je suis un peu inquiète de votre santé. Je sais cependant qu'elle va mieux et j'espère qu'elle vous permettra bientôt de venir me rejoindre. J'ai toujours votre appartement tout prêt. Je vous annonce seulement que, le 15 juin, je partirai pour les eaux d'Ischel, près de Salsbourg. Ainsi, si vous venez avant, je serai ici ; sans cela, à Ischel. Votre arrivée me rendra très heureuse ; j'espère que vous n'en doutez pas.

» Mille choses à la bonne Sœur-Grise, Mathilde et à toute votre famille.

» Voulez vous dire à Pauline que je lui ai écrit dernièrement et que je vais faire partir un grand fauteuil que j'ai brodé pour elle. Mille amitiés aussi à Marie-Louise et au bon frère.

» Si votre père ou la Seurre-Grise, ou un autre de votre famille voudra vous accompagner je serai charmée de les revoir.

» Adieu, mon cher Petit-Paul, croyez bien à toute mon affection.

» Petit-Pierre.

» Pour mon Petit-Paul. »

Charlotte, dont il est parlé en cette lettre comme dans la précédente, est Mlle d'Issoudun, sœur de Louise, Mlle de Vierzon, l'une et l'autre filles de Mgr le duc de Berry et de Mme Brown ; elle était mariée à M. de Faucigny, prince de Lucinge. Athanase est, on se le rappelle, M. le baron de Charette ; Pauline et

Marie-Louise sont Mlles du Guini ; enfin, on n'a pas oublié que la Sœur Grise est Mlle Céleste de Kersabiec.

« 4 août 1835.

» Mon cher Petit-Paul, ayant une occasion, je viens vous écrire ce mot. J'espère que vous êtes mieux et bientôt en état de venir me rejoindre. Je vous assure que je pense bien à vous en sautant les nombreux *échaliers* qui sont, dans ce pays ci, comme dans notre bonne Vendée. Ma santé est bonne, grâces à Dieu, et mes enfants sont à merveille. J'en ai des nouvelles tous les jours.

» J'espère que Pauline aura reçu un fauteuil de ma façon pour la rendre encore plus paresseuse. Voulez vous bien lui dire bien des choses de ma part, comme aussi à sa sœur et à votre famille ?

» Adieu, mon bon petit frère ; du courage et au revoir. Je vous embrasse de tout cœur.

» PETIT-PIERRE. »

La santé de Mlle Eulalie de Kersabiec se remettait lentement, et MADAME ne cessait d'en suivre les progrès et d'insister sur ses espérances de réunion. Aussi, écrivait-elle encore :

« Gratz, 20 février 1836.

» Votre lettre du 4 janvier, mon bon Petit-Paul, m'a fait bien de la peine, voyant que votre santé n'était pas meilleure ; remettez vous vite pour que nous puissions nous revoir, car je compte toujours sur mon Petit-Paul, dès qu'il sera remis.

» Donnez moi des nouvelles de tous les vôtres, à qui je dis bien des choses.

» Voulez vous bien dire à M. de Castelnau combien je prends part au chagrin qu'il vient d'éprouver de la mort de sa jolie et bonne et jolie petite femme ; c'est une perte pour notre parti. Voilà un petit mot pour lui. Bien des choses à M. de la Chevasnerie.

» Grâce à Dieu, ma santé a bien supporté le terrible froid de cet hiver, et elle est très bien remise.

» J'ai de très bonnes nouvelles de mes enfants et très souvent.

» Adieu, mon cher petit frère, je vous embrasse de tout mon cœur.

» PETIT-PIERRE. »

Assurément on ne peut rien lire de plus persévéramment affectueux et insistant, aussi Mlle de Kersabiec eût-elle été tentée de céder au désir qu'elle éprouvait elle-même de retrouver un cœur si dévoué et de si hautes relations, si sa modestie d'une part, et par ailleurs d'autres projets, ne l'en avaient détournée. Dès 1834, étant à Gênes, elle avait songé à embrasser la vie religieuse; présumant trop de sa santé qui semblait meilleure, elle crut le moment venu de tenter l'épreuve. Elle partit pour Paris dans les derniers jours d'avril 1836, et entra au couvent du Sacré-Cœur où déjà sa plus jeune sœur, Mathilde, avait été admise à son retour d'Italie : de là, elle écrivit à son père ses résolutions. Ce fut sa sœur aînée, Stylite, qui servit d'intermédiaire. M. de Kersabiec se montra, en cette circonstance, tel qu'il avait été toute sa vie : un chrétien ferme et fidèle et le père le plus tendre.

« Ta lettre, mon Eulalie, lui a fait une impression profonde de tristesse, mais il est demeuré calme, et sa foi et le désir de ton bonheur l'ont emporté sur tout : il est très bien, Dieu merci ! Prie pour que Dieu le conserve et le bénisse et qu'il lui fasse la grâce d'une sainte mort quand il l'appellera à Lui. »

Le vicomte de Kersabiec écrivit à sa fille :

« Nantes, Dimanche 8 mai 1836.

» Hier seulement, ma bonne petite fille et chère Eulalie, m'a été remise par Stylite, ta lettre du 25 avril dernier, par laquelle tu m'informes de ton goût, résolution et désir d'être admise dans la respectable compagnie de Mmes du Sacré-Cœur; tu me demandes mon assentiment, et je ne veux ni ne dois te le refuser, si Dieu t'appèle et veut encore m'imposer le pénible sacrifice d'un des enfants qu'il m'avait accordés dans sa miséricorde.

» Cependant, ma chère enfant, je ne te dissimulerai pas que, soupçonnant ton dessein quand il s'est agi de ton voyage à Paris, j'ai été sensible à ce que tu n'aye voulu confier ton secret et tes projets, à ton plus vieux et meilleur ami, qui, sans chercher à te déterminer, soit à rester auprès de lui, soit à faire, ce que tu me parais désirer, t'aurait fait toutes les observations que comporte une telle démarche dans sa gravité, où il ne s'agit de rien moins que du salut, du bonheur ou de la réprobation éternelle.

» Ainsi donc, ma bonne et chère fille, aye recours à Dieu, à ta bonne et divine mère, puis montre ton cœur tel qu'il est, à un directeur sage, éclairé, sans ambition ni passion, qui puisse enfin, juger si tu es vraiment appelée à cet état : puis, agis en toute liberté, laisse là et ne pense point aux peines de cœur et à la sensibilité de ton père !!

» Il a déjà fait, avec la grâce de Dieu, un sacrifice, il en fera deux, si telle est sa volonté ; qu'il nous bénisse tous, et nous accorde la félicité éternelle, car ici-bas, le bonheur n'est pas pour nous, si nos actions et notre propre conscience ne nous en donnent la certitude.

» Du reste, ma chère enfant, la prononciation des vœux définitifs, étant sagement limitée à un temps assez long et qui donne celui de réfléchir, essaye, ma fille, si ta santé et ta force morale et physique te permettent de persévérer ou t'obligent de revenir dans ta famille où tu sais que père, frères et sœurs te reverront avec plaisir et te recevront à bras ouverts.

» En définitive, je te donne mon consentement, je te bénis et implore, de tout mon cœur, pour toi les lumières du Saint-Esprit et les bénédictions célestes, et quoique séparée de ton père, tu n'en seras pas moins aimée ; plus tu te sentiras heureuse, plus il sera consolé : prie pour moi, ainsi que Mathilde, soutenez-vous mutuellement et vous aidez à marcher dans le sentier de la perfection et de toutes les vertus qui doivent être votre partage sur la terre, pour obtenir le prix, et la récompense dans le ciel : Amen !

» Adieu donc, ma fille chérie ; il sera peut-être éternel !!!
A la volonté de Dieu !! Priez qu'il me fasse miséricorde !!!

» Donnez-nous alternativement de vos nouvelles, vous savez qu'elles nous font plaisir, au moins une fois tous les mois : Adieu ! adieu ! »

A cette lettre, Mlle Stylite ajoutait un mot :

« Je pense, ma chère Eulalie, que tu as écrit à MADAME, il en serait plus que temps, à mon avis. »

MADAME en effet fut instruite, et le vicomte de Kersabiec reçut de la Princesse, la lettre suivante :

« 18 juin 1836.

» Dieu appelle à Lui un de vos enfants, mon cher Kersabiec, vous lui ferez volontiers ce sacrifice vous qui vouliez vous sacrifier avec toute votre famille à la cause de votre Roi.

» Mon cher Petit-Paul a vraiment choisi la meilleure part, et si la vie de réclusion qu'elle embrasse vous prive des douces consolations que vous aviez droit d'attendre de votre fille, votre cœur paternel trouvera assez de force en lui-même pour surmonter la douleur de cette cruelle séparation.

» Il me semble que les dispositions de cœur et d'esprit avec lesquelles votre fille renonce au monde, lui assurent toutes les douces jouissances de la retraite.

» Mes tendres souvenirs l'accompagneront dans sa nouvelle demeure, au milieu de ses habitudes de paix et de calme si opposées aux émotions vives et pleines d'anxiété dans lesquelles j'ai connu et éprouvé l'élévation de son âme.

» J'associerai aussi mes regrets aux vôtres dans cette circonstance et dans toutes celles qui toucheront au bonheur d'une famille qui m'a donné de si grandes preuves d'un noble dévouement.

» Mille choses à tous vos enfants ; j'écris moi-même à Eulalie ; croyez à mon estime et amitié.

» MARIE-CAROLINE.

» *A Monsieur*

» *Monsieur le vicomte de Kersabiec.* »

« Gratz, 31 décembre 1836.

» J'ai reçu votre lettre du 1er novembre, mon bon Petit-Paul, et je ne puis que vous admirer dans votre vocation, la bonne

Mme Anceler, avec qui nous parlons souvent de vous et du bonheur que j'aurai de vous revoir.

» Je vous remercie bien de tous les détails que vous me donnez sur les vôtres, vous savez bien combien cela m'intéresse. Bien des choses à tout le monde, surtout à Mathilde. Je suis charmée qu'Elène soit heureusement accouchée. Ici, nous avons un froid affreux ; malgré cela, je me porte très bien.

» Je voudrais pouvoir être près de mes enfans, mais je ne perds pas espoir. Priez, mon bon petit frère ; faites prier pour moi. J'ai bien confiance dans les prières de votre communauté.

» Adieu, mon cher Petit-Paul ; je vous embrasse de tout mon cœur.

» Petit-Pierre. »

Cependant, les très sages prévisions du Vte de Kersabiec se réalisèrent ; la santé de Mlle Eulalie, loin de se fortifier dans la réclusion, parut encore s'affaiblir ; elle dut comprendre que Dieu ne l'appelait pas dans cet état, et elle revint à Nantes. — L'année suivante eut lieu le mariage de son plus jeune frère. Madame, en ayant été instruite, écrivit de Gratz, le 3 février 1838 :

« Gratz, 3 février 1838.

» Je viens de recevoir, mon cher Petit-Paul, votre lettre du 11 janvier. Vous pensez bien que tout ce qui peut arriver d'heureux à la famille de mon bon Petit-Paul me fera grand plaisir. Aussi, le mariage de votre frère Louis, qui, j'espère, sera heureux, m'a fait plaisir pour vous et pour lui ; faites-lui en bien mon compliment, et aussi à votre bon père, à qui je dis bien des amitiés.

» Vous ne me parlez pas de votre santé. Dites-moi ce que vous faites. Avez-vous quitté tout-à-fait le couvent ? Puis-je espérer que j'aurai le plaisir de vous revoir près de moi ? Vous savez combien je le désire et combien j'en serais heureuse..... ..... et j'espère qu'au printemps, j'aurai de nouveau le bonheur de revoir mes enfans.

» Adieu, mon petit frère. Je vous embrasse de tout mon cœur.

» Petit-Pierre.

» Ne connaissant pas l'adresse, à Nantes, du Bon de Castelnau, voulez-vous bien lui faire donner la lettre ci-jointe ? »

La lacune qu'on peut remarquer dans cette lettre provient d'un coup de canif destiné à supprimer une phrase ainsi demeurée secrète.

Ne pouvant rester enfermée dans la vie du cloître, et prévoyant qu'il lui serait peut-être impossible de se refuser aux désirs de la Princesse, si fréquemment et si affectueusement exprimés, Mlle Eulalie de Kersabiec songea à obtenir le titre de chanoinesse. C'est ce qui résulte de cette lettre de Son Altesse Royale :

« Naples, 10 mars 1839.

» Mon cher Petit-Paul, mon départ pour l'Italie et mon voyage ont retardé de répondre à votre lettre du 11 décembre. J'espère que cette année ne se passera pas sans que vous veniez me rejoindre. Quant à votre titre de chanoinesse, je m'en suis déjà occupée, et je crois que, quand vous serez près de moi, ce sera encore plus facile. En attendant, Athanase vous écrira ce qu'il faut pour les papiers, etc.

» Je vous prie de faire bien mon compliment à votre frère Amédée de son mariage. Vous savez que tout ce qui vous arrive d'heureux dans votre famille, cela me fait grand plaisir.

» En venant en Italie, j'ai eu le bonheur de passer à Gorice et d'y voir mes enfans. Henri V est bien beau et bien portant. Il va voyager et a commencé par une course à Milan, où il a réussi à merveille. Au printemps, il ira dans les colonies militaires. J'espère que cela lui fera du bien.

» Bien des choses à toute votre famille, et vous, mon bon Petit-Paul, croyez à toute la tendresse de

» Petit-Pierre. »

Une lettre du Bon de Charette explique la pensée qu'avait eue Mlle Eulalie, en souhaitant un titre de chanoinesse : — « Eulalie, comme vous le savez, dit-il, a la pensée de rejoindre Madame. C'est un grand parti, mais il n'est pas encore mis à exécution. MADAME paraît sincèrement désirer l'avoir auprès d'elle ; mais, comme elle part pour Naples et qu'elle ne revient que dans six mois en Allemagne, Eulalie a le temps de faire ses dispositions. Dans sa dernière lettre, elle exprime le désir à S. A. R. d'être nommée chanoinesse ; en effet, si elle est auprès de MADAME, sa position sera plus convenable. » — Réflexions faites, Mlle de Kersabiec, n'ayant pu se donner à Dieu, préféra la retraite et en fit agréer la résolution ; d'ailleurs, la santé de Mlle Stylite donnait des inquiétudes, et ce fut une autre raison à faire valoir près de Son Altesse Royale.

« Gratz, 12 avril 1840.

» Je vous aurais écrit plus tôt, mon cher Petit-Paul, si je n'avais été assez souffrante depuis mon arrivée d'Italie.

» Je suis bien fâchée de savoir Stylite si souffrante ; dites lui bien la part que je prends à ses souffrances.

» Vous savez aussi combien tout ce qui intéresse mon Petit-Paul m'intéresse aussi ; ainsi, je vous prie de m'écrire souvent et à cœur ouvert.

» Je vous prie de mille amitiés à vos bons frères, à Stylite, à Mme de Biré et la religieuse ; est-elle toujours au Sacré-Cœur ; à Mlles du Guigny et leur famille, la bonne Henriette, etc., etc., tous ceux qui pensent à moi.

» Voilà enfin 1840. Qu'arrivera-t-il ? Dieu sait, mais je vous avoue que je ne crois pas beaucoup aux prédictions : nous avons été si souvent trompées dans nos désirs.

» Donnez-moi souvent de vos nouvelles, vous savez combien vous me faites plaisir.

» Adieu, cher Petit-Paul ; je vous embrasse de tout mon cœur.

» PETIT-PIERRE. »

Ainsi, MADAME, dans son lointain exil, n'oubliait personne, ni les frères, ni les sœurs, ni les du Guini, ni même cette vieille et modeste femme du peuple qui, jadis, l'avait reçue à son arrivée de Vendée, sous son costume de paysanne : « la bonne Henriette. »

Madame était bienveillante, mais non banale; elle ne poursuivait pas ses ennemis, elle les oubliait et souhaitait qu'ils l'oubliassent; sa reconnaissance, au contraire, pour les affections reçues ne s'arrêtait ni au rang ni à la fortune. — A une personne dont elle avait eu jadis à se plaindre et qui, voyageant aux environs de Brunsée, lui avait fait dire qu'elle était à tel endroit du voisinage, façon discrète de solliciter une audience dont on aurait su tirer parti, elle fit répondre : « C'est bien, qu'elle y reste ! » — Mais, par ailleurs, il est plus d'une chaumière vendéenne où, au fond d'une armoire, on peut trouver un parchemin sur lequel S. A. R. a voulu consigner le souvenir de sa gratitude. Jean Pichaud en reçut un que j'ai eu entre les mains. Voici celui qu'elle envoya à « la bonne Henriette, » et que j'ai copié sur l'original, devenu la propriété de sa petite nièce, Mlle Brisset :

« Désirant témoigner notre satisfaction à ceux des habitants de la fidèle Vendée dont nous avons pu, par nous même, apprécier le dévouement à la cause du Roi Henri V, notre bien aimé fils, nous nous plaisons à reconnaître que Mlle Henriette Monnier, habitant à Nantes, n'a cessé, pendant les événements de l'Ouest, en 1832, de consacrer ses soins aux Vendéens, serviteurs de mon fils; qu'elle a rempli avec zèle, courage et discrétion toutes les missions qui pouvaient être utiles au service du Roi et à ma personne.

» Gratz, 28 février 1837. » Marie-Caroline. »

<small>Place d'une vignette représentant les écussons accolés de France et de Naples, soutenus de deux anges supportant de la main droite la couronne ducale fleurdelisée.</small>

A cette pièce était jointe une fort belle édition de l'*Imitation de Jésus-Christ,* en cadeau de souvenir.

XXV.

L'ANNÉE 1840 sur laquelle alors chacun avait les yeux, fut pour nous particulièrement douloureuse, mon grand-père puis sa fille aînée ma tante Stylite nous furent enlevés, l'un le 16 mai, l'autre le 2 août.

Après son voyage en Italie et en Suisse, le Vte de Kersabiec était revenu à Nantes, où il vécut dans une retraite respectée, chef de famille admirable, bon, ferme avec douceur, gouvernant en patriarche une nombreuse bande d'enfants et de petits enfants. Ses trois fils et deux de ses filles étaient mariés : Hélène en 1828 à son cousin issu de germain, Adolphe de Biré; Céleste, le 16 juillet 1839, avec M. François-Xavier de Bancenel, d'une ancienne et très noble famille de Franche-Comté. M. de Bancenel était dans l'armée et des personnes qui veulent imposer aux autres des fardeaux qu'elles refusent pour elles-mêmes et que souvent elles acceptent dans la suite, parurent s'étonner de cette circonstance. M. de Kersabiec se montrant, à la fin de sa vie, ce qu'il avait toujours été, conciliant et sage sous des dehors ardents, bienveillant pour les personnes, en même temps qu'intraitable sur les doctrines, par-dessus tout admirablement chrétien, écrivit à ce propos : « Tout ce que j'ai vu et connu de cet officier, les égards et je puis dire le respect de ses camarades, me l'ont fait observer moi-même et lui trouver toutes les qualités d'un honnête homme. » De son côté, Mlle Stylite, faisant part de ce mariage, s'exprimait ainsi : « Cette chère sœur épouse M. de Bancenel, capitaine au 23e de ligne, chevalier de Saint-Louis et officier de la Légion d'honneur ; d'une noble et ancienne famille ; sa fortune est peu considérable ; il en laisse la jouissance à sa mère qui est âgée de 85 ans ce qui l'a obligé de rester au service jusqu'à ce qu'il ait droit à sa retraite. Vous croyez bien que ses principes sont les nôtres, et il semble réunir toutes les qualités du cœur et de l'esprit qui doivent assurer l'avenir et le bonheur de ma sœur. » En effet, M. de Bancenel ainsi accueilli dans la famille y fut ce qu'il annonçait devoir être, un fils respectueux pour le vieux père, un bon et véritable frère, un conseil et un appui en plus d'une circonstance : il est mort lieutenant-colonel, commandant la place de Belle-Isle-en-Mer, le 4 juin 1851.

Le Vte de Kersabiec avait atteint 71 ans ; c'était un beau vieillard, encore droit, à la tournure militaire, portant noblement un front loyal ; la maladie vint l'atteindre dans ce prolongement apparent de l'âge mûr ; il mourut ainsi sans que la vieillesse eût été dure pour lui et les siens. Tous ses enfants entourèrent cette couche funèbre sauf Mlles Stylite et Mathilde, cette dernière religieuse au Sacré-Cœur de Paris, l'autre malade et en traitement dans la capitale. Un prêtre, vieil ami, leur écrivit ces détails :

« Lundi 18 mai.

» Que Dieu soit béni, mes tant chères amies ! vous voici réunies au Sacré-Cœur, et c'est là que je vous envoie cette bien faible expression de la part que j'ai prise à la douleur générale de la famille, mais la vôtre, absentes si loin de nous, a été plus cruelle à mon cœur, que les douleurs présentes auxquelles j'ai pu parler : oh ! c'est vous qui m'avez occupé, ma Stylite, malade au point de ne pouvoir venir et que j'appréhendais tant de voir accourir par une si juste tendresse, qui eût pu avoir des résultats si affreux ; de bons conseils à Paris vous ont retenue, aussi lorsque, hier au soir, on nous a appris que vous demeuriez, tous de concert en avons béni Dieu..... quelle occasion de sacrifice et de grands mérites votre éloignement à toutes les deux vous a donnée. Le cher père en aura reçu quelqu'avantage : la soumission à la volonté de Dieu est un riche trésor à offrir pour l'acquit des dettes, à la divine justice, et ceux que nous pleurons doivent en être soulagés, il me semble, bien plus puissamment que par bien d'autres œuvres.

» Une grande consolation pour moi est que je l'ai veillé la dernière nuit avec votre bonne Eulalie et M. Guilloré ; ce souvenir me sera bien cher toujours, à moi, déjà vieil ami, et que le cher père aimait particulièrement. Je suis heureux de pouvoir vous dire aussi toute la religion de vos frères, visible dans ces moments : non, point d'hommes au monde plus admirables que vos trois frères : quelle foi, quelle soumission à Dieu, quelle tendresse, pourtant quels déchirements dans leurs cœurs ! Oh ! quels hommes chères amies ! Qu'ils sont vénérables tout jeunes qu'ils sont ! Et votre sainte Hélène n'était pas moins ravissante ! Et Céleste que vous savez si véhémente, si bouillante dans ses affections, la pensée de Dieu l'a tenue calme, doucement soumise, transformée en paix, se conformant à tous les soins qu'on lui conseillait pour sa position : la bonne petite Eulalie était le courage même au chevet du cher père, lui parlant de Dieu et lui suggérant les plus douces pensées... Ces détails vous seront doux, car aucun d'eux ne peut penser à vous dire ces choses et c'est moi tout seul qui peut vous les révéler. — Pensons qu'un père comme celui-là doit jouir dans le sein de Dieu d'un bonheur qui ne peut permettre que nous nous affligions trop vivement de son départ. Oh ! sans doute il est bien juste de le pleurer, de le regretter, mais que son sort est digne d'envie, et nos regrets au fond viennent naturellement de notre intérêt personnel qui est blessé par une perte si cruelle, c'est nous que nous pleurons plutôt que ceux qui ne peuvent être pleurés, lorsque la foi nous les montre si heureux, couronnés de gloire, jouissant de Dieu. »

A ces paroles venues d'un prêtre, d'un ami, joignons ces lignes extraites d'un journal adversaire, le *Breton*, feuille soutenant la monarchie orléaniste : « Parmi les hommes qui ont servi avec le plus de dévouement, le plus d'abnégation, le plus de désintéressement, la cause de la vieille royauté, nous devons citer M. le vicomte Sioc'han de Kersabiec qui vient de mourir à l'âge de 71 ans. M. de Kersabiec à cet âge avait encore toute l'énergie du jeune homme. C'était une de ces âmes d'abandon qui cèdent à l'entraînement de ce qu'elles croient le bien ; un de ces caractères d'élan qui ne croient pas assez faire pour la cause qu'ils ont embrassée s'ils ne lui donnent jusqu'à leur sang... Au reste, si la cause pour laquelle il combattait a dû faire de nombreux adversaires à M. de Kersabiec, en revanche sa vie privée lui avait acquis des amis dans toutes les opinions. L'humanité sans calcul, et la générosité spontanée, deux vertus rares en ce monde, furent les traits distinctifs de la vie de M. de Kersabiec. »

Le Vte de Kersabiec a été enterré au cimetière du Pont-Saint-Martin d'abord, puis ses ossements ont été transportés avec ceux de ses filles Stylite et Eulalie, en la chapelle du Crucifix de l'église paroissiale, devant l'autel.

Stylite de Kersabiec revenue à Nantes après tant de vicissitudes et de poignantes émotions, y employa l'activité de son cœur aux œuvres charitables qui avaient occupé sa jeunesse : le soin des pauvres et des délaissés. Elle se dévoua aux prisonniers et aux malheureux que renfermaient les hospices, tout particulièrement à ces infortunées que le vice y conduit ; elle s'y oubliait, ne calculant plus ni les heures de repos, ni les nécessités de la vie ; elle y opéra souvent, Dieu aidant, des conversions remarquables ; de bons appuis lui furent d'ailleurs donnés par les administrateurs émus de son ardeur. Voici, à ce propos, ce que lui écrivit, le 7 juin 1839, l'un d'eux, M. Lesant, dont le nom n'est pas encore oublié à Nantes : « On a beaucoup écrit sur les prisons et sur les moyens d'améliorer ces tristes asiles de la faiblesse et du crime, mais personne, que je sache, ne s'est sérieusement occupé de ramener véritablement le calme dans l'âme du prisonnier ; ou, ce qui rend mieux ma pensée, personne n'a indiqué, comme vous le faites, la seule voie qui puisse faire arriver à ce louable but ! — Ce qui surtout m'a frappé dans vos sages et judicieux préceptes, c'est cette tolérance vraiment évangélique qui se décèle, pour ainsi dire, dans chacune de vos paroles !... Que de gens coupables on ramènerait à la pratique de la vertu, si comme vous, Mademoiselle, on ne les rebutait pas tout d'abord par trop de sévérité ! » Des encouragements et des faveurs spirituelles lui arrivèrent de Rome ; mais les sources de la vie s'étaient épuisées en elle ; nous venons de voir qu'elle avait dû aller à Paris chercher, près de praticiens célèbres, un palliatif à ses maux : elle en revint plus malade et mourut le 2 août 1840, laissant un nom qui a survécu, synonyme du dévouement le plus fier et le plus absolument désintéressé. Une légende s'est formée, englobant en elle toutes Mesdemoiselles de Kersabiec, aussi bien Petit-Paul que la Sœur Grise ; elle n'y fut pour rien, et ses sœurs ne songèrent jamais à réclamer pour elles-mêmes une notoriété qu'elles n'avaient pas ambitionnée.

L'année suivante vit célébrer une fête de famille que je ne puis passer sous silence ; MADAME, en 1832, voulant en quelque sorte rendre plus serrés les liens qui s'étaient noués entre sa royale maison et la nôtre, avait décidé qu'Elle serait la marraine des enfants qui allaient naître aussi bien chez nous que chez les du Guini, et que son fils en serait le parrain. Ma mère eut une fille, ma tante de Biré, un garçon, Madame du Guini, un garçon aussi. Ces baptêmes, longtemps différés en suite d'espérances de restauration qui ne devaient pas se réaliser, eurent lieu à Nantes, le 29 septembre 1841, à la cathédrale. En vertu de procurations régulières, le baron de Charette représenta le Roi, MADAME se fit remplacer par ma tante de Biré pour ma sœur, par ma mère pour mon cousin, par Mlle Pauline du Guini pour son neveu. Ma sœur reçut les noms de Marie-Caroline-Henriette, mon cousin ceux de Henri-Marie-Charles-Ferdinand, et notre ami du Guini celui de François. — Depuis, ma sœur est morte héroïquement et saintement le 22 mars 1888. — Mon cousin est chef d'escadron de cavalerie en retraite et officier de la Légion d'honneur.

Revenons à Petit-Paul : sa mauvaise santé s'était encore aggravée par la douleur de ces morts successives, aussi ses habitudes en étaient-elles devenues plus solitaires; il faut croire que sa correspondance devint moins active : MADAME voulut bien s'en apercevoir, aussi lui écrivit-elle de Brunsée le 18 juin 1844 :

« Mon cher Petit-Paul, je suis très inquiète de n'avoir pas de vos nouvelles, je crains que vous ne soyez souffrante car je ne puis croire que vous oubliez Petit-Pierre ; je vous assure que moi je pense toujours à vous et que je serais bien heureuse de vous revoir.

» Milles choses à vos frères et Mme Birré, surtout à votre frère Amédée et à sa charmante femme que j'ai été bien heureuse de voir ici, et de parler de vous.

» Adieu mon cher Petit-Paul, je vous embrasse de tout mon cœur.

» PETIT-PIERRE. »

Le 19 décembre, Mlle Eulalie reprit sa correspondance avec Son Altesse Royale qui lui écrivit :

« Florence 30 mars 1845.

» Mon cher Petit-Paul, j'ai reçu avec bien du plaisir votre lettre du 19 décembre, voyant que votre santé s'était remise et que vous redeveniez forte ; j'espère que vous redeviendrez bientôt ce gentil *Gar* qui sautait si bien les échaliers, tandis que Petit-Pierre était si maladroit. Vous savez bien combien je serai heureuse de vous revoir et de parler ensemble de nos amis et connaissances.

» Ici, je suis fêtée, soignée par ma bonne sœur qui est remplie d'attentions délicates pour moi et les miens. Je vous assure que j'en suis très heureuse ; mais le 17 avril je retourne à Venise où, au mois de juin Henri viendra prendre les bains de mer et rester quelque temps avec moi.

» Bien des choses à votre frère qui est venu nous voir et à votre gentille belle-sœur, ainsi qu'à votre famille.

» Donnez-moi de vos nouvelles ; où est Matilde, sa santé est-elle mieux ?

» Croyez bien, mon cher Petit-Paul à toute mon amitié.

» MARIE-CAROLINE. »

« Venise 12 mars 1846.

» Mon cher Petit-Paul, notre ami Legrand vous parlera de moi et de mon fils, il vous dira que je ne vous oublie pas et que je lui ai bien parlé de vous. Je voudrais bien que votre santé fût tout à fait remise ; je sais que vous allez mieux ce qui m'a fait grand plaisir.

» Donnez moi de vos nouvelles, de celles de nos amis et croyez bien à toute l'amitié de

» Votre PETIT-PIERRE. »

L'en-tête du papier porte la gravure du palais « Vendramin Calergi, ora di S. A. R. la Ducessa di Berry ; » le cachet de cire rouge : une croix et une ancre : c'est la dernière lettre de cette correspondance que j'ai voulu donner en entier pour ne rien laisser perdre de cette intimité résistant au temps, à l'absence prolongée et à tant de circonstances contraires, si honorable pour Mlle Eulalie de Kersabiec, si précieuse pour les siens. Après tous ces témoignages d'une auguste reconnaissance, nous avons pu croire à d'exceptionnels services rendus par nos parents...

La santé de Mlle de Kersabiec, depuis si longtemps altérée, devint de plus en plus mauvaise, ses souffrances s'accentuèrent sans toutefois nuire à son accueil doux et bienveillant, mais elle se retirait de plus en plus de toutes les relations autres que celles de sa famille, se faisant besoin d'une solitude que beaucoup auraient voulu rompre ce à quoi bien peu réussissaient : elle semblait avoir oublié ce qu'elle avait été, elle ne parlait pas des événements auxquels elle avait été mêlée, des hauts souvenirs qu'elle avait laissés, des marques d'affection qui lui venaient de l'exil ; elle n'a rien écrit et cette correspondance que je publie ne m'a été révélée que par l'inspection des papiers trouvés après elle.

La mort est l'écho de la vie. Dans son dernier combat contre elle, le Vte de Kersabiec, souvent comparé à Bayard (1), imitant le chevalier sans peur et sans reproche baisant la garde de son épée en forme de croix, répétait comme cri de guerre : *O Crux, ave, spes unica!* Sa fille Stylite, à l'âme ardente, s'écriait avec véhémence : Hâtez-vous ! mon Dieu ! Hâtez-vous ! — Eulalie, n'ayant pu vivre dans le cloître, voulut s'éteindre dans ses douces obscurités.

Aux derniers jours, elle se fit transporter au couvent des Dames de Saint-Michel de la rue de Gigant, évitant ainsi aux siens les tristesses des adieux, et faisant, en pleine connaissance et fermeté de cœur, le sacrifice de ses affections. Elle est morte le 19 septembre 1848, et a été enterrée près de son père et de sa sœur, au Pont-Saint-Martin.

Un journal de Nantes a pu dire d'elle en toute vérité :

« Un grand et noble dévouement vient de s'éteindre : dévouement qui fut sans ostentation et tellement humble, que nul ne s'en souvient peut-être, sauf toutefois la mère courageuse qui s'était toute consacrée au bonheur de son fils.

(1) . . . . . Quand viendra l'instant,
Vous saurez bien, pour le royal enfant,
Fourbir encor vos vieux tronçons d'épées.
Oui, quelque jour, armez le chevalier
Au champ d'honneur, Bayard de l'Armorique,
Qu'il vous devance au chemin héroïque !
Le trône attend le monarque guerrier.
                    Lyon, le 10 décembre 1833.

Précédemment, l'abbé Fayet, depuis évêque d'Orléans, écrivant au Vte de Kersabiec, à Mende, saluait en lui « le Bayard de la Loire. »

» Mlle Eulalie Sioc'han de Kersabiec a succombé le 19 septembre, à l'âge de 44 ans.

» Depuis les événements de 1832, elle n'avait pas recouvré la plénitude de sa santé.

» Appelée par Madame la Duchesse de Berry, elle fut sa compagne fidèle pendant les jours d'épreuves qu'elle passa en Vendée.

» Ce fut elle qui accompagna l'intrépide Princesse le jour de son entrée à Nantes ; son abnégation égala le courage de l'auguste mère de Henri.

» Elle rentra ensuite dans l'obscurité de la vie de famille.

» Elle avait toute la grâce, tous les charmes de la femme; en la voyant si délicate et si frêle, on avait peine à croire qu'elle eût pu résister à tant de fatigues, à de si cruelles angoisses.

» Douée d'une intelligence peu commune, c'était presque à son insu que son esprit se manifestait, tant elle était attentive à le voiler sous des dehors simples et modestes.

» Pleurée par sa famille, par ses nombreux amis, elle sera vivement regrettée de ceux à qui il a été donné de la suivre et de l'apprécier dans les diverses phases de sa trop courte existence. »

Le Vte de Kersabiec, mon père, comme chef de nom et d'armes de la famille, dut prévenir de cette mort Son Altesse Royale, Madame la Duchesse de Berry, qui, toujours fidèle au souvenir, lui répondit :

« Brunsée, 20 novembre 1848.

» Vous ne pouviez douter, Monsieur le Vicomte, du chagrin que j'ai éprouvé en recevant votre lettre du 22 septembre, qui m'est arrivée avec beaucoup de retard, et en apprenant la mort de ma bonne Eulalie, de mon aimable Petit-Paul. Dieu l'avait éprouvée par de longues souffrances; son entier dévouement à notre cause m'était bien particulièrement connu, et je vous assure que je la regrette comme une sœur.

» Je vous prie de parler de moi, dans cette triste circonstance, à toute votre famille si dévouée, et croyez à toute mon estime et affection.

» MARIE-CAROLINE. »

Malgré sa grande modestie, le souvenir de Mlle Eulalie de Kersabiec ne s'est point perdu, et, de longues années après ces événements et sa mort, le R. P. Bresciani, en 1860, dans son livre, *le Zouave pontifical,* lui a consacré une page émue.

XXVI.

Après avoir purgé sa condamnation à mort par contumace, le Vte de Kersabiec, mon père, se retira à la campagne, en sa terre de la Louinière, au territoire de la commune de Treillières. Là, il s'occupa d'agriculture et des paysans, qui bientôt l'environnèrent d'un respect, d'une confiance et d'une affection bien mérités par son dévouement à leurs intérêts, son désintéressement personnel et ses services. Ce fut l'heureux temps de sa vie. Modeste et sans ambition, il fut porté à la mairie, puis, sans l'avoir sollicité des électeurs du canton, au Conseil d'arrondissement. Enfin, lorsqu'après la révolution de février 1848, la ville de Nantes appela les gardes nationaux urbains à élire leurs chefs, le Vendéen, l'ancien condamné à mort de 1832 fut acclamé capitaine de sa compagnie, quoiqu'il n'habitât cette ville que très en passant; il ne fut pas le seul. Curieux indice du sentiment public, se tournant alors vers une restauration de la royauté légitime, dont on laissa tomber ou dont on méconnut l'effort.

Père d'une très nombreuse famille, M. de Kersabiec fut d'un dévouement admirable sur ce point encore, ne négligeant rien pour assurer à chacun de ses enfants les bénéfices d'une éducation complète et chrétienne ; il entreprit, pour atteindre ce but, de longs et coûteux voyages, et sut infliger à son cœur si aimant de dures privations. M. de Kersabiec craignait surtout pour ses fils cette oisiveté préconisée par certains de ses amis politiques, mieux intentionnés sans doute que bien inspirés, comme étant de la fidélité aux principes ; il voulait que, demeurant dignes de leur nom et de leurs traditions, ils se rendissent capables à l'occasion d'être utiles à leur cause, en tout état de choses, bons serviteurs de leur pays ; surtout, il les voulait, comme lui, fidèles à Dieu et aux pratiques de la religion. — Les épreuves ne peuvent manquer au vrai disciple de l'Evangile ; elles vinrent : un de ses fils, objet de ses justes complaisances, fut tué en un combat lointain (1).

(1) Jean-Henri-Marie Sioc'han de Kersabiec élève de la marine, embarqué sur la corvette la *Danaé*, puis sur l'*Ariane*. Voici en quels termes le commandant de ce vaisseau rendit compte de l'événement à mon père :

Sydney, Nouvelle Galles du Sud, 1er avril 1848.

Monsieur,

C'est avec une profonde douleur que je viens vous annoncer la perte que nous venons de faire dans la personne de M. Sioc'han de Kersabiec (Jean-Henry) élève de deuxième classe ; tous, officiers et matelots, avons pleuré ce jeune homme auquel l'avenir semblait réserver une si glorieuse carrière. M. de Kersabiec, que son caractère doux et modeste avait fait aimer de tous, venait de révéler qu'il était digne d'un nom qui, aujourd'hui, pour tous, veut dire : courage et dévouement : il avait sauvé un matelot, qui ne sachant pas nager, luttait inutilement contre la mort : M. de Kersabiec l'aperçoit, s'élance à la mer, plonge et retire des herbes le malheureux déjà disparu. Je m'empressai de signaler cet acte de courage dans un ordre du jour et je l'inscrivis dans mon rapport au ministre en appelant toute sa bienveillance sur ce jeune homme. Quelques jours après une expédition est résolue ; son but est de venger la mort de trois missionnaires massacrés et mangés par les naturels de l'île de Saint-Christoval (archipel des îles Salomon — Océanie). J'avais compris son noble cœur, aucune récompense ne pouvait le flatter davantage. Il part, se conduit avec un sang-froid et un courage dignes des plus grands éloges. Au retour, les chemins sont difficiles, les pentes rapides, le sentier étroit, les broussailles impénétrables; il importe de protéger la retraite par une forte et vigilante arrière-garde. M. de Kersabiec en fait partie, il marche au dernier rang avec un de ses camarades et l'enseigne de vaisseau qui la commande. Bientôt un des hommes tombe atteint d'une lance : la vigilance devient plus active, des retours offensifs chassent les indiens des broussailles, quelques-uns sont tués ; M. de Kersabiec, admirable d'élan et de sang-froid, ne descend qu'à reculons, sondant du regard les pentes impraticables sur lesquelles les indiens se laissent glisser. C'est à ce moment que ce brave jeune homme tombe frappé d'une lance qui l'atteint à l'œil droit : il ne fait pas entendre une plainte, arrache lui-même la lance et, en tombant, prie M. Halligon, enseigne de vaisseau, qui le soutient, de sauver son sabre... il gardait toute sa connaissance : ce ne fut que le 5 mars que des hémorragies fréquentes révélèrent la gravité de cette blessure ; il expira le 7 mars. — J'ai cru ne pouvoir mieux adoucir la douleur de cette perte, si

M. de Kersabiec se soumit héroïquement aux desseins de Dieu sur lui et ses enfants, aussi bon et admirable en ces mauvais jours qu'aux temps plus heureux. Il est mort à Nantes, le 17 août 1851 : l'avant-veille, jour où il avait reçu son Dieu, comme un de ses neveux, l'étant venu voir, l'avait trouvé lisant, il lui tendit ce livre : c'était l'*Imitation,* au chapitre où il est dit : Comment un homme affligé se remet aux mains de Dieu.

Les hommages se succédèrent près de sa couche funèbre : le vénérable évêque de Nantes, le compagnon intrépide de Mgr Affre sur les barricades de Paris, Mgr Jacquemet, accourut des premiers prier et encourager sa veuve et ses enfants ; puis le Conseil municipal de Treillières, au complet, vint chercher ses dépouilles mortelles, les emmena et, non content de les accompagner jusqu'à la tombe, résolut d'éterniser les regrets en signant spontanément une délibération, gage de reconnaissance, ayant pour objet de concéder, sans frais, à perpétuité, dans le cimetière, un terrain pour que la famille y pût faire ériger un monument. On était en République ; cet acte ayant paru insolite et sans doute excessif, motiva, de la part de l'administration supérieure, une demande d'explications. Le Conseil ayant renouvelé l'expression de sa volonté en exposant les causes de sa reconnaissance, le gouvernement se rendit à ses pieux désirs et homologua les deux délibérations. Je vive pour un père, qu'en racontant les glorieux détails de cette mort si digne de son nom et de son pays.

Dutaillis, *capitaine commandant la corvette.*

Lorsqu'au retour, le sabre, les aiguillettes, le cœur et les cheveux de Jean de Kersabiec furent remis au père désolé, on y trouva jointe une petite *Imitation de Jésus-Christ,* don que lui avait fait au départ sa marraine, notre tante Eulalie ; en l'ouvrant, on y vit souligné ce verset : « C'est alors qu'il s'attriste, qu'il gémit et qu'il prie, afin d'être délivré des maux qu'il souffre. Alors il s'ennuie de vivre si longtemps et il souhaite de mourir pour être dégagé des liens du corps et pour être avec Jésus-Christ. » (*Imitation de J.-C.,* livre I, ch. XII.)

me suis étendu peut-être un peu longuement sur cet objet, mais, quoiqu'il y ait de cela déjà longtemps, j'ai toujours pour ces bons amis paysans un souvenir trop vivant pour ne le pas rappeler ici : nous étions dignes les uns des autres, et c'est un honneur d'avoir conquis de semblables affections. Monseigneur le Comte de Chambord voulut bien envoyer ses compliments de condoléance à la famille, enfin MADAME la Duchesse de Berry écrivit elle-même, au fils aîné du Vte de Kersabiec, cette lettre, déjà mise comme préface en tête de ces récits, qui confirme tout ce qu'on a pu dire de son dévouement et de ses hautes qualités, en même temps qu'elle complète l'éloge de cette noble et sainte vie, et rend aussi hommage aux vertus éminentes de Mme de Kersabiec :

« Brunsée, 18 octobre 1851.

» Votre lettre m'est arrivée avec bien du retard, mon cher Kersabiec, ce qui fait que je n'ai pu encore y répondre et vous assurer de la part que j'ai prise à votre perte si douloureuse. Si vous perdez un bon père, le Roi et moi nous perdons un ami dévoué et fidèle.

» Je vous prie de bien assurer votre si bonne mère que je m'associe à sa douleur et que je suis bien sûre que ses enfants seront sa consolation, en suivant les nobles traces de leur père et de leurs tantes.

» Croyez, en attendant de meilleurs jours, où je reverrai avec bien du plaisir toute votre famille, croyez, dis-je, à toute mon estime et affection.

» MARIE-CAROLINE.

» *A Monsieur le Vicomte de Kersabiec.* »

Il faut ici remarquer l'attitude de MADAME ; elle est toujours la même, celle qui « ne change jamais. » Tandis qu'ailleurs, on appelle son fils : « Monsieur le Comte de Chambord, » ou simplement : « Monseigneur, » pour elle, c'est toujours, en 1851 comme en 1832 : « le Roi. » — Elle n'a pas d'hésitation, pas de diplomatiques habiletés, elle affirme d'un mot le droit. Sa confiance, d'ailleurs, est entière ; elle est sûre que tous, frères et sœurs, suivront les nobles traces de leur père et de leurs tantes. Cela suffit.

Cette confiance affectueuse de la Princesse ne fut pas trompée, nous sommes aussi de ceux qui ne changent pas. Jamais mère de famille plus respectable et plus dévouée ne fut plus respectée et aimée, n'eut plus d'influence sur ses fils et ses filles, ne recueillit plus de dévouements. Chargée du poids de longues épreuves que Dieu mesura à la force de son caractère et de sa vertu, elle ne démentit, ni sa foi soumise et humble, ni son confiant abandon, ni la fermeté de ses principes chrétiens et royalistes. Elle forma ses enfants à son image pour Dieu et pour la France en attendant le Roi ; elle les leur offrit quand l'occasion se présenta. Trois de ses fils combattirent à Rome pour le Pape Pie IX contre la révolution, elle en vit quatre mourir au service de leur pays (1), trois autres, après être entrés en des carrières administratives, ont été victimes de l'intolérance révolutionnaire ; de ses filles deux entrèrent en religion au Carmel, les autres furent héroïques en leur dévouement filial de chaque jour : tous ces sacrifices furent faits non sans déchirements mais simplement et sans bruit. Ma mère priait incessamment et Dieu la soutint ainsi durant vingt-sept ans qu'elle survécut à son mari toujours regretté, vingt-sept ans d'épreuves. Elle est morte à Saint-Servan près d'une de ses filles, le 28 juillet 1878 : son corps, transporté à Treillières, y a été inhumé près de son époux ; elle était née

(1) 1º Rogatien, capitaine au 7ᵐᵉ lancier, le 3 juin 1861 ; — 2º Jean, élève de la marine, le 7 mars 1848 ; — 3º François-Xavier, capitaine de cuirassiers, le 16 décembre 1870, durant la guerre franco-prussienne ; — 4º Alain, capitaine aux zouaves pontificaux et aux volontaires de l'ouest, chevalier de Pie IX, des suites de ses campagnes, le 3 avril 1877. — Athanase, capitaine au long-cours, engagé dans l'artillerie pontificale, mort le 28 juillet 1865. — Hervé s'est engagé aux zouaves pontificaux, sergent à Mentana, et aux volontaires de l'ouest, blessé à Patay.

le 2 avril 1800 : avec elle s'est éteinte la maison des Mareschal, barons de Poiroux.

Le temps passe et les cercueils s'accumulent : déjà presque tous les acteurs de ces récits sont morts : le premier en date fut mon oncle Louis, qui avait fait le coup de feu au Chêne malgré son très jeune âge ; il mourut le 4 mai 1855. Le second fut Amédée, celui que MADAME, en plusieurs de ses lettres, appelait, le *housard* : c'était un caractère ardent, plein de loyauté et d'entraînement, toujours prêt à rendre service et en ayant rendu beaucoup : on se rappelle son énergique protestation lors de la revue passée par le général de Lawestine, et son refus de serment quoique lié au service militaire par un engagement, son retour dans ses foyers. Peu après, une réunion d'anciens élèves de l'école de Saumur s'étant formée dans le but de faire opposition au gouvernement usurpateur, il s'y affilia et fut poursuivi pour ce fait. Survint l'appel de Son Altesse Royale, MADAME la Duchesse de Berry, à la fidélité de la Vendée, il n'eut garde de rester en arrière, et fit partie, avec son cousin germain Dunstan de Kersabiec, du corps d'armée qui opéra sur la rive bretonne de la Loire et, commandé par M. de la Roche-Macé, livra le combat de Riaillé. A la suite de ces deux affaires, condamné à mort par contumace, il sortit de France, passa quelques mois en Suisse et en Italie, songea un moment à prendre du service en Autriche, aux housards de Radetski, puis il s'engagea parmi les volontaires français qui, sous les ordres du Maréchal de Bourmont, allèrent en Portugal soutenir les droits de Dom Miguel Ier, roi légitime de ce pays : il y avait le grade d'officier d'Etat-Major. Ce roi le décora de son ordre de la *Tour et de l'Épée*. Revenu en France, Amédée de Kersabiec se constitua prisonnier, passa devant la Cour d'assises à Nantes et fut acquitté : il se maria à Laval avec Mlle Marguerite Hochet de la Terrie, qu'il voulut présenter à MADAME la Duchesse de Berry et dont la Princesse parle en plusieurs de ses lettres; il est mort le 5 octobre 1864.

On a vu que la *Sœur Grise,* Mlle Céleste de Kersabiec, s'était mariée en 1839 avec un officier distingué, M. Xavier de Bancenel, chevalier de Saint-Louis, officier de la Légion d'honneur : il mourut le 4 juin 1851. Sa veuve lui survécut jusqu'au 19 octobre 1882, ayant ainsi longuement bu, elle aussi, au calice des épreuves.

Françoise-Hélène Sioc'han de Kersabiec, Mme de Biré, fut une femme sainte et modeste entre toutes, ayant partagé d'ailleurs, avec l'ardeur d'un caractère plein de véhémente douceur, toutes les préoccupations royalistes de l'époque, et les inquiétudes bien naturelles provenant des dangers courus par son mari. Morte à Nantes le 24 novembre 1859, elle a laissé le souvenir d'admirables vertus.

Si l'on se rappelle cette lettre écrite en 1806, où Mme de Kersabiec, ma grand'mère, décrivait à son amie de Basse-Bretagne son doux intérieur, le caractère de son mari et ceux de ses enfants, on se dira que le pinceau avait été admirablement fidèle : quoi de plus vrai que ce « chevalier Kersabiec, si aimant malgré sa vivacité, si pieux sans cagoterie, si estimé du public, si plein d'honneur, si invariable dans ses principes, si bon père, si bon mari, si bon fils, si bon parent, faisant le bonheur de tous. » Et cette Stylite, « pleine de sagesse et de raison, avec un cœur excellent, peut-être même trop sensible pour son bonheur, vive comme la poudre, ayant beaucoup du caractère de son père. » — Puis « son Edouard, excellent, doux et aimant. » Puis « son Eulalie, fraîche comme une rose, d'une gaîté charmante, qui sera aimable » et l'on a pu voir qu'elle le fut. Puis « sa Céleste qui a tous les traits de sa pauvre maman » et à qui l'on souhaite de lui ressembler. Enfin « cette petite Hélène, qui ne pleure jamais, qu'on vient de baptiser, qui tenait si bien son cierge, fut si charmante pendant la cérémonie, ne quittant jamais du regard la lumière qui lui plaisait. » — Oui, tout était vrai et tout resta vrai jusqu'au correctif que la bonne mère effrayée de son enthousiasme, bien légitime pourtant, y mettait pour acquit de conscience : « Ils ne sont pas exempts de défauts, mais ils n'en ont aucun d'essentiel et généralement ce sont de bons enfants, s'aimant beaucoup les uns les autres. »

XXVII.

Il me reste à parler de la plus jeune de mes tantes, celle que dans ses lettres Madame la Duchesse de Berry appelle affectueusement « Mathilde. » Elle naquit à Nantes, le 21 février 1812. Sa santé, au début maladive, se fortifia dans la suite. Elevée d'abord à la maison Royale de Saint-Denys, elle termina son éducation chez les Dames de l'Adoration, à Rennes; ses études y furent fortes et brillantes. Douée d'un caractère énergique, elle partagea en 1831 et 1832 toutes les affections et les préoccupations politiques des siens, et s'employa de son mieux : elle regrettait de ne pouvoir enfourcher un cheval ou faire le coup de feu. Pendant les opérations militaires, elle demeura seule à Nantes, dans un appartement sans cesse visité et bouleversé par les gens de police; elle leur tint tête et se fit respecter. Ce fut elle qui, on se le rappelle, reçut un matin, à l'aube naissante, Son Altesse Royale Madame, costumée en paysanne, conduite par sa sœur Eulalie, et rendit à la Princesse, malheureuse et souffrante, les premiers devoirs d'une compatissante charité. Mlle Mathilde se montra intrépide pendant le procès de son père dont elle suivit les affreuses péripéties, ne craignant pas, malgré son jeune âge et son inexpérience des choses de la presse, d'écrire une lettre indignée au journal révolutionnaire de Nantes, meneur de toutes les émeutes, qui, pour rendre la position du prisonnier sous le coup d'une accusation capitale encore plus désespérée, n'avait pas craint de le calomnier dans sa vie publique et privée : le journal n'osa en refuser l'impression et dut la publier.

Ces grandes épreuves terminées, Mlle Mathilde de Kersabiec suivit son père et ses sœurs dans leur voyage en Italie et en Suisse : nous l'avons vue, profitant d'une occasion favorable, accompagner M. le baron de Charette à Léoben et à Butschirad, où résidaient les Enfants de France et où elle reçut des marques de leur bienveillance.

Lors du retour des siens en France, Mlle Mathilde de Kersabiec entra au noviciat des Dames du Sacré-Cœur, à la Férandière près de Lyon d'abord, puis à Conflans : elle se croyait appelée à l'état religieux et, si elle le crut, ce ne fut pas seulement d'elle-même, mais d'après des conseils sérieux. Le séjour qu'elle fit ensuite à la maison de la rue de Varenne, où la supérieure, Mme E. de Gramont, la comblait des témoignages de la plus flatteuse amitié, et où le poste qui lui fut assigné la mit en relations habituelles avec ce que l'Eglise et le monde avaient de plus choisi ; la distinction de son esprit et de sa personne attirant vers elle, ne pouvaient lui ôter des illusions que de plus avancés en spiritualité auraient dû dissiper. Cela dura douze ans ! Enfin se produisit une crise dans l'Ordre encore à ses débuts ; beaucoup de religieuses rentrèrent dans le monde. Mathilde de Kersabiec fut envoyée à Rome pour s'y éprouver : là, sur des conseils les plus graves et assurément les plus désintéressés, il fut décidé qu'elle devait revenir dans sa famille, Dieu l'y rappelant pour y aider aux siens plutôt par l'action que par la prière dans le cloître : elle le fit avec simplicité, emportant d'ailleurs d'affectueux souvenirs, surtout de la vénérable Mère Barat avec qui elle entretint des relations épistolaires : elle se retira près de sa sœur, Mme de Biré, pour laquelle elle avait une très particulière affection.

Survint la révolution de février 1848 et la chute de Louis-

Philippe; cette chute si juste entraîna bien des ruines et, parmi elles, le désastre d'une maison de commerce, que dans une pensée de confraternité politique, la famille de Kersabiec avait commanditée de ses fonds. Mlle Mathilde crut voir en ces événements douloureux l'explication de son rappel dans le monde, non en celui où l'on se repose, mais dans celui où l'on combat. Elle se dévoua aux siens, sans calcul personnel et avec la fougue naturelle à son activité. Rien ne la rebuta. Le souvenir des services rendus jadis aux princes dut conduire naturellement Mlle de Kersabiec et ses amis à la pensée de les instruire des embarras présents : MADAME l'appela près d'elle.

On aimera peut-être à connaître la vie intime ou plutôt les habitudes des princes en exil, aussi bien à Froshdorff qu'à Brunsée, aussi je lui laisse la parole, ce sera comme un complément utile à ce que j'ai dit de la vie de MADAME en Vendée et parmi nous.

« Lundi, 19 juillet 1852.

« Je suis descendue à Spielfeld, où j'ai pris une voiture qui m'a conduite à Brunsée; il était midi et demi lorsque je suis arrivée : MADAME était encore à table parce qu'elle avait déjeuné tard, n'étant venue que la veille de Venise. Aussitôt, elle m'a fait dire de monter chez elle, ce que je n'ai pas hésité à faire, quoique couverte de la poussière du voyage. Elle s'est levée de table avec M. de Lucchesi et ses enfants, est venue à moi et m'a embrassée cordialement. Le comte de Lucchesi a échangé une bonne poignée de main et les enfants m'ont embrassée avec une simplicité et une affection charmantes. Je me suis mise à table pour déjeûner : MADAME et M. de Lucchesi sont restés à causer avec moi, quoiqu'ils eussent fini leur repas, puis, MADAME m'a conseillé de me coucher, ce que je ne me fis pas dire deux fois, car elle m'annonça qu'il nous fallait repartir dans la nuit pour Froshdorff. A 5 heures 1/2, je me levai pour dîner à 6, et, après avoir pris l'air une demi-heure, pendant laquelle MADAME me demanda de vos nouvelles à tous, nous fûmes nous coucher pour nous lever à

1 heure 1/2 et partir. Une voiture attelée à quatre chevaux nous emmena à Spielfield, MADAME, M. de Lucchesi et moi ; les enfants restaient à Brunsée. En chemin de fer, nous étions seuls, dans un coupé de premières. A Gratz, nous prîmes le café au pied du Zimmering, nous dinâmes, à quatre heures nous arrivions à Neustadt, où MADAME, mettant la tête à la portière, me dit avec ce ton simple et rond que vous lui connaissez : « Ah ! voici Henry et Thérèse » : c'étaient le Comte et la Comtesse de Chambord. Monseigneur prit le bras de sa mère et son petit sac de voyage, et elle rejoignit ainsi les voitures qui nous attendaient. Je marchais derrière avec le comte de Lucchesi et M. de Blacas. MADAME monta dans une voiture, et nous dans l'autre, et au bout d'une demi-heure nous étions à Froshdorff.

» On conduisit MADAME dans les anciens appartements de la Reine (Madame la Dauphine) qu'on a fait réparer, et moi, dans une fort belle chambre près d'elle : Mesdames de Montbel et de Choiseul furent fort aimables. J'eus un grand moment d'ennui, car les bagages étaient en retard... Enfin ma caisse arriva et dans un quart d'heure je fus présentable, mais que j'étais fatiguée ! Pendant que je m'habillais, on était venu me dire d'aller chez MADAME, que Monseigneur y était et me demandait, mais, impossible, et je m'en suis excusée, dans son salon avant le dîner. — La nuit me fit grand bien.

» Dès le lendemain matin, fête de la Saint-Henri, toilette pour la messe qui fut chantée à 9 heures ; le déjeuner ensuite. — On se fait dans le château des visites, et les deux premiers jours j'ai eu mes visites à faire et à recevoir, et puis, lorsque MADAME reçoit chez elle, il faut que je sois là ainsi que M. de Lucchesi. A table, MADAME est au milieu avec son fils à sa gauche et sa belle-fille à sa droite ; vis-à-vis de MADAME est M. de Montbel, je suis ordinairement à sa gauche et je me trouve vis-à-vis la Comtesse de Chambord. Avant hier, j'ai dîné près de Monseigneur : on y fait placer les dames à tour de rôle. Après le dîner de la Saint-Henri, au milieu duquel MADAME porta la santé de son fils, on sortit un instant sur la terrasse et l'on eut une soirée de musique par des artistes étrangers, puis on se retira, et, bien aise c'était moi ! — Faisant les fonctions de dame d'honneur de MADAME, il m'a fallu faire mille politesses aux dames en visite et voici ce qui m'a pris mon temps libre. Tel est ici l'emploi de la journée : à 9 heures 1/2, la messe où nous autres dames assistons dans la tribune des princes ; il faut être tout prêt à descendre pour le déjeuner qui est à 10 heures, puis on reste une heure à causer dans le salon, à travailler, à recevoir le courrier ; on rentre dans ses appartements où l'on fait ce que l'on veut, ou l'on fait des visites, ou l'on s'occupe d'une manière quelconque ; moi, je me suis surprise à m'endormir plus d'une fois après des visites reçues ou rendues ; le fait est que jusqu'ici je n'ai pas eu un instant sans être dérangée ; enfin, on s'habille et l'on descend pour le dîner après lequel on monte en voiture pour explorer les environs, puis la soirée au salon, et après, nous montons chez Mme de Choiseul, lorsque les princes sont partis et nous y prenons le thé.

» 11 heures. — J'ai été interrompue tantôt par une visite de Mme de Montbel, et me voici bien tard à continuer ma causerie. Imaginez que MADAME m'a annoncé qu'elle partait demain, après le déjeuner, pour aller à Vienne et à Schœnbrunn, passer deux jours avec la famille impériale, et elle m'y emmène. Avec elle ! Jugez mon émoi, car je commence à en avoir par-dessus la tête de cette vie de toilettes et d'honneurs ! Nous allons en chemin de fer, et là des voitures de la cour viennent nous prendre. Nous dinerons à Schœnbrunn, nous y coucherons, y passerons toute la journée de mercredi, et, le jeudi, nous revenons ici par Baden, où nous passerons la journée avec les vieux princes d'Espagne qui y sont. — Je n'ai pu encore causer à fond avec MADAME et à peine ai-je pu échanger quelques phrases avec le Comte de Chambord. A mon retour, j'espère le voir et causer avec lui de la famille dont il m'a demandé des nouvelles en général seulement. Il faut un grand esprit de conduite et un grand tact : notre franchise bretonne est quelque chose de neuf ici. Quant à MADAME, elle est bien bonne et bien à l'aise avec moi, et je suis obligée de veiller pour ne pas être trop à l'aise avec elle. Elle est à merveille, pas trop forte et n'a pas vieilli. Elle compte rester ici jusqu'au 30 de ce mois, puis nous retournerons à Brunsée. Ses enfants sont charmants et parfaitement élevés, simples comme nos nièces. Le petit Adinolphe est le portrait du comte de Chambord. M. de Lucchesi est on ne peut mieux et, quand je suis embarrassée pour mon étiquette ou ce que j'ai à faire, je le lui demande ou il m'en prévient. Adieu. Je voudrais bien vous en dire plus long, mais je crains les indiscrétions des postes allemandes. Je voudrais être avec vous tous, et je ne supporte cette vie de grand monde qu'à cause de vous, croyez-le bien. La comtesse de Chambord est la bonté même. »

Le voyage à la cour impériale se fit comme il avait été projeté : la réception y fut caractéristique. On sait que l'archiduchesse Sophie, mère de l'empereur, était une légitimiste ardente et déclarée ; MADAME fut entourée d'honneurs royaux. Mlle Mathilde de Kersabiec, présentée à Son Altesse Impériale et à sa sœur, la reine de Saxe, reçut de ces princesses des marques de la plus haute considération. MADAME la Duchesse de Berry, qui n'avait jamais été une résignée, était dans la joie. A ses yeux, c'était la glorification bien longtemps attendue de sa chère Vendée et sa revanche, à elle, peut-être un encouragement discret à agir : la République semblait ne plus vivre, et l'Empire, qui la devait étouffer, n'était pas encore fait. — « Ma chère, disait MADAME, avec son même accent d'autrefois, ce n'est pas pour moi, c'est pour la chose ! » La chose, c'est-à-dire la Vendée de 1832.

Peut-être le comprit-on ainsi à Froshdorff, mais on y suivait toujours une politique différente, politique d'attermoiements successifs, suggérés par les parlementaires, qui ont abouti à l'anémie et à la mort, au moins apparente, du vrai parti royaliste : on l'a bien vu, hélas ! à Goritz, en 1883. Toujours est-il qu'au retour de Vienne, les choses avaient changé d'aspect : des dénonciations arrivées avaient fait leur chemin, et Mlle de Kersabiec, admise à une audience particulière, ne sut pas accepter les griefs inexacts dont on accusait elle et les siens. Elle y répondit avec respect, mais aussi avec cette franchise bretonne dont elle n'avait pas trouvé trace à Froshdorff, mais qui s'était conservée en elle. C'est tout ce qu'il convient de dire.

De retour à Brunsée, Mlle de Kersabiec y reçut une lettre, qu'on regrette de n'avoir pas retrouvée. Qu'est-elle devenue? S'est-elle égarée? Ce n'est pas probable. Aurait-elle été détruite par Madame? C'est possible, le grand cœur de la Princesse ayant dû en être blessé. Voici la réponse de Mlle de Kersabiec, prise sur un brouillon au crayon, qui a servi, les ratures en font foi.

« Monsieur l'Abbé,

» J'ai l'honneur de vous accuser réception de la lettre que vous m'avez écrite le ... de ce mois, par ordre de Monseigneur. Je l'eusse fait plus tôt, et je serais partie immédiatement pour la France, si ma santé n'y avait mis absolument obstacle : un sentiment de haute convenance et de délicatesse pour S. A. R. Madame m'en faisait un devoir.

» J'ai su de France les nombreuses dénonciations qui ont été adressées tant à Monseigneur qu'à M. le duc de Lévis, leur nature et leurs motifs ; je ne chercherai pas à me disculper des assertions et des interprétations qui sont faites : je tiens seulement à assurer, et il me serait facile de le faire publiquement, que le nom de Kersabiec, de 1832, a été tenu haut et dignement par moi, devant tous, et que pas une de mes paroles ni de mes démarches n'en a compromis la loyauté et l'attachement aux vrais principes...

» Quoi qu'il en soit, Monsieur l'Abbé, mon dévouement le plus pur sera toujours pour le principe sacré qui, seul, a fait battre mon cœur, et rien ne pourra m'enlever mes souvenirs d'il y a vingt ans, alors que j'étais assez heureuse de recueillir la mère du Roi, sous le toit de mon père dont la tête pouvait tomber le lendemain. »

Mlle de Kersabiec put enfin revenir à Nantes, où, peu après, elle reçut de la Princesse de nouvelles assurances de constante affection. — Madame avait écrit jadis à Mlle Stylite : « Je n'oublierai jamais mes amis. » Ayant eu occasion de faire écrire au Vendéen chargé de liquider les situations de la famille, elle lui fit dire : « Accoutumée depuis longtemps à lire dans le cœur de S. A. R., Mlle de Kersabiec y verra toujours une amitié tendre mêlée à des regrets, » le regret de l'impuissance en laquelle se trouvait la Princesse ; ce furent nos dernières relations. Longtemps encore, Mlle de Kersabiec devait consacrer son ardeur aux siens : elle réussit, l'abîme fut franchi. Ce travail fut immense, incessant, souvent rendu ingrat par la malveillance d'autrui : rien ne la rebuta. Elle sentait ces épines plus vivement qu'on aurait pu le croire, en la voyant grande, belle, droite et fière, avec de beaux cheveux blanchis avant l'âge et sa démarche assurée ; mais elle avait le cœur, comme le dévouement, plus énergique et viril que sentimental ; c'était une femme parfaitement distinguée. Sans doute, son zèle l'emporta quelquefois ; elle tendait peut-être à imposer d'une façon trop absolue des idées qu'elle croyait justes ; presque toujours elle revenait la première, loyalement et en chrétienne : elle a su conquérir de vraies et persévérantes amitiés. Citons un ou deux traits de son caractère :

Un jour, elle descendait le Rhône, grossi par les pluies et la fonte des neiges ; on aborde à Andance et, par une fausse manœuvre, voilà plusieurs passagers à l'eau : elle est du nombre ; on se précipite pour la retirer, mais elle aperçoit une femme qui crie et se débat sans forces : — « Sauvez d'abord madame, dit-elle, puis vous viendrez à moi, je puis encore me soutenir. » Et elle fut ainsi retirée la dernière.

Lors des dernières guerres carlistes, elle découvre, parmi les réfugiés, une famille composée de quatre personnes ; elle se multiplie et leur crée des ressources. Deux sont trop avancés en âge pour travailler, mais il en est un qu'elle parvient à placer comme ouvrier dans une maison de choix, et l'autre, presque un enfant, elle le fait instruire au grand établissement des Frères des écoles chrétiennes.

Ainsi faisait-elle le bien : toujours la charité non sentimentale ou verbeuse, mais pratique.

Telle fut Mlle Mathilde de Kersabiec jusqu'à sa mort, arrivée le 5 septembre 1884 : elle la reçut pieusement et virilement, la dernière de cette génération de ma famille, que j'ai voulu peindre telle que je l'ai connue, non avec des couleurs de convention, mais en toute simplicité et vérité.

Un journal de Nantes, rappelant à l'occasion de ses obsèques les grands souvenirs laissés par les demoiselles de Kersabiec, a ainsi résumé mes récits :

« Aujourd'hui, les quatre sœurs reposent dans ce cimetière de campagne, non loin des deux braves paysannes qui furent en ces circonstances leurs auxiliaires dévouées. Mlle Mathilde, de même que ses sœurs, et pour les mêmes raisons, ne devait pas passer indifférente au milieu de nous : elle était active, intelligente et énergique : c'était un caractère. Ajoutons qu'elle a fait du bien et a eu de vrais amis.

» X... »

Tels sont mes récits et mes souvenirs écrits pour la famille, histoires d'hier, assurément déjà histoires très anciennes. Tels furent nos sentiments, très surannés, eux aussi, je ne me le dissimule pas ; néanmoins, j'y reste fidèle, étant de ceux « qui ne changent pas. »

Je veux espérer en demain.

Catholique, j'aspire au triomphe social de la Sainte Eglise, ma mère.

Français, je demeure attaché au vieux droit de nos pères, qui avait fait la patrie grande et heureuse. Seul, le retour à ce droit, au « sang royal, » réclamé par Jeanne d'Arc, « la Vénérable, » à l'aîné des fils de saint Louis, peut nous rendre, avec les splendeurs d'autrefois, des victoires non stériles, la prospérité dans l'ordre, la justice et la paix.

Je ne m'attarde ni aux discussions inutiles sur des traités imposés à la France par les forces étrangères ennemies, ni aux arguties d'une impuissante diplomatie ; comme ceux qui m'ont précédé dans la vie, je suis la ligne droite et « je ne désespère pas de la Providence : Dieu fera le reste, il n'abandonne jamais les siens. »

www.ingramcontent.com/pod-product-compliance
Lightning Source LLC
Chambersburg PA
CBHW050312170426
43202CB00011B/1872